高等院校应用型人才培养"十四五"规划旅游管理类系列教材

旅游公共关系

主　编 ○ 杨承玥　刘安乐

Lǚyou Gonggong Guanxi

华中科技大学出版社
http://press.hust.edu.cn
中国·武汉

内容提要

本书紧密结合旅游企业及其他行业现实公关案例,引导学生积极探究,用公关思维解决实际公关问题。本书首先阐述公共关系与旅游公共关系的基本概念,并在此基础上进一步拓展旅游公共关系三要素,即旅游公共关系的主体——旅游组织,旅游公共关系的客体——旅游公众,旅游公共关系的媒介——传播沟通;其次在掌握这些基本概念的基础上介绍旅游公共关系工作程序、旅游公共关系谈判、旅游公共关系形象策划、旅游公共关系专题活动和旅游公共关系危机;最后介绍了礼仪在公关人员当中的应用——旅游公共关系交际训练。

本书可作为高等院校旅游管理、酒店管理、会展经济与管理、旅游管理与服务教育专业的教材,也可作为旅游企业及相关从业人员的参考书。

图书在版编目(CIP)数据

旅游公共关系/杨承玥,刘安乐主编.—武汉:华中科技大学出版社,2021.7(2025.1重印)
ISBN 978-7-5680-7199-4

Ⅰ.①旅… Ⅱ.①杨… ②刘… Ⅲ.①旅游业-公共关系学 Ⅳ.①F590.65

中国版本图书馆 CIP 数据核字(2021)第 115509 号

旅游公共关系 　　　　　　　　　　　　　　　　　杨承玥　刘安乐　主编
Lüyou Gonggong Guanxi

策划编辑:胡弘扬
责任编辑:倪　梦　王梦嫣
封面设计:原色设计
责任校对:张会军
责任监印:周治超
出版发行:华中科技大学出版社(中国·武汉)　　电话:(027)81321913
　　　　　武汉市东湖新技术开发区华工科技园　　邮编:430223
录　　排:华中科技大学惠友文印中心
印　　刷:武汉市籍缘印刷厂
开　　本:787mm×1092mm　1/16
印　　张:17.25　插页:2
字　　数:420 千字
版　　次:2025 年 1 月第 1 版第 5 次印刷
定　　价:49.80 元

本书若有印装质量问题,请向出版社营销中心调换
全国免费服务热线:400-6679-118　竭诚为您服务
版权所有　侵权必究

出版说明

党的十九届五中全会确立了到2035年建成文化强国的远景目标,明确提出发展文化事业和文化产业。"十四五"期间,我国将继续推进文旅融合、实施创新发展,不断推动文化和旅游发展迈上新台阶。国家于2019年和2021年先后颁布的《关于深化本科教育教学改革 全面提高人才培养质量的意见》《国家职业教育改革实施方案》《本科层次职业教育专业设置管理办法(试行)》,强调进一步推动高等教育应用型人才培养模式改革,对接产业需求,服务经济社会发展。

基于此,建设高水平的旅游管理类专业应用型人才培养教材,将助力旅游高等教育结构优化,促进旅游类应用型人才的能力培养与素质提升,进而为中国旅游业在"十四五"期间深化文旅融合、持续迈向高质量发展提供有力支撑。

华中科技大学出版社一向以服务高校教学、科研为己任,重视高品质专业教材出版,"十三五"期间,在教育部高等学校旅游管理类专业教学指导委员会和全国高校旅游应用型本科院校联盟的大力支持和指导下,在全国范围内特邀中组部国家"万人计划"教学名师、近百所应用型院校旅游管理专业学科带头人、一线骨干"双师双能型"教师,以及旅游行业界精英等担任顾问和编者,组织编纂出版"高等院校应用型人才培养'十三五'规划旅游管理类系列教材"。该系列教材自出版发行以来,被全国近百所开设旅游管理类专业的院校选用,并多次再版。

为积极响应"十四五"期间我国文旅行业发展及旅游高等教育发展的新趋势,"高等院校应用型人才培养'十四五'规划旅游管理类系列教材"项目应运而生。本项目依据文旅行业最新发展和学术研究最新进展,立足旅游管理应用型人才培养特征进行整体规划,将高水平的"十三五"规划教材修订、丰富、再版,同时开发出一批教学紧缺、业界急需的教材。本项目在以下三个方面做出了创新:

一是紧扣旅游学科特色,创新教材编写理念。本套教材基于旅游高等教育发展新形势,结合新版旅游管理专业人才培养方案,遵循应用型人才培养的内在逻辑,在编写团队、编写内容与编写体例上充分彰显旅游管理应用型专业的学科优势,全面提升旅游管理专业学生的实践能力与创新能力。

二是遵循理实并重原则,构建多元化知识结构。在产教融合思想的指导下,坚持以案例为引领,同步案例与知识链接贯穿全书,增设学习目标、实训项目、本章小结、关键概念、案例解析、实训操练和相关链接等个性化模块。

三是依托资源服务平台,打造新形态立体教材。华中科技大学出版社紧抓"互联网+"时代教育需求,自主研发并上线的华中出版资源服务平台,可为本套系教材作立体化教学配套服务,既为教师教学提供便捷,提供教学计划书、教学课件、习题库、案例库、参考答案、教学视频等系列

配套教学资源,又为教学管理提供便捷,构建课程开发、习题管理、学生评论、班级管理等于一体的教学生态链,真正打造了线上线下、课堂课外的新形态立体化互动教材。

  本项目编委会力求通过出版一套兼具理论与实践、传承与创新、基础与前沿的精品教材,为我国加快实现旅游高等教育内涵式发展、建成世界旅游强国贡献一份力量,并诚挚邀请更多致力于中国旅游高等教育的专家学者加入我们!

华中科技大学出版社

Preface 前 言

公共关系理论和实践是伴随我国改革开放进入旅游行业的，在40多年的发展过程中，旅游公共关系的理论和实践体系逐步形成。同时，"旅游公共关系"是旅游类专业基础课之一，也是教育部指定专业必修课，是一门兼具一定的理论性和较强的实践性的课程。当前，中国旅游产业已经进入数字化、信息化和网络化发展时代，随着互联网的飞速发展，近年来"青岛天价大虾""黑导"等旅游负面事件的传播对旅游公共关系提出了挑战。如何应对新时期旅游公共关系面临的重要发展机遇和挑战、构建区域旅游品牌特色、化解旅游危机等是旅游管理教学和培训的重要任务，而"旅游公共关系"正是介绍公共关系在旅游行业中应用与实践的重要课程。因此，编者认为在旅游管理类专业中开设"旅游公共关系"课程是一项十分重要的工作。

"旅游公共关系"是本书编者杨承玥老师开始从教所教授的第一门课程，2016年秋季，刘安乐老师开始与其共同参与本门课程的教学和设计工作。随着教学不断深入，编者觉得有必要打通"理论到实践"的鸿沟，让旅游行业管理者和从业人员能够拥有科学思考旅游公共关系的理论知识和解决实际问题的能力，因此萌发了编写《旅游公共关系》教材的想法。

本书在编写过程中就充分考虑到"互联网"和"信息化"给旅游行业发展带来的变革性挑战，在编写框架上进行了精心设计与编排。首先，编者在每一章都有设计最新的旅游企业等的真实事件作为章节的案例导入，部分重点章节还有案例拓展。围绕案例分析，设计了大量的引导性的思考问题，用以启发学生思考。其次，每个章节均设计有本章小结、思考与练习和核心关键词来帮助学生回顾本章节的学习内容。在"案例引入—理论学习—案例分析"的学习模式中，让学生能够在接近真实的旅游情境中发现问题、分析问题和解决问题，以提高旅游管理相关专业学生对理论知识的理解和应用能力。书中的案例是编者近年来实践教学积累资料的整合，部分案例分析是基于编者个人的思考，如果其他学校的教师在教学过程中收集到更合适、更合理的案例及其分析，希望能够通过有效渠道反馈给我们，使得教材在后续改版中能够跟上时代步伐。此外，没有系统学习过"旅游公共关系"的旅游企业或部门的行政管理者、一线从业人员和MTA的研究生等，也可以选择本书作为培训和学习的教材。

本书由杨承玥、刘安乐设计和编写，全书共分为十章，分别围绕旅游公共关系的基本概念、行为主体、目标公众、传播、工作程序、谈判、形象策划、专题活动、危机管理和交际训练等内容展开。六盘水师范学院2019级旅游管理与服务教育专业部分本科生参与了相关资料收集和稿件整理工作，云南财经大学2020级旅游管理专业研究生桂荣芳同学参与了后期编

排核对工作,最终校稿工作由杨承玥、刘安乐共同完成。此外,本书还得到六盘水师范学院"旅游公共关系"精品课程建设项目(LPSSYjpkc201902)、六盘水师范学院一流课程建设项目(LPSSYylkz-2020-07)、六盘水师范学院教学内容和课程体系改革项目(LPSSYjg-2021-32)和贵州省高等学校教学内容和课程体系改革项目(2021279)的资助和支持。

在整个编写过程中,虽然经历多次修改和讨论,但是鉴于编者的能力限制,可能存在或多或少的问题,希望同行在使用过程中多提意见,我们尽可能吸收。在此感谢华中科技大学出版社的领导和编辑老师们的大力支持,在编写体例风格、编排和设计上与他们做了大量沟通与讨论;感谢云南财经大学明庆忠教授、朱晓辉教授和尚前浪副教授在稿件整理过程中的支持与帮助;也要感谢六盘水师范学院旅游学院领导和同事们在教学过程中给予的支持与帮助。此外,本书在编写过程中应用大量前人研究成果,在此一并感谢。最后希望本书能够为旅游管理类本科专业应用型转型发展贡献绵薄之力。

编　者
2022 年 7 月

Contents 目 录

第一章 公共关系与旅游公共关系　1
　　第一节　公共关系概述　/2
　　第二节　公共关系的产生与发展　/14
　　第三节　旅游公共关系概述　/23

第二章 旅游公共关系的行为主体　32
　　第一节　旅游组织　/33
　　第二节　旅游公共关系机构　/37
　　第三节　旅游公关人员　/44

第三章 旅游公共关系的目标公众　62
　　第一节　旅游公众及其分类　/64
　　第二节　旅游公共关系内部公众　/68
　　第三节　旅游公共关系外部公众　/72
　　第四节　公众心理分析　/78

第四章 旅游公共关系传播　89
　　第一节　旅游公共关系传播的基本知识　/90
　　第二节　旅游公共关系传播媒介　/96
　　第三节　旅游公共关系传播效果　/99
　　第四节　旅游公共关系传播技巧　/104

第五章 旅游公共关系工作程序　119
　　第一节　旅游公共关系调查　/121
　　第二节　旅游公共关系策划　/134
　　第三节　旅游公共关系实施　/148
　　第四节　旅游公共关系评估　/158

第六章　旅游公共关系谈判 …… 167

第一节　公共关系谈判概述 /168
第二节　旅游公共关系谈判技巧与策略 /174
第三节　旅游公共关系谈判方案的编制 /183

第七章　旅游公共关系形象策划 …… 188

第一节　旅游 CIS 策划 /189
第二节　TDIS 策划 /198

第八章　旅游公共关系专题活动 …… 205

第一节　旅游公共关系专题活动概述 /206
第二节　庆典活动 /208
第三节　新闻发布会 /211
第四节　会议活动 /215
第五节　赞助活动 /222
第六节　展览会 /225
第七节　开放参观活动 /229

第九章　旅游公共关系危机管理 …… 233

第一节　旅游公共关系危机概述 /234
第二节　旅游公共关系危机防范 /237
第三节　旅游公共关系危机管理 /239

第十章　旅游公共关系交际训练 …… 248

第一节　公共关系交际原则、法则、理论及要素 /249
第二节　公共关系交际技巧 /253
第三节　旅游公共关系交际常见问题及处理 /256
第四节　涉外公共关系交际 /259

本教材阅读推荐 …… 264

参考文献 …… 266

第一章

公共关系与旅游公共关系

学习目标

通过本章的学习，同学们需要掌握公共关系与旅游公共关系的概念与特征；熟练认知并掌握公共关系及旅游公共关系的三要素；熟悉现代公共关系产生与发展的过程；能分析和理解旅游公共关系的职能和原则。

案例导入　"小米"成功的背后

2013年12月12日晚，有着"中国经济奥斯卡"和"经济风向标"之称的中国经济年度人物颁奖盛典于中央电视台财经频道播出。2013年中国经济年度人物奖揭晓，排在第一名的是小米科技联合创始人雷军。

小米手机是小米公司（全称小米科技有限责任公司）研发的一款高性能发烧级智能手机。小米M1于2011年8月发布，售价1999元，主要针对手机发烧友，采用线上销售模式，是世界上首款双核1.5 GHz的智能手机，并宣称其搭载的Scorpion双核引擎比其他单核1 GHz处理器手机的性能提升了200%，和双核智能手机相比也提升了25%。2012年5月小米公司新产品小米手机青春版正式上线，售价仅1499元，针对受众是学生，限量15万台，但报名购买的数量超过75万台，这何止是严重脱销。2012年8月，小米公司举办小米手机2代发布会，又获得广大网友的热烈追捧。

在广告的影响力日显颓靡的当下，小米的公关运作成为传播的最有力的武器。在这个广告横流的时代，没有一点广告效应是说不过去的。但是对于一个刚刚成立不久的公司来说，巨大的广告投入很明显不太合适。于是，小米公司选择了口碑效应。

小米还采用限时限量的方式（即让消费者感觉到时间的紧迫以及物品的珍

贵),抓住年轻人喜欢追求时尚和前卫的特点,持续炒作,通过几次相关活动,让网友和购买者在心理上建立了小米的品牌意识,从而制造出巨大的广场效应。

雷军自称是乔布斯的超级粉丝,他凭借自身的号召力,召开了酷似苹果的小米手机发布会。如此高调发布国产手机的企业,小米是第一个。不可否认,小米手机这场高调宣传发布会获得了众多媒体与手机发烧友的关注。

(资料来源:根据相关资料整理。)

思考:

什么是公共关系?

分析提示:

小米手机能够在短时间内异军突起并取得很大成功,这不仅是单个网络营销策略的成功,还是整个营销组合的成功,更是运用现代公共关系取得的可喜收获。

第一节 公共关系概述

一、公共关系的含义

（一）什么是公共关系

"公共关系"一词来源于英语的"Public Relations"(简称PR)。"Public"可译为"公共的""公众的"或者"公开的","Relations"可译为"关系",翻译成中文为"公共关系"。由于翻译上的先入为主,形成了一种约定俗成的译法,即"公共关系",简称"公关"。

对于什么是公共关系,众多的学者、专家都发表了自己的见解,并分别从不同的角度对公共关系进行了不同的定义,这已构成公共关系理论研究的一个部分。其中颇有代表性和影响力的定义可概括为以下几类。

1. 管理职能论

这种观点认为公共关系是一种管理职能。国际公共关系协会,曾经给公共关系做过如下定义:公共关系是一种管理功能,它具有连续性和计划性。通过公共关系,公立的和私立的组织、机构试图赢得同它们有关的人们的理解、同情和支持,借助对舆论的估价,尽可能地协调它们自己的政策和做法,依靠有计划的、广泛的信息传播,赢得更有效的合作,更好地实现它们的共同利益。

美国学者雷克斯·哈罗收集和分析研究了472种公共关系的定义后提出:公共关系是一种独特的管理职能,它能够帮助一个组织建立并维持与公众之间的交流、理解、认可与合作;它参与处理各种问题与事件;它帮助管理部门及时了解公众舆论,并对之做出反应;它确定并强调企业为公众利益服务的责任;它作为社会趋势的监督者,帮助企业保持与社会变动同步;它以有效的传播技能和研究方法作为基本的工具。

无论是国际公共关系协会，还是美国学者雷克斯·哈罗，都十分强调公共关系的管理职能，认为其活动模式是"有计划的、广泛的信息传播"，目的是更好地实现它们的"共同利益"。

现代企业面对市场竞争，必须"内求团结，外求发展"，必须通过沟通信息、协调关系、宣传招徕、社会交往、咨询决策等公关手段去创造一个"天时、地利、人和"的和谐环境。公共关系的这种特殊功能，确实成为企业生存发展的重要手段和制胜法宝。因此，管理职能论得到我国不少学者的认同。

2. 传播沟通论

这种观点认为公共关系是社会组织与公众之间的一种传播沟通行为，公共关系的本质属性就是传播沟通。英国学者弗兰克·杰弗金斯在《公共关系》一书中提出的公共关系定义是：公共关系就是一个组织为了达到与公众之间相互了解的确定目标而有计划地采用的一切向内、向外的传播沟通方式的总和。《不列颠百科全书》关于公共关系的定义是：公共关系是旨在传递有关个人、公司、政府机构或其他组织的信息，并改善公众对其态度的种种政策或行为。美国学者约翰·马斯顿讲得更为坦率：公共关系就是运用有说服力的传播去影响重要的公众。

持这种观点的学者重视研究社会组织与公众之间的沟通行为与规律。我国公共关系学术界也有大量学者持此观点。

3. 社会关系论

这种观点认为公共关系是一种社会关系。美国普林斯顿大学教授希尔兹认为，公共关系是我们所从事的各种活动所发生的各种关系的统称，这些活动与关系都是公众性的，并且都有其社会意义。英国公共关系学会对公共关系的定义是：公共关系的实施是一种积极的、有计划的以及持久的努力，目的是建立和维护一个机构与其公众之间的相互了解。1976年版的《韦伯斯特20世纪新辞典》中认为，公共关系是通过宣传与一般公众建立的关系；公司、组织或军事机构等向公众报告其活动、政策等情况，试图制造有利的舆论的职能。

4. 现象描述论

持这一观点的学者，关注公共关系实务，抓住公共关系的某种功能、现象或者一个侧面，进行形象、生动的描述，从而给公共关系以通俗的解释和具体操作性的定义。例如：

公共关系是一种技术，此种技术旨在激发大众对于任何一个人或一个组织的了解并对其产生信任；

公共关系是一门研究如何建立信誉，从而使事业获得成功的学问；

公共关系是内求团结、外求发展、树立形象、推销自己的艺术；

公共关系就是努力干好，让人知晓；

公共关系90%靠自己做，10%靠宣传；

公共关系就是通过良好的人际关系来辅助自己事业成功；

公共关系不是一台可以买到的打字机，也不是一张可以延期的订货单，它是一种生活方式，时时刻刻表露在各种态度与行动中，对于工作人员、顾客以及整个社会都有影响。

5. 特征综合论

这种观点是将公共关系的各种特征综合起来加以表述。1978年8月，在墨西哥城召开的世界公共关系协会大会上,与会代表们在公共关系的含义问题上达成共识:公共关系是一门艺术和社会科学。公共关系的实施是分析趋势,预测后果,向组织领导人提供意见,履行一系列有计划的行动,以服务于本组织和公众的共同利益。

由于公共关系涉及面广、内容丰富,学者们从不同角度、不同侧面给公共关系下定义,强调的重点自然各不相同。这些定义相互之间并不矛盾,都有其合理性,这也反映出公共关系内涵的多维性。

总之,有关公共关系的种种定义和看法,给我们大致勾勒出了公共关系所涉及的领域和范畴,即公共关系的构成要素应该包括:主体——社会组织,媒介——传播沟通,客体——公众。社会组织进行公共关系活动的手段是传播沟通,目的是加强与公众的双向交流,以塑造良好形象,优化社会环境;它属于管理学和组织传播学的范畴。

综上所述,我们认为公共关系是社会组织为了增强组织内部凝聚力和对外部公众的吸引力,实现自身效益和社会效益,有目地通过信息传播、双向沟通手段和实际行动来影响公众,以达到塑造组织良好形象的科学与艺术。

(二)公共关系含义的多种理解

"公共关系"一词源于英文"Public Relations",简称PR。在英文原义中,其有多种指代,中文中的"公共关系"也是多义词,因此,对公共关系含义的理解和表述也必然是多层次的。公共关系的概念至少可以归纳为五层含义。

1. 公共关系是一种状态

有人说,世界上有了两个人就有了人际关系,有了两个集团、组织,就有了公共关系。这也就是说,公共关系是一种客观存在,是自古就有的,不管你承认与否,它都会影响组织的生存与发展。

2. 公共关系是一种活动

公共关系借助协调、沟通和传播等活动来实现自己的目的,新闻发布、开业典礼、危机管理等都是其载体。公共关系是一种活动过程。

3. 公共关系是一种职业

1903年艾维·李成立宣传事务所,以收费的形式为企业进行公共关系策划,公共关系职业由此正式诞生。

4. 公共关系是一门学科

1923年,著名公共关系教育家、实践家爱德华·伯内斯出版了世界上第一本公共关系专著《舆论明鉴》,并在纽约大学开设了公共关系课程。这是对公共关系实践的总结与提炼,是公共关系的飞跃性发展与突破。

5. 公共关系是一种意识、观念与思想

公共关系状态的客观存在、公共关系实践的发展与理论的日渐深入人心,使公共关系的观念得以逐步传播。公共关系观念作为人类精神文明的一种成果,为越来越多的人所接受,对社会进步发挥着日益重要的作用。

上述阐述中都有"公共关系"一词,而它们的含义各不相同,可见公共关系的复杂性与多元性。

知识链接

社会上人们对公共关系概念的理解丰富多彩,例如:
(1) 长城饭店的公共关系不错(指静态评价);
(2) 小张是干公共关系的(指职业);
(3) 小李是学公共关系的(指学科);
(4) 小王很有公共关系头脑(指观念意识);
(5) 某公司赞助希望小学是在搞公共关系(指活动);
(6) 尼克松下台是公共关系的失败(指形象和舆论环境);
(7) 郎老师写了本《公共关系》(指公共关系理论)。

(三) 公共关系含义的表述

对于公共关系的定义,我们可以从以下四个方面来理解和把握。

1. 构建公共关系的根本目的是塑造社会组织自身的良好形象

组织形象是公共关系理论的核心概念,是贯穿公共关系理论与运作的一条主线。一个社会组织只有树立起良好的组织形象并对组织形象进行有效的管理,才能保证为组织的生存与发展创造一个良好的舆论环境,从而获得公共关系工作的最佳业绩。

2. 公共关系的主体是社会组织,客体是公众,媒介是传播与沟通

公共关系的过程,就是传播与沟通的过程,也是信息交流的过程。社会组织与公众之间的双向沟通关系,使公共关系同其他关系区别开来。社会组织在系列规范化和专业化的公关活动中与其目标公众进行有效的沟通和交流,以求互相尊重、理解、支持与合作,达到树立组织良好形象的最终目的。

3. 公共关系有静态和动态两种表现形式

静态的公共关系是指公共关系是一种客观存在。任何企业和社会组织,无论其是否已经意识到公共关系存在的客观性,无论其是否能以公共关系理念来支配自己的行为,公共关系状态都客观存在。动态的公共关系是指公共关系是一种活动。当一个企业自觉地采取各种公共关系手段去改善原有的公共关系状态,这就是在从事公共关系活动。公共关系活动分为日常的公共关系活动和专项的公共关系活动两大类,从事公共关系活动也就是组织开展的一系列的"公共关系实务",包括公共关系调查、公共关系策划、公共关系宣传、公共关系危机处理、形象战略、公共关系交际及各种公共关系专题活动等。

4. 公共关系既是一门科学又是一门艺术

从理论上讲,公共关系是一门科学,有较完整的科学体系;从运作上讲,公共关系又是一门艺术,这种艺术掌握和运用得好与坏,直接影响着公共关系工作的成败。因此,公共关系是科学与艺术的统一。

总之,一个组织的经营管理职能是多方面的,如生产管理、技术管理、销售管理、财务管理、人事管理等,但公共关系作为一种经营管理职能,有别于此。其经营管理目标不是产品、质量、资金成本、技术水平、销售业绩,而是组织形象;其经营管理对象亦非生产中的人力、财力、物力,而是目标公众关系;其经营管理手段不是行政的、技术的,而是传播沟通。

二、公共关系的要素

公共关系是关系的一种,公共关系的三大构成要素分别为主体——社会组织、媒介——传播沟通、客体——公众。

(一)公共关系的主体——社会组织

所谓社会组织,指的是由一定的社会成员,按照一定的规范,围绕一定的目标聚合而成的社会机构或社会团体。它是一个与"个体"相对应的概念,是人们有意识地为实现某个特定目标,依照一定结构形式而打造的有机整体。它有领导、有目标,成员之间有明确分工和职责范围,而且有一套运行制度和行为规范。

社会组织是公共关系的主体,是公共关系活动的发起者和实施者。公共关系处理的是组织与公众之间的关系,而不是私人的关系;公共关系活动是一种组织的活动而非个人事务。所以,公共关系的主体是社会组织,而不是个人,应从组织层面去认识和理解公共关系。

作为公共关系活动主体的社会组织,可以是各类企业,也可以是各级政府部门,还可以是学校、协会等各种社会团体。

从不同的角度可以对社会组织进行不同的分类。如从社会功能的角度,可以把社会组织分为经济组织、政治组织、文化组织和其他组织;从社会经济效益的角度,可以把社会组织分为营利性组织和非营利组织;从社会属性的角度,也就是从公共关系的角度进行分类,社会组织可以分为营利性组织、服务组织、公益组织和互益组织,具体如下。

1. 营利性组织

营利性组织(如生产企业、商业企业、银行等)是指以营利为目的、从事经营活动的各类社会组织,其受益者主要是组织的所有者。这类组织为了自己的经济利益,为了在市场竞争中争取顾客,一般都会比较主动地去争取公众的支持,树立良好的组织形象,但比较容易关注与市场活动直接相关的公众,其公共关系行为的营利性比较明显。

2. 服务组织

服务组织(如医院、学校、新闻组织、体育组织、文化组织等)是为了适应社会发展公用事业的需要而由国家设立的专门性机构,以服务为主。它的受益者是与该组织直接接触的人。

3. 公益组织

公益组织(如政府机构、研究机构、基金会、慈善机构等)是以国家和社会利益为目标,为国家和社会公众谋利益的社会组织,受益者是社会大众、自由人群。公益组织维护的利益是社会上不特定的多数人的利益(或整个社会群体的利益),受益者不限于与该组织直接接触的人,也包括没有接触的人。

4. 互益组织

互益组织(如工会、俱乐部、政党等)指主要目标是使其成员受益,而不是以服务社会公共利益为首要目标的社会组织。"互益"是指某一特定群体内的互助性利益。互益组织主要服务于内部会员,代表会员的利益与政府或其他社会组织联系,并促进本组织内部的沟通。

(二)公共关系的媒介——传播沟通

人与人、人群与人群通过传播沟通形成关系。公共关系作为关系的一种,自然也是通过传播沟通来传递信息、协调公众行为、塑造良好的组织形象。传播沟通是公共关系活动的手段,也是公共关系活动的过程,是连接公共关系主体与客体的纽带和中介。没有传播沟通,就无法在社会组织和公众之间建立联系,公共关系便无从谈起。

"传播"一词译自英文"Communication",意思为人类信息交流的过程。传播伴随着人类的产生而产生,人类在发展过程中,每时每刻都离不开相互传递信息、交流感情和往来活动,可以说传播行为是人类赖以生存与发展的基本活动。

现代意义上的传播是指个人、组织、社会之间信息的传递、接收、交流、分享与双向沟通的过程。公共关系传播是指传播双方通过一定媒介,使信息达到交换、融通、分享的一种过程。信息传播过程是一种信息传输过程,信息传输是信息从一定的信息源发出,经过适当的传播媒介和信息通道,输送给接收者的信息运动过程。信源和信宿的地位是相对的。在现代社会,人们每天都在进行传播,每天也都在接受传播,传播已成为人们社会生活中的重要组成部分。

传播沟通的一般方法和基本步骤可以归纳为以下五个方面。

1. 确定传播沟通的对象

社会组织进行传播沟通,首先要确定传播沟通的对象,然后才能根据受众目标来制定相应的传播沟通时间、场所,以及方式、方法、途径、手段等对策。

2. 拟定传播沟通内容

传播沟通内容要根据公共关系目标尤其是当前必须实现的子目标及目标公众的具体情况而定,同时对传播信息的结构、次序等也要予以关注,以求引起公众的兴趣,增加传播沟通的内容对公众的吸引力。

3. 安排信息传播的具体形式

社会组织的公共关系人员要注意选择适当的形式传递信息。如果用书面广告传递信息,就要确定文字、色彩等,使用新奇、对比、引人注目的图片和标题等;如果通过电台传递信息,就要注意语言、语速等细节。

4. 选择信息传播媒介

选择媒介的依据有公共关系工作目标和要求、公共关系工作对象、公共关系信息内容、社会组织经济条件四点。

5. 反馈传播沟通效果

社会组织传播信息后,应调查传播的信息对受众的影响,反馈公众对所传播的信息的反应,具体了解公众对传播的信息的接受程度,以便调整传播的策略。

传播沟通是公共关系的重要手段与机制,是社会组织联系公众的"纽带"和"桥梁"。现代社会是一个由传播与沟通所维持的相互联系的关系网,社会组织要塑造组织形象,就要将好的组织形象传播给公众,并通过与公众的信息互动,达到有效沟通。因此,对于整合协调

社会组织与公众利益的公共关系来说,传播沟通是公共关系必不可少的要素之一,是公共关系最为基本的手段。传播沟通在公共关系中的作用既有利于社会组织,也有利于社会公众。

传播沟通有利于树立社会组织的良好形象。社会组织塑造良好的形象,最根本的还是靠自身的良好行为,但是光有良好的行为,社会公众并不知道,也产生不了好的效果,传统的"酒香不怕巷子深"的观念,在市场经济竞争非常剧烈、企业和产品同质化严重的背景下已经过时了。今天,要想让公众知晓,"酒香也要勤吆喝",必须通过传播沟通,将信息传送出去,以提升知名度,奠定良好的形象基础。

传播沟通有利于实现组织与公众间的双向信息交流。当今是信息社会,各种信息铺天盖地,怎样在众多复杂信息中找到自己需要的信息,就成为一个大问题。社会组织通过有效的信息传播,选准目标公众,满足公众对于特定信息的需求,同时,通过及时的信息反馈,获得公众的需求信息,实现组织与公众的双向信息交流。

(三) 公共关系的客体——公众

任何关系都由主客体双方构成,公众是公共关系活动的客体,是公共关系活动的对象。

公众是公共关系学中的一个基本概念。公众的英文为"Public",泛指公众、民众,也指具有"合群意识"的社会群体。公共关系学中的公众,与人民、群众、人群等概念相近,但区别还是比较明显的。

公共关系学中所说的公众,并不是广泛意义上的公众、民众,而是针对公共关系主体社会组织而言的公众,即与社会组织的运行发生一定关系的个人或社会群体。就某一社会组织来说,它的公众既包括与它有关系(涵盖组织内部和组织外部)的个人,也包括与它有关系的其他社会组织。公众关系是由组织运行过程中涉及的所有个人关系、群体关系和组织关系共同构成的。这些个人群体构成了组织的公众环境,组织的公共关系工作便是针对这个公众环境进行的。换句话说,公众总是与特定的公共关系主体相关,与某一组织的公共关系传播行为相关的。公众的态度和行为会影响组织的目标、决策和行动;相反,组织的目标、决策和行动也会影响公众的态度和行为。

公共关系的过程是组织与公众之间经过传播沟通活动相互影响、相互制约的过程。公众是任何公共关系都不可缺少的一个方面,离开了公众,公共关系活动就无所指向,失去目标,公共关系活动本身也就失去意义。因此,任何组织在计划和实施自己的公共关系工作时,都必须首先甄别确认自己的公众对象,分析研究自己的公众对象,根据公众对象的变化去调整自己的公共关系战略和行为。

公众作为公共关系对象、客体并不是完全被动的,也不是随意受摆布的。各类公众都有主动表达意志、愿望的主观能动性,从而对公共关系主体形成舆论压力。因此,公众的观点、意见、态度和行为在公共关系过程中是一个不断变化的因素。

公共关系对公众的研究主要是从传播沟通对象的角度研究公众的总体特征和各个目标公众的具体特点,研究影响公众行为和舆论的心理、文化等因素,研究不同的公众类型及其对公共关系政策和活动的影响,研究一些主要的公众关系对组织的作用和意义。

公共关系的主体——社会组织,公共关系的媒介——传播沟通,公共关系的客体——公众,这三大要素共同构成了公共关系,缺一不可。

(四)公共关系三大要素的协调

1. 社会组织的主导性

社会组织作为公共关系的主体决定了公共关系的状态和活动。社会组织的任何运作,都会通过传播来影响公众,尤其是在当今信息社会,社会组织的任何运作很快就会引起公众的反响。

2. 传播的效能性

公共关系之所以能够产生作用,得益于传播沟通手段。因此,社会组织的各种良好的行为要转化为实际公共关系中的知名度和美誉度,必须充分依靠传播沟通。在现代社会,"做了还要说""做得好加上说得好"都是非常重要的。

3. 公众的权威性

虽然公众在公共关系活动中处于被影响、被作用的地位,但是公众绝不是消极的被愚弄的对象。"凡宣传皆好事"的观点在公共关系历史上早已过时。社会组织越来越认识到自身的每一步发展、每一项成就都离不开公众,公众的支持是无形的财富和成功的决定性因素。因此,在现代公共关系的三大要素中,公众的权威性日益被公认。

4. 主体、媒介、客体的协调统一

构成公共关系的三大要素,存在着多种多样的组合,一切公共关系活动所追求的都是这三大要素的最优状态和优化组合;然而,最优状态和优化组合总是相对的,即协调是相对的,不协调是绝对的。公关人员的职责是尽量使之趋向协调。

要取得三者的协调,必须充分重视三大要素的方方面面,切不可偏重一方,忽视其他。

三、公共关系的界定

(一)公共关系的认识误区

我国公共关系的发展已经有多年的历史了,但迄今何谓"公共关系",许多国人仍未透彻理解和消化,社会中对其仍然存在严重的认识误区,如坚冰难融。甚至很多公关人员,不敢告诉外人自己的真实职业,而多半是以"从事广告业"来介绍自己,以免被人误解为不正当职业,这是公关人员认知度及认可度低的真实写照。

企业公共关系的十大误区如下。

第一,企业公共关系可有可无。

第二,认为公共关系就是接待、文秘。实际上公关人员应该是熟悉企业,了解行业发展,把握社会发展的现代化企业管理人才。

第三,公共关系光图热闹,只花钱,不赚钱。成功的公共关系既能赚钱,而且能为企业增值。

第四,公共关系无所不能,包治百病。公共关系只是在传播方面起一定作用。

第五,公共关系就是包装。其实公共关系是以事实为依据的,不能改变事实。

第六,公共关系就是媒介关系。实际上媒介关系只是公共关系的一种战略手段。

第七,对媒体投入了,就应该有报道,否则就不算成功。这种观点在很多企业的公关人员当中是很普遍的。但事实上新闻报道应该以事实为基础,以新闻价值为依据。所以,发通稿已经不是非常时兴的做法，应该根据不同的需要做出相应的行为。

第八，认为公共关系是公共关系部的工作。公共关系并不意味着孤军奋战，公共关系部需要全公司的协助。

第九，认为公共关系就是宣传。

第十，广告比公共关系更加有效。

应该认识到以上对企业公共关系理解的十大误区，对公共关系产生正确的界定，不应该把本质上的公共关系与社会中对公共关系的庸俗化理解或片面理解相联系。诸如与"走后门""拉关系""拍马屁"等混为一谈，应避免公共关系的"女性化""营销化""庸俗化"。

（二）公共关系与相关概念的辨析

1. 公共关系与人际关系

人际关系指的是人们在社会实践中所形成的个人与个人之间的心理关系。公共关系指的是社会组织与其内外公众间的信息交流关系。这两者既相互区别，又相互交叉，不可简单地等同起来。

（1）两者的联系。

①公共关系是从广义的人际关系演化而来的，公共关系的实现离不开人际关系。公共关系有相当部分的工作需要有人际关系的基础，需要这方面工作的支持。②人际传播是公共关系传播的手段之一，人际关系的一些方法和手段，可以帮助组织与公众有效地沟通。③公共关系知识与人际关系知识相互促进，互为补充，共同发展。

（2）两者的区别。

①产生历史不同。人类诞生伊始就有人际关系，而科学的公共关系产生于现代。②产生基础不同。公共关系产生的基础主要是业缘，而人际关系产生的基础是血缘、地缘、业缘、趣缘等。③目的不同。人际关系的目的是为达到个体之间的社会交往；公共关系的目的是构建适应其组织生存和发展需要的社会环境。④涉及内容不同。公共关系涉及的内容要比人际关系丰富得多。与人际关系相比，它不但涉及个人关系，而且也涉及组织等关系。所以从活动内容来看，公共关系自然要比人际关系复杂得多。

2. 公共关系与宣传

公共关系和宣传活动在一些具体的工作方式和内容上有共同或相似之处。

（1）两者的联系。

公共关系和宣传的关系很紧密。从根本性质上讲，它们都是信息传播活动。从活动形式、使用的工具看，它们都需要运用新闻媒介开展新闻报道，印发一些带有宣传性的简报、杂志或小册子，通过演讲等来影响公众。因此，公共关系活动过程中也得借助宣传的理论与技巧，引导公众行为。

（2）两者的区别。

公共关系和宣传还是有本质上的区别的，其主要表现为：①形成历史不同。公共关系是现代社会的产物，宣传是古代社会就产生的社会行为。②活动内容不同。公共关系不仅要"说"，还要"做"；而宣传主要是"说"。③工作的准则不同。公共关系遵循实事求是的准则；宣传既可奉行实事求是的准则，也可以主观需要为目的。④行为特征不同。公共关系必须注重双向的交流与沟通;宣传偏重于单方面诱导式的影响和灌输。

3. 公共关系与广告

现今,几乎所有大的公共关系公司都兼做广告业务,同样,大的广告公司也兼做公共关系业务,二者逐渐趋于整合传播。所以公共关系与广告两者业务相互交叉,互有侧重,两者之间既有紧密联系,又有明显区别。

(1) 两者的联系。

①公共关系与广告都源于传播学,都以大众传播为主要的工作手段,受聘于特定的雇主,向特定的公众传递特定的信息。②公共关系需要借助广告形式进行传播,而广告业务也需要公共关系思想做指导。公共关系工作也经常需要做广告,即所谓公共关系广告,但这种广告不是推销企业的具体产品或劳务,而是重点介绍企业的管理、人员素质、服务宗旨以及为社会承担的义务和责任、公益行为等,其目的是塑造企业的良好形象。一般商业广告需要接受公共关系指导,并纳入公共关系工作的整体战略中。一个企业公共关系工作的效果和成绩,可能因一则言过其实的广告而功亏一篑。

(2) 两者的区别。

①目标不同。广告的目标是以最少花费在最短的时间里推销出更多的产品和劳务;公共关系的目标是要树立整个组织的形象,增进组织内、外部公众对组织的了解,从而使组织的业务获得成功。②传播手法不同。广告的信息传播是以创造性的技巧将产品或劳务的信息撰写成文稿,设计成图案,采用夸张的手法拍摄成广告影片,引人注目是其基本原则,而公共关系的信息传播同新闻传播方式一样,即靠事实说话,绝不能有任何虚假,"真实可信"是基本原则。公关人员成功的诀窍,不是运用什么文学的、艺术的传播方式,哗众取宠、耸人听闻的表现手法,而是善于选择适当的时机,采用适当的形式,通过适当的媒介,把有新闻价值的信息及时地、准确地传递给特定的公众。③媒介关系的不同。广告基本上是属于组织自身可控制的传播工具或手段,公共关系则属于组织自身不可控制的工具或手段。④传播效果不同。广告的效果是直接的、可测量的,一项广告的效益可用产品销售量的增加、利润额的上升等指标来衡量。公共关系的效果与广告大不相同,成功的公共关系使组织具有良好声誉,组织因此而受益无穷,但所得益处却往往难以用简单的硬指标来衡量,它既具有社会效益也具有整体效益。此外,公共关系强调长远的共同利益,其效果往往在潜移默化中产生,所以难以在短期内衡量其所带来的效益,自然就不如广告的效果立竿见影。⑤在组织机构中所处的地位不同。广告在企业管理中属于局部性工作,某一广告的成败一般并不会对企业经营全局产生决定性影响,但公共关系工作却在经营管理中处于全局地位,属战略性工作。公共关系工作的好坏,决定组织的形象和信誉,并因此而决定组织的生死存亡。

全球最顶尖的营销专家、定位理论之父——艾·里斯在《广告的衰落和公共关系的兴起》(《The Fall of Advertising & The Rise of PR》)一书中列举了广告和公关的14个区别:广告是风,公共关系是太阳;广告是空间的,公共关系是线性的;广告用大爆炸的方式,公共关系用缓慢积累的方式;广告是视觉的,公共关系是口头的;广告到达每个人,公共关系到达某些人;广告是由自我主导的,公共关系是由他人主导的;广告消亡,公共关系永存;广告昂贵,公共关系便宜;广告偏爱品牌延伸,公共关系偏爱新品牌;广告喜欢旧名字,公共关系喜欢新名字;广告是滑稽的,公共关系是严肃的;广告没有创意,公共关系有创意;广告不可信,公共关系可信;广告维护品牌,公共关系建立品牌。这引起了业界的广泛关注与争议,也使得公共关系与广告这两者在竞争中相互促进,共同塑造与维护组织品牌。

4. 公共关系与市场营销

市场营销是指工商企业为满足消费者要求,把商品和服务从生产领域和流通领域转移到消费者手中的经营管理活动。现实中,公共关系与市场营销常常被人混为一谈,主要是公共关系与市场营销在工作过程中联系紧密,但两者有着本质的区别。

(1) 两者的联系。

公共关系是重要的促销策略,同时公共关系的许多具体活动与营销结合在一起。在一些小型组织中,公关人员既从事公共关系工作,又从事市场营销工作。在一些非营利组织和政府中,市场营销和公共关系一样,旨在建立和维护与成员、患者、捐赠者和选民之间的相互关系,甚至一些公关人员宣称他们做的是市场营销传播;更有一些人认为,公共关系只不过是市场营销中运用的战术。以上说明,在实际工作中,公共关系与营销紧密联系了起来。

(2) 两者的区别。

①应用范围不同。公共关系应用于一切组织,贯穿于企业管理的各方面、各阶段;营销主要是企业的经营活动。②任务不同。公共关系塑造组织形象,协调与公众之间的关系;营销的任务是销售产品和服务。③着眼点不同。公共关系是以社会效益为主;营销则是以经济效益为主。

5. 公共关系与庸俗关系

庸俗关系是一种不健康的、被扭曲了的、庸俗化的社会人际关系,也就是通常所说的"走后门""拉关系""拍马屁"等。

这些庸俗关系与公共关系没有根本的联系,但有着本质的区别:①产生的基础不同。公共关系是现代开放型社会的产物,庸俗关系是古代封闭型社会的产物。②本质和目的不同。公共关系是维护组织与公众的共同利益;庸俗关系是维护个人和小团体的私利。③使用的手段和方式不同。公共关系主要利用大众传媒;庸俗关系利用不正当手段。④社会效果不同。公共关系促进社会的健康发展;庸俗关系破坏正常的人际关系,为社会所诟病。

6. 公共关系与游说

游说是个人或组织有目的地利用语言、文字或其他传播媒介对特定信息进行讲解、说明,以鼓动受众按照自己的意图行事的一种劝服性传播。其对象通常是立法者、政府等公共政策的制定者,较多地运用在公共事务(尤其是政治事务)之中,是政治公关中常用的一种方式。社会中也就有了"游说公关"(Lobbying PR)之说,游说公关作为公共关系活动的一部分,是通过游说者的宣传,从而改变其形象,获得目标公众支持,以顺利实现自己的公共关系目标的活动。所以,游说和公共关系都是通过专门的宣传为组织或个人制造声势,树立形象,培养民意,争取选票,开拓市场。

但游说与公共关系也有明显的区别:①行为方式不同。游说重在单向"灌输",直接劝导人们怎么做,往往带有较强的劝服性色彩;而公共关系则注重双向"交流",让人们了解他人是怎么做的,继而自己决定如何行动,可以说是一种怀柔政策。②工作准则有所不同。游说既可能奉行实事求是的准则,也可能奉行游说者主观需要的准则;而公共关系则只能奉行尊重事实、实事求是的准则。

四、公共关系的基本特征

公共关系的基本特征,概括起来有以下内容。

(一) 以公众为对象

公共关系是指一定的社会组织和与其相关的社会公众之间的相互关系。如果说人际关系以个人为支点,是人与人之间的关系的话,公共关系则是以组织为支点,是组织与公众结成的关系。公共关系活动的开展是以特定公众为对象,公共关系危机和公共关系矛盾多是由于不能满足公众利益的需求而引起的。因此,任何组织的公共关系活动必须自始至终着眼于公众,以公众研究为出发点,有的放矢、投其所好地开展工作,从而获得公众的理解、信任和支持,形成一种和谐相容的公众环境,以树立组织的良好形象,促进组织的顺利发展。

(二) 以美誉为目标

公共关系活动的根本目的是为组织塑造良好形象。组织形象不仅包括产品形象、员工形象、环境形象、公共关系形象,也包括直接影响组织的生存和发展的因素:组织形象的知名度和美誉度。在当今生产力、销售力、形象力"三力"合并的时代,良好的组织形象不仅是宝贵的无形资产,而且是竞争的有力手段。塑造形象是公共关系的核心问题,公共关系活动自始至终都是围绕组织形象的塑造而展开的。塑造良好的组织形象,是公共关系活动所追求的终极目标和永恒话题。

(三) 以互惠为原则

公共关系主体(社会组织)与客体(公众)之间的联系,是以一定的利益为基础的。公共关系的价值取向,必须是将组织利益、公众利益与社会利益统一起来,形成共同的利益。组织要在社会中立足发展,必须得到公众的支持;而要谋求组织与公众、组织与社会的长久合作,就必须奉行互惠互利、共同发展的原则,即社会组织在追求自身利益的同时,必须承担相应的社会责任,兼顾组织利益、公众利益和社会利益。组织公共关系工作的重要性也恰恰体现在它能协调组织与公众之间的利益,实现双方利益的最大化。

(四) 以长远为方针

良好的公共关系状态,是在组织有计划、有目的的长期努力下形成的,要经过长期的积淀,才会在公众心目中留下美好的印象。所有这一切绝非一日之功。树立形象、营造良好的公共关系状态须经长期的艰苦努力,而维护形象、调整形象和改善形象更应有长远打算。营造和维持组织生存和发展所必需的良好的公共关系状态是一项长期的工作,不能一蹴而就。因此,公共关系活动是一项长期的、有计划的系统工程。

(五) 以诚信为准则

公共关系活动需要奉行真诚的信条。组织的公共关系活动内容要真实,对待公众的态度要诚恳、守信;组织行为与公共关系行为要表里如一,并如期履行自己的诺言。只有在公众面前塑造一个诚实可信的形象,才可能取信于公众。另外,公共关系传播必须贯彻真诚、实事求是的原则,不允许夸张、渲染。任何虚假的信息传播都会损害组织形象,只有真诚才会赢得合作。

（六）以沟通为手段

公共关系以双向的信息沟通为手段，与组织内外的公众进行沟通，从而使公共关系目标得以实现。公共关系的信息传播是双向的，一方面组织的信息经归类加工后被及时、准确地传播给公众，使公众认识、了解并喜欢组织，对组织产生好感，从而拥护和支持组织；另一方面组织要迅速、准确、及时地收集来自公众的反馈信息，了解舆论和民意，获取有价值的意见和建议，随时调整自己的行为，改善自己的形象。双向沟通既是实现组织内外信息交流的重要方式，也是公共关系活动的重要特征。

第二节　公共关系的产生与发展

一、公共关系前史

（一）公共关系产生的一般历史条件

公共关系是人类社会发展进步的一种必然现象，其产生与发展可以追溯到古代人类社会生活中的一些早期的"公共关系观念"和不成系统的"公共关系活动"。近现代的公共关系是伴随着商品经济的发展、政治民主化浪潮的日益高涨和大众传播对社会发展的促进而诞生的。20世纪初，公共关系才作为一种专门职业而出现；20世纪20年代，公共关系才成为一门新的学科。

（二）古人对类公共关系的认识

1. 中国古代的情况

中国是四大文明古国之一，有着悠久的历史和灿烂的文化。早在春秋战国时期，中国就产生了公共关系思想的萌芽。中国古代的公共关系思想以"礼之用，和为贵"为特征，以"真善美"为主要行为规范。具体表现为以下几个方面。

第一，在观念认识上，重视民众舆论，强调"仁者爱人"。早在西周末年，有人就对周厉王施政酷虐而产生的怨声载道、民情鼎沸的情况，提出了"防民之口，甚于防川"的观点，认为舆论好坏直接关系到政权稳固与否，强调重视民众舆论。后来，古代圣贤们提出了一系列的以仁爱为核心，重视"仁""义"的思想。例如，孔子提出"己所不欲，勿施于人""己欲立而立人，己欲达而达人"；孟子提出"爱人者，人恒爱之；敬人者，人恒敬之"；墨子提出"天下兼相爱则治，交相恶则乱"等。这种"仁""义"观念是现代公共关系"公众意识"和"声誉观念"的雏形。

第二，在行为规范上，讲究"礼""信"。"礼"就是行义的方式和沟通的手段，其核心是互敬、平等与谦和。"信"强调知行、言行合一。孔子认为"民无信不立""人而无信，不知其可也""与朋友交，言而有信"。"礼""信"是孔孟思想的重要内容。"言必信，行必果"，守信用、讲仪式，早在古代就成为约束、调节人们言行的规范。在中国古代历史的长河中，以"信义"建功立业，以"礼仪"树立信誉的例子俯拾皆是，它们都具有公共关系色彩，也反映了讲究信义的行为准则。

第三，在交往方式上注重"人和、平等、谦让"。孟子说："天时不如地利，地利不如人和。"

古代商业者在处理同消费者的关系时讲究"和气生财""宾至如归""童叟无欺"。在处理人与人的关系时,强调"和为贵",追求社会秩序的和谐安宁,处世中庸。做事追求平等平均,与人相处时讲究谦让有礼,这些都与公共关系思想有相通之处。

第四,讲究语言传播的经验和技巧。中国的语言文化非常丰富,中国人民在长期的社会交往中积累了许多语言传播的经验和技巧,也出现了许多雄辩之才。比如战国时期苏秦凭三寸不烂之舌,到处游说,宣传"合纵"主张,共同对付秦国;而张仪靠自己的唇枪舌剑,四处交游,离间各国,宣传自己的"连横"主张,瓦解了六国联合的军事同盟。晏子出使楚国,以幽默、雄辩的口才反击楚王的污辱,维护自己和国家尊严的故事,更是脍炙人口、世人称颂。

2. 西方古代情况

古代西方的情况与中国不同,古代西方(主要是古希腊、古罗马)人们对人文关系的处理在观念上不是很重视,而是注重现实的处理,故其在这方面的认识也主要表现在对具体操作问题上的研究。由于当时科学技术还不发达,演讲、修辞、逻辑等主要着眼于如何"劝服"他人的专门性技术方法便成为人们重要的认识课题。如古希腊亚里士多德的《工具论》《修辞学》,苏格拉底的诡辩术,古罗马西塞罗的演说词,统治者文告、战记等程序性的仪式都体现了古代西方人在人文关系上的认识成果。

亚里士多德在他的《修辞学》一书中就怎样运用语言来影响听众的思想与行为做了精心的阐述。古希腊人认为,一个人的修辞能力是参与政治活动的一个重要条件,否则,政治家的思想就无法有效地传递给民众,他们也就难以得到民众的理解与拥戴。因此,西方公共关系学界对亚里士多德《修辞学》一书评价很高,认为它是一本最早探讨公共关系学理论的专著。古希腊人对于沟通技巧也是十分推崇的,一些深谙沟通技巧的演说家往往就因此而被推选为首领。据记载,古罗马的独裁统治者恺撒就是精通沟通技巧的人。他认为要获得民众的支持,就必须以自己的思想观念去影响他们,其手段之一就是散发有关传单去宣传、鼓动。据说,恺撒最后能在政治上获得成功,与那本记载他战绩的纪实著作《高卢战记》分不开。该书曾被西方一些著名的公共关系专家称为"第一流的公共关系著作"。

(三) 古人在类公共关系方面的实践

中国古代除了具有丰富的公共关系思想观念,还有众多的公共关系实践活动。春秋时期孔子周游列国,四处讲学;战国时期君子士大夫争相养士,笼络人心;商鞅变法,立木建信;刘备三顾茅庐,感动诸葛亮为其效力;诸葛亮七擒七纵孟获,孟获终为所感;张骞出使西域;文成公主联姻吐蕃;郑和下西洋……在中国古代,类似的公共关系实例有很多。这些思想和活动,虽然带有明显的自发性、零散性和盲目性,具有浓厚的政治色彩和伦理色彩,但我国人民在长期的社会交往中形成的重道义、讲信用、重友谊、讲礼仪、重艺术、讲技巧的优良传统,是中华民族优秀的宝贵遗产,也是现代公共关系思想的历史源流之一。

同样,在古代西方社会也可以找到许多类似于公共关系活动的实践事例。

古雅典统治者曾在民众大会中实施过一种特殊的投票法——贝壳放逐法,即每年年初召开民众大会时,公民可将其认为有可能危害民主政治的人名合记于陶片上,如某人票数过半,则被放逐国外。这表明了统治者对民众舆论的重视。

古罗马统治者曾将其法律刻在十二块铜牌上,向全国民众公开发布,其目的虽然是维护

少数贵族统治者的利益,但法律中也有对贵族权力的限制规定,这也是罗马统治者公开争取民众的一种手段。

西方基督教的流传,从某种意义上说,也依靠了公共关系手段。公元 1 世纪时,教徒彼得和保罗通过布道演讲、各类函件、策划事件以及其他类似于公共关系的活动,来宣传基督教教义。他们还通过礼拜、弥撒等传经布道方式来宣传其主张。

(四) 评价

无论是东方还是西方,人类历史上的任何统治者几乎都要使用宣传舆论与诱导劝说等多种传播沟通手段,以树立自身的神圣形象与地位,争取民众的支持,使民众服从其统治。但在大众传播事业及技术尚不发达,以竞争和开放为特征的商品经济尚未出现之前,这些早期的公共关系活动只能是零碎而不成体系的,远没有成为专门职业,更不可能成为一门学科,与现代公共关系有很大的区别。

公共关系的兴起和发展并成为一门科学和一种职业,还只是 20 世纪初的事情。它是在商品经济、民主政治和传播技术得到高度发展以后,才逐步形成和发展起来的。

二、现代公共关系的产生与发展

公共关系作为人类社会活动的一种客观状态和观念意识早已存在,但作为一种科学系统的理论和新型的职业,却是在 19 世纪中叶至 20 世纪初兴起于美国,其发展过程可以分为三个阶段。

(一) 酝酿阶段(巴纳姆时期)

19 世纪 30 年代,美国报界由《纽约太阳报》领头,掀起了一场"便士报"运动。这在美国报业发展史上是一个具有里程碑意义的时期,美国以大众为读者对象的通俗化报纸,就是在这个时期诞生的。在此之前,由于报纸昂贵,只有贵族阶层才能买得起,报业发展十分缓慢。于是,《纽约太阳报》提出一便士就可以买一份报纸,使一般大众也能买得起。至此,报纸从贵族手中解脱出来,走向大众。报纸以低廉的价格以及通俗且大众的内容获得全社会的认可和接受,迅速进入千家万户,并成为政府部门及各类巨头企业不敢忽视、竞相争取的具有重要影响力的社会舆论工具。报刊大众化与报刊商业化相辅相成,报刊发行量大增的结果是广告费的猛涨。一些巨头企业为节省昂贵的广告费,雇用专门的"报刊宣传员"来炮制新闻甚至编造"神话",而报刊为迎合读者、增加可读性,也乐于接受企业的广告投入,二者互相利用、互相配合,掀起了一场声势浩大的报刊宣传活动。这一时期,最有代表性的人物就是巴纳姆。巴纳姆因宣传、推动马戏事业而闻名于世。他曾在报纸上编造过这样一个"神话":美国有一个黑人女奴叫海斯,已经 160 多岁了,她在 100 年前曾养育过美国第一任总统乔治·华盛顿。消息发表后,立即引起轰动,人们争相抢购报纸。这时,巴纳姆又顺势以不同笔名向报纸寄出"读者来信"提出疑问,人为地制造了一场广泛讨论。他还厚颜无耻地说,只要其名字能够在报纸上经常出现,他不在乎别人怎样评价他。他的信条是"凡宣传皆是好事"。这一段不光彩的时期被称为"巴纳姆时期",也即公众被愚弄时期。

(二) 产生阶段

1. 公共关系的产生(艾维·李时期)

19 世纪末至 20 世纪初,美国进入垄断资本主义时期,全国 1% 的人口占据所有财富的

54%,企业创造出财富的同时,给社会环境带来了日益严重的污染。大财团控制了政府,资本家毫无节制地扩大生产和榨取工人血汗,使劳资关系日趋紧张和对抗。企业这种非人性化的行为引起了社会公众的强烈不满和抨击。在新闻界,一批年轻、正直的记者开始追求社会的公正与平等。在一段时间内,他们专门收集、报道工商巨头企业的丑闻,揭露巨头企业的不法行径和不道德的商业活动,形成了一场声势浩大的"揭丑运动"。从1903年至1912年,有2000多篇揭露企业丑闻和阴暗面的文章发表,使得一些大企业声名狼藉、难以维持。一些具有远见卓识的企业家,开始意识到能否得到社会公众的支持,是一个企业生存的关键。他们纷纷向新闻界请教,希望帮助企业宣传自己的形象,求得公众谅解。于是,一种代表企业利益,运用各种传播沟通手段帮助企业与公众"对话",并从中获取劳务费用的新行业就应运而生了。这一崭新行业的开拓者就是被称为"现代公共关系之父"的艾维·李。

艾维·李出身于美国佐治亚州的一个牧师家庭,毕业于普林斯顿大学,曾在《纽约时报》《纽约世界报》等几家报社当过记者。1903年,艾维·李和乔治·派克在纽约合资成立了公共关系事务所"派克和李公司",为社会公众提供收费的公共关系服务。这是最早向客户提供公共关系咨询服务而收取报酬的营利性公共关系机构,也是现代公共关系诞生的重要标志。1905年,艾维·李发表了阐述其活动宗旨的《原则宣言》。他指出:"我们所做的一切都是公开的。我们的计划是坦白和公开地代表企业单位及公众组织,对与公众有关且为公众关注的问题向报界及公众提供迅速而准确的消息。"这就是"门户开放策略",他的公共关系思想与宣传思想是"公众必须迅速被告知",即对公众"讲真话",把真实情况告诉公众。如果披露真实情况对企业不利,那么就应当调整企业自身的行为,求得社会谅解。艾维·李用他的智慧驱散了笼罩在大企业与其公众关系上的神秘和冷漠的气氛。在洛克菲勒财团面临公共关系极端恶化的局面时,艾维·李建议洛克菲勒财团邀请劳工领袖协商解决劳资纠纷,广泛进行慈善捐赠,改变其在公众心目中的不良形象。在处理宾夕法尼亚铁路公司发生的人员伤亡事故时,他果断地采取公布事故真相,向死难者家属提供赔偿、对受伤者支付治疗费、向社会各方面诚恳道歉等措施,取得了良好的效果。1904年美国总统竞选期间,他还为尚未竞选上总统的罗斯福组织了一次成功的公共关系活动。这一切使艾维·李的名声大噪。同时,在他的推动下,一些工商企业也纷纷改变他们对待公众的态度,企业家们开始认识到,企业的兴衰成败与公众关系的好坏有直接关系。

由于艾维·李的特殊贡献,公共关系事业在美国各行各业蓬勃发展起来,公共关系开始成为一种新的职业,因此,人们将他称为"现代公共关系之父"。

2. 公共关系学的产生(伯内斯时期)

艾维·李对现代公共关系产生和发展的贡献是巨大的,但是他并没有构建系统的公共关系理论。在公共关系发展史上,第一个用科学来指导公共关系工作并使公共关系理论化、科学化的是爱德华·伯内斯。

爱德华·伯内斯,1891年出生于奥地利,1892年随父母移居美国,是著名心理学泰斗弗洛伊德的外甥。伯内斯曾受聘于美国福特汽车公司,担任该公司的公共关系经理。1923年,他以教授的身份首次在纽约大学讲授公共关系学课程,同年出版了世界上第一部公共关系经典著作《舆论明鉴》。在书中,伯内斯首先详尽阐述了"公共关系咨询"这一概念,并解释了公共关系咨询服务的两重作用:一是为商业和产业界提供政策建议,使之实行合理化的社

会行为;二是通过宣传上述政策和行为,赢得公众的好感和支持。在书中,伯内斯还提出了公共关系的原则、实务方法和职业道德守则等。1925年,他编写了《公共关系学》教科书。1928年,他出版了《舆论》一书。伯内斯的主要贡献就在于,他把公共关系学理论从新闻传播领域中分离出来,并对公共关系的原理与方法进行了较系统的研究,使之系统化、科学化,最终形成一门独立完整的新兴学科。

伯内斯公共关系思想的核心是"投公众所好",以公众的态度为出发点。他认为,在对公众宣传之前应该首先了解公众喜欢什么,对组织有什么期望和要求,在确定公众的价值观和态度的基础上进行有的放矢的工作。这就使艾维·李单向提供信息的工作方式,发展成为双向的信息沟通方式。

(三)发展阶段(现代时期)

20世纪50年代,公共关系得到了突飞猛进的发展并日益走向成熟。这一时期最有代表性的人物是斯科特·卡特李普和阿伦·森特。

斯科特·卡特李普,1915年出生于西弗吉尼亚,他曾担任过记者、编辑。1952年,他与阿伦·森特合著的《有效公共关系》一书中第一次明确提出了双向交流的公共关系原则,从而创造了公共关系"双向对称"的模式。

卡特李普和森特认为,公共关系就是一个组织为与公众建立良好关系而运用的传播原理和方法。他们认为一方面要把组织的想法和信息向公众进行传播和解释,另一方面又要把公众的想法和信息向组织进行传播和解释,其目的是使组织与公众之间形成一种和谐关系。他们还认为利益和信息都是双向均等的,唯有双向均等才是公平的,这是公共关系的本质。只有注重公众利益,才能同时得到组织利益,这是公共关系人员必须遵循的职业道德。卡特李普和森特提出的利益双向均等、信息双向沟通的双向对称模式,纠正了过去的偏差和倾斜,揭示了公共关系的本质,使公共关系又向前迈进了一大步,标志着现代公共关系思想的成熟。

从公共关系发展的基本过程可以看出,公共关系从巴纳姆时期的愚弄公众到艾维·李时期的讲真话(单向传播),到伯内斯时期的投公众所好(双向非对称),再到卡特李普和森特时期的双向对称模式的提出,表现出公共关系日益深入和发展,并不断走向成熟。

以巴纳姆为代表的第一种公共关系思想,一切为了自己,制造各种谎言愚弄公众,全然不顾公众利益,没有任何职业道德可言。

以艾维·李为代表的公共关系思想,主张讲真话,尽可能向公众提供所需要的各种真实信息,但也是明显地站在企业一方为资本家服务,是一种单向功利的公共关系思想。

以伯内斯为代表的公共关系思想,强调以公众的态度为出发点,然后围绕公众的态度,进行有的放矢的公共关系活动,坚持投其所好的原则。伯内斯的这种模式,具有一定的双向性,但它是以实现组织自身利益为目的,并没有把公众利益置于同等重要的位置,因而是非对称的。

以卡特李普和森特为代表的公共关系思想,强调公共关系的科学化和职业道德,主张利益均等,沟通对称,把组织利益与公众利益置于同等重要的位置,因而是科学的、道德的,是现代公共关系思想的标志。

三、现代公共关系产生的基本条件

现代公共关系产生于20世纪初的美国,它是当时美国及资本主义社会的基本矛盾以及经济、政治、科学技术、文化等条件综合作用的结果,是社会发展到一定阶段的必然产物,是社会文明进步的必然结果。

(一) 公共关系产生的政治条件

社会政治生活的民主化是公共关系赖以产生和发展的政治条件。

从封建社会进入资本主义社会是人类社会民主化进程中的一个重要里程碑。封建社会的政体特点主要体现为独裁、专制、世袭三个方面,其政治生活的特征表现为"民怕官"。与封建制度相反,资产阶级革命后推行共和制、立宪制,变独裁为民主,变专制为共和制,变世袭为民选,这就带来一系列根本性的变化。这些变化使公众地位上升,其影响主要是通过纳税制与代议制来实现的。

由于实行纳税制,纳税人有权了解政府的政治运作情况,政府则有义务将政府事务的决策与运作情况定期向纳税人公布与报告,接受纳税人的监督。

由于实行选举制,这一方面要求民众精心挑选能真正代表自己意志的人去行政、执政,民众不仅有选举权,而且有知情权、议政权、监督权,要求政治有透明度;另一方面被选举者为了登上"宝座"或保住"宝座",就不得不注意与社会各界公众搞好关系。唯有这样方能拉来选票、保住官位,这是政治上促进公共政治生活民主化的动因。

在这种民主政治的社会氛围中,政治生活的特征表现为"官怕民",民众的地位发生了根本性的变化。

(二) 公共关系产生的经济条件

公共关系产生的经济条件主要表现为社会生产分工的加剧、商品经济的高度发展,特别是买方市场的形成。

1. 社会分工的发展

人类社会经历了几次大的分工,分工推动了生产力的发展,但也增加了各行业之间的相互依赖与制约。分工越细,寻求合作的愿望就越强,因此,对于发展生产力而言,寻求合作也就与产生分工一样必然与迫切。

同时,这种社会的分工和组织的分化不仅仅表现在经济生产领域,它还使人们所处的环境更加复杂多样,人与人之间的关系也逐渐变得更加复杂和多元化,整个社会也在不断地发生分化。一方面,人与人更加隔阂,难以相互理解;另一方面,人是一种社会动物,离不开社会,离不开合作,为了适应这种社会环境,人们就必须更加自觉主动地协调人与人之间、组织与组织之间的相互关系,需全方位地协调与合作,只有这样,社会才能得以正常运行与发展。公共关系就是为适应这一历史发展的客观需求而产生的,并且一经产生就取得了突飞猛进的发展。

2. 商品经济的高度发展是公共关系产生的加速器

商品经济对公共关系的需求可以从以下几个方面得到体现。

(1) 商品经济的高度发展呼唤着协作。商品经济以市场为轴心形成了极广泛的分工与协作。为了在竞争中取胜,商品生产者的分工也越来越细,专业化程度也越来越高,商品生产者所拥有的一切都必须从市场购进,生产出来的一切物质产品与精神产品又必须在市场上售出。因此,光有细微的分工还不行,商品生产者必须考虑跨行业、跨地区的合作,需要公共关系这样的综合性新学科来协调各方面的关系。

(2) 商品经济的高度发展需要和谐的社会环境。在商品经济条件下,生产完全是为了交换,商品交换关系的通畅与稳定对于生产者来说生死攸关,因此,他们渴望能够有商品交换之外的另一种力量来支持他们的事业,来保护和改善商品的交换关系,形成一个相对安定和谐的社会发展环境。公共关系也就随着这种需求从传统的传播活动中"分离"出来,专门为组织与公众建立安定和谐的社会环境。

(3) 买方市场的形成、消费市场的成熟增加了对公共关系的迫切需求。在生产力尚不发达的时期,市场产品的需求大于供给,这时候的市场是卖方占完全优势的"卖方市场",他们也就不会考虑公共关系的问题。随着生产力的发展,市场上产品"供过于求",形成"买方市场"。消费者可以根据个人喜好灵活地选择任何一种他们看中的商品。为了吸引和留住消费者,销售者便会想办法有效地维护买卖双方的关系,最大限度地争取广大公众的理解、信任、支持与合作。因此,了解消费者、研究消费者、与消费者建立密切的联系并赢得公众的支持,就成了商品生产者与销售者生存、发展的重大课题,公共关系也就成了企业生死攸关的关键环节。

3. 公共关系产生的科学技术条件

公共关系产生的科学技术条件主要是大众传播与现代通信手段的发展,这为公共关系提供了物质手段。

在现代社会中,科学技术日新月异,信息传播飞速发展,从报纸、杂志、电话、广播、电视到光导通信、卫星转播、互联网络,现代科学技术使传播具有极宽的广度、极快的速度、极深的深度与极高的信息保真度,并且费用低廉。崭新的传播媒介迅猛发展,甚至超出人们的想象,瞬息万变的信息同时变得"瞬息可悉"。如全世界的人可以同时观看世界杯足球赛、观看奥运会比赛,也可以同时看到赛场上的企业广告。现代化的科技手段使世界范围内大规模的信息沟通和交往成为可能,为公共关系事业的大发展提供了必要的技术保障与方法。

四、公共关系在中国的兴起与发展

(一) 公共关系在中国的传播与发展

20世纪70年代末至20世纪80年代初,公共关系的概念第一次被引入中国。20世纪80年代初,北京、深圳、广州、珠海等地的三资企业中的宾馆、酒店参照母公司的管理模式设立了公共关系部,引进了公共关系职能,如广州的白天鹅宾馆和中国大酒店,以及北京长城饭店等可以说是20世纪80年代早期中国公共关系的典范。

1984年10月,世界第二大公共关系公司——美国伟达公共关系顾问公司在北京设立了办事处,当时美国之音的报道称"中国是一块肥沃的公共关系市场"。1984年11月,广州白云山制药总厂率先在国内挂出了第一块国有企业公共关系部的招牌,并注资120万元,开展公共关系活动。1985年8月,世界最大的公共关系公司——美国博雅公共关系公司与中国新闻发展有限责任公司达成一项协议,共同为在中国从事外贸的外国机构提供公共关系服务。为此,1986年7月,在北京设立第一家公共关系公司——中国环球公共关系公司。

20世纪90年代,随着国际公共关系公司纷纷抢滩中国市场,一批本土中资专业公共关系公司开始涌现,比如蓝色光标、信诺传播、迪思传媒、宣亚国际、时空视点、嘉利智联、灵思云途、注意力等。其中蓝色光标于2010年初在创业板上市,成为我国公共关系行业第一家上市公司。这些公共关系公司边学习边干,从最初为客户提供宣传品制作服务和咨询服务,逐步拓展了会务管理、媒介关系、市场调研等公共关系业务。与此同时,这一时期也诞生了中国第一代公关人员,这些人接受了国际公共关系公司专业公共关系的熏陶并经历了市场竞争的严峻考验,成为当前中国公共关系行业的骨干力量。

1985年,深圳大学传播系开办了国内第一个公共关系专业。1986年11月,中国社会科学院新闻研究所公共关系课题组编著了国内第一部公共关系专著《公共关系学概论》,由科学普及出版社出版。到1987年,国家教委(现教育部)把公共关系正式列入行政管理、工业经济、新闻学等专业的必修课。

1986年1月,中山大学在广州成立了第一个公共关系研究会。1987年6月22日中国公共关系协会在北京成立,这标志着公共关系在中国得到了正式确认。1991年,伟达公共关系顾问公司受中国政府所聘,负责在美国国会游说,争取美国给予中国最惠国待遇,成为第一家服务于中国政府的外国公共关系公司。1991年4月26日中国国际公共关系协会在北京成立,并且赢得了2008年世界公共关系大会(号称世界公共关系业"奥林匹克盛会")的承办权。1993年起,由中国国际公共关系协会主办的中国最佳公共关系案例大赛,每两年举行一届。目前,中国已有1000多所高校开设了公共关系课程,几十所高校开设了公共关系专业。

我国公共关系的发展,得益于一批专业学者孜孜不倦的探索,国际关系学院副院长郭惠民、复旦大学国际公共关系研究中心主任孟建、上海师范大学公共关系学系原主任叶茂康、中山大学公共传播研究所原所长廖为建、华东师范大学品牌文化与公共关系研究中心主任张云、西南大学文化与社会发展学院院长秦启文、深圳大学与华中科技大学双聘教授余明阳,以及华中科技大学陈先红教授等人为中国公关业的发展打下了坚实的理论基础。我国的公共关系事业正在迅猛发展,公共关系已成为一个引人注目的职业。1999年劳动和社会保障部(现人力资源和社会保障部)把公共关系作为职业正式列入《中华人民共和国职业分类大典》,标志着中国政府正式承认了"公共关系"这一职业。2000年3月,《中华人民共和国劳动和社会保障部第6号令》将"公共关系员"列入90个持证上岗职业之一,并于2000年7月1日起开始实施。劳动和社会保障部(现人力资源和社会保障部)于2000年12月3日举行了全国首次公关员国家职业资格全国统一鉴定。据统计,2000年至2005年,全国共有82053人参加了公关员职业资格技能考试,其中63698人取得初级、中级、高级职业资格证书。这标志着中国公共关系行业的职业化、专业化地位被正式确认。中国的公共关系行业正逐步进入专业化时代。

随着现代公共关系在中国的不断发展,公共关系在激烈的市场竞争中扮演着越来越关键的角色。公共关系在北京奥运会、上海世博会的申请与举办等重大国家事件中起到了非常积极的推动作用。作为重要的传播沟通工具,公共关系正逐渐被中国企业、非营利组织乃

至各级政府所接受,在促进经济社会协调发展等方面发挥着越来越重要的作用。

(二)中国公共关系前瞻

1. 职业化

一方面,由于在社会各个行业和领域中发挥着越来越重要的作用,公共关系已逐渐从其他经营管理职能和行业中分化出来,成为一种越来越受人们尊重和向往的独立的社会职业。另一方面,科学技术的日新月异使得世界经济结构发生大转移,第一、第二产业的从业人数不断减少,第三产业的从业人数迅速增加。而公共关系活动主要在第三产业,因此,公共关系行业已成为吸纳就业者的重要行业。

2. 技术化

随着科学技术的发展,公共关系的工作手段也不断现代化。电子技术、通信卫星等现代化的大众传播媒介和信息传播手段,以及电脑对市场资料的储存和分析整理等先进技术在公共关系活动中广泛应用。信息传播双方已成为真正意义上的平等交流伙伴,实现了更深层次含义上的双向互动。

3. 国际化

由于经济全球化的发展,跨国公司和国际贸易不断增多,这些跨国公司和国际贸易在世界各地市场中所遇到的种种问题,如伦理道德、语言风俗、文化传统、社会制度等,使国际性公共关系活动的开展成为当务之急。

4. 多元化

随着公共关系的不断发展以及社会对公共关系需求的不断增长,公共关系已经越来越多地同各种类型的社会组织相结合,不断渗透到社会的各个领域。目前,国际上已形成了公认的公共关系应用三大领域:一是政府或政界;二是经济实业界;三是非营利组织(包括教堂、博物馆、学术团体等)。

5. 战略化

一方面,组织之间的竞争日趋激烈,公共关系作为一种重要的传播战略手段,将为组织塑造一种"全球形象",而被组织纳入战略管理层面,其战略性地位也日益加强;另一方面,人类正越来越多地面临一些全球性问题,例如,环境保护、人口膨胀、战争与和平等。这些问题的存在与解决,已非一个国家和一个民族所能承受的,它必须通过国际间的沟通,通过全球性、跨文化的沟通去达成共识,并在此基础上,制定出国际化的标准。而公共关系在解决这些问题的方面是较有发言权和极具成效的。

中国国际公共关系协会原常务副会长兼秘书长郑砚农在《融合与发展的中国公共关系业》中谈到了中国公共关系业的机遇和责任时指出:中国加入世贸组织,加速了国际化的进程;改革开放不断深入,促进了经济体制的改革和观念的转变;北京申奥、上海申博的成功,给经济腾飞增添了新的亮点,中国巨大的市场吸引着更多的外国公司走进来;而中国企业要谋求更大的发展,就要参与国际竞争,要走出去。政府和城市要树立良好的形象,企业要打造知名的国际品牌,这一切都让人感到,我们正处在一个信息时代、一个沟通时代和一个品牌的时代。公共关系从来没有像今天这样让人们感到它的重要。我们看到,政府机构改革、公共关系政策更加透明、外交的发展、危机的处理、新闻发言人的培训等,都需要大力增强非政府公共关系的实践。国际贸易纠纷增多,投资贸易需要我们把传播领域扩大,要用公共关系的方法营销企业、地区和城市,帮助企业塑造知名品牌,使企业家树立品牌意识,增强企业的竞争力。我们要不断地推广公共关系理念和公共关系方法,让全社会认识它、掌握它、运用它,使它服务于我们的经济和社会发展;不断地培养高素质的公共关系人才,改变目前人才短缺、良莠不齐的现状;不断通过调查研究,规范公共关系市场,使公共关系行业能够健康、有序、快速地发展;要借助中央开发西北地区,振兴东北老工业基地的东风,加速公共关系行业在全国范围内协调发展。

第三节 旅游公共关系概述

一、旅游公共关系

(一)旅游公共关系的兴起

全球经济的发展,尤其是科技的高速发展、生产力的不断提高,促使旅游需求和旅游供给出现重大发展变化,旅游日益深入到社会的各个层面,已经成为人们现代生活的一种方式,这种生活方式反过来又促进了社会交往。旅游公共关系是旅游日益大众化、社会化的必然产物。

旅游公共关系的兴起源于旅游市场激烈竞争的需要。现代旅游组织的竞争已经开始由质量竞争、价格竞争、服务竞争扩展到信誉竞争、形象竞争。旅游组织要在竞争中取胜就必须不断地适应社会发展环境,与公众建立密切的关系,以形成良好的合作氛围,广泛地开展公共关系活动,从而树立自身良好的形象,提高知名度与美誉度。有效的旅游公共关系可以帮助旅游组织顺利地进入竞争激烈的旅游市场,提高旅游市场占有率。旅游公共关系的兴起也是现代旅游供给的需要。现代旅游消费向着个性化、多样化的方向发展。随着计算机的普及与预订系统形成世界网络,以及信用卡通行世界,游客对旅游方式、旅游线路、旅游季节、旅游服务的选择空间越来越大。有关专家预测,21世纪旅游发展的一大趋势是旅游模式将发生深刻的变化,表现为散客旅游多于团体旅游,短线旅游多于长线旅游,人们外出旅游的频率将增加,而外出时间将会减少。有效的旅游公共关系能够强化旅游地及旅游产品在游客心目中的形象,促进旅游组织与公众的双向沟通和交流,有效地传递信息。

在我国,公共关系最早是伴随着现代旅游业的兴起而发展起来的,并且在我国旅游业中刚刚崭露头角就发挥了特殊的作用,引起了整个世界的关注,显示了旅游公共关系在旅游业发展中的重要意义。

(二)旅游公共关系的概念

旅游公共关系是旅游组织运用各种传播沟通手段,实现其与旅游公众的双向信息交流,以增进内部凝聚力及外部吸引力,取得旅游公众的信任和支持,赢得广泛的合作,创造良好的生存发展环境的一系列政策与行动。

这个概念包含以下要点:

旅游公共关系的主体是旅游组织,具有较强的服务性;

旅游公共关系的沟通对象是旅游公众,具有较大的涉外性和复杂性;

旅游公共关系的工作手段主要是传播、沟通,具有较大的灵活性;

旅游公共关系的目标是塑造旅游组织的形象和声誉,具有较大的社会影响力;

旅游公共关系的主要内容是协调内部公众、外部公众以及与此相关的各方面关系,具有较大的综合性。

旅游公共关系由三个基本要素构成,即旅游公共关系的主体——旅游组织,旅游公共关系的客体——旅游公众,旅游公共关系的媒介——传播沟通,三者相互依存、缺一不可。

旅游组织是旅游公共关系的承担者、实施者和行为者,在公共关系活动中具有主导性。它是指直接从事旅游业经营和管理活动的各类企事业组织,主要包括旅行社、旅游饭店、旅游景区开发和经营企业、旅游商品生产企业、旅游运输企业、旅游行业主管部门以及旅游行业协会等。每个旅游组织都有其具体的组织目标和公共关系目标,并根据各自组织的特点展开丰富多彩的公共关系活动。

旅游公众是旅游公共关系的客体,是指与旅游业具有某种利益关联并相互作用的个人群体及组织的总和,在公共关系活动中具有权威性。旅游公众涉及社会众多领域,旅游业的良性运转离不开这些相关行业和组织的支持。从归属关系看,旅游公众可分为内部公众和外部公众。内部公众主要指员工、员工的家属和股东,外部公众主要有顾客公众、政府公众、社区公众、媒介公众、同行公众、国际公众等,其中顾客公众是旅游公共关系活动中最重要的外部公众,是旅游公共关系活动的主要对象。

传播沟通是连接公共关系主客体的媒介,是公共关系活动的过程和方式,在公共关系活动中具有效能性。服务是旅游产品的核心内容,具体表现为旅游组织和旅游公众的直接交往,因此,传播沟通成为实现旅游产品价值的必要手段。旅游组织通过提供令旅游公众满意的服务,可以与旅游公众进行有效的沟通,营造良好的沟通氛围。此外,旅游公关人员还可以运用各种传播技术、专题活动来塑造和推广旅游组织的形象,与各类旅游公众进行更加广泛的沟通,以获得旅游公众的理解、好感和支持。

(三)旅游公共关系的特点

1. 复杂性

旅游业是一个关联性很强的行业,其复杂性表现为活动涉及面广、公众对象众多、工作内容庞杂。旅游业的发展几乎涉及所有的社会领域,产业体系中的任一组织环节都面对着错综复杂的公共关系问题。旅游公共关系主体的多元性和关联性以及旅游公共关系客体的差异化,决定了旅游公共关系的复杂性。

2. 服务性

旅游业是一个服务性行业,旅游公共关系既为旅游目的地服务,也为旅游客源地服务;既为各类旅游主体服务,也为各类旅游客体服务。例如,对旅游组织来说,服务贯穿于旅游活动的全过程,服务意识是否突出,决定了组织能否在竞争中处于优势。

3. 应变性

旅游业是一个敏感的行业。外部环境的变化、内部要素的矛盾都会导致新问题的产生,这就要求旅游组织的公共关系工作要能及时适应这种变化,在原则和目标不变的前提下,运用灵活的工作方式解决问题。特别是应对各种突发事件,旅游公共关系必须具有更强的危机预测和应对能力。

4. 情感性

旅游消费是人类精神层次的消费,有比较明显的情感效应。现代旅游组织经营已经进入了"情感化"的经营时代,"顾客就是上帝""员工至上"作为一种重要的激励机制或动力因素而被纳入了管理过程,"情感管理"成为旅游组织重要的管理方式。因此,旅游公共关系特别强调以内部公众的"情感经营"为前提,拓展与外部公众的情感沟通,把营销的着眼点自始至终放在旅游公众的"感知"上,进行整体"形象促销"。

5. 全员性

旅游业是员工直接向旅游者提供服务的行业。旅游组织中的大多数成员都是组织对外交往的"触角",处在与外部公众直接接触的第一线,其言行举止、仪容仪表、外貌风度等都会影响公众对组织的印象和评价。因此,在旅游组织内部,上至最高领导,下至普通服务员、导游员、景区管理员等,都必须强化公共关系意识,提升旅游公共关系沟通技能。

6. 超前性

旅游客源市场是一个潜在特征很强的市场,旅游消费需求在人的需求层次中属较高层次的需求,其本质属性是文化消费,可变性极强。因此,旅游公共关系活动必须具有超前性。无论是旅游形象宣传、公关促销,还是协调旅游组织内外关系,都必须着眼于未来,在科学预测发展方向的基础上规划旅游业的未来发展战略。

二、旅游公共关系的职能

在现代管理中,公共关系以树立组织的良好形象、协调组织与公众之间的关系作为主要的工作目标,围绕这目标所开展的具体活动和工作便形成了它的职责与功能范围,即公共关系的职能。它回答了公关活动"为什么要做""做些什么"和"做得怎样"的问题。旅游业是服务业中的重要支柱产业,它是以提供服务设施与劳动性服务而获取利润的综合性产业,服务质量的优劣、组织形象的好坏,将直接决定游客的购买动机和行为,因此,塑造良好的组织形象成为旅游公共关系的首要工作。旅游公共关系工作开展的过程中,应履行以下职能。

(一)收集信息,监测环境

这是旅游公共关系的首要职能,即作为组织的预警系统,运用各种调查研究分析的方法,收集信息、监视环境、防范危机、反馈舆论、预测趋势、评估效果,以帮助组织对复杂多变的公众环境保持高度的敏感性,维持组织与整个社会环境之间的动态平衡。这一职能表明旅游公共关系具有"收集情报"的作用,旅游组织中的公共关系部就是组织的"情报部"。

1. 旅游组织内部形象信息

旅游公共关系首先要注意内部形象的收集,收集内容主要包括游客对旅游产品和旅游组织机构两方面的印象、态度与评价等信息。其中旅游产品形象是组织形象的客观基础。旅游产品形象包括游客对旅游产品的形式、价格、质量、定位等方面的认知和评价,即旅游产品的知名度和美誉度。旅游产品主要表现为向游客提供的服务,所以游客在旅游过程中对

服务质量的满意度是影响旅游组织形象的关键因素,并与组织的生存发展息息相关。因此,必须优先采集这方面的信息。此外,还要重视旅游组织机构形象,包括游客对旅游组织领导人、旅游组织管理水平、旅游从业人员素质等的评价信息。同时,也要重视收集内部员工对旅游组织的评价信息。因为组织的危机与险境往往是内部环境造成的,所以及时发现内部管理中的问题,对于提高旅游产品质量和防范与应对危机都具有重要的预警作用。

2. 旅游组织外部环境信息

旅游公共关系还需要时刻保持对外部社会环境的监测,及时为旅游组织的决策提供信息基础。监测内容包括社会的政治经济、科技文化、时尚潮流、民俗民情、舆论热点、政策法规、突发事件等各方面的情报动态,其中,社会经济发展与变化趋势、旅游政策、突发事件是重点监测内容。分析以上外部环境可能对旅游组织产生的各种直接或潜在的影响,有利于防范不利因素,避免危机的出现,使旅游组织与社会环境的变化保持动态平衡。

(二)咨询建议,参与决策

旅游组织的公共关系部可通过对各种信息进行分析,提出决策建议,参与组织的重大战略决策。这一职能表明旅游公共关系具有"参谋"的作用,旅游组织的公共关系部就是组织的"智囊团"。具体体现在以下几方面。

1. 提供决策信息

旅游公共关系的咨询作用表现在为决策建立有效的信息网络,提供各种社会信息,完善各种公众咨询渠道,开辟各种信息来源,包括广泛的外部信息和及时的内部信息,并根据决策目标将各种信息整理、归类、分析、概括,提供给最高管理层或其他职能部门作为决策的客观依据。

2. 提供战略目标建议

通过旅游公共关系对内部与外部环境信息的收集与分析,可为旅游组织战略目标的确定提供可行的决策建议,努力使旅游组织的战略决策目标与旅游目标公众的利益以及政策环境等因素相容。

3. 协助拟定与选择决策方案

旅游公共关系的咨询作用也表现在运用公共关系手段帮助决策者评价、选择和实施有关的决策方案,特别关注决策方案在经济效益和社会效益方面的协调和统一,敦促决策者重视决策行为的社会影响和社会效果。同时,运用公共关系手段,广泛征询各类旅游目标公众的意见,促进决策过程的民主化和科学化。

4. 提供决策效果评价

旅游公共关系的咨询作用还表现在分析、评价决策实施后对旅游目标公众的影响和社会后果,以及这种后果对决策目标的制约作用。运用公众网络和公共关系渠道,对付诸实施的决策方案进行追踪和反馈,使旅游组织能够及时了解情况,并根据反馈的情况来调整决策目标,完善决策方案。

(三)塑造形象,宣传推广

旅游公共关系在旅游组织经营管理中要履行塑造并传播形象的职责。这一职能表明旅游公共关系具有宣传的作用,旅游组织的公共关系部也是一个"宣传部"。

1. 塑造形象

公共关系的根本目的是塑造良好的组织形象。所以公共关系工作应根据旅游组织目标设计旅游组织的整体形象,重点是旅游企业形象和旅游目的地形象的设计。在开展旅游公共关系活动过程中,要注意创造舆论、强化舆论、引导舆论,逐步树立形象、控制形象。旅游组织塑造了良好的形象就相当于创造了品牌,旅游组织形象是旅游组织的无形资产,所以旅游组织应重视形象的塑造。

2. 宣传推广

通过各种传播媒介,将旅游组织的有关信息及时、准确、有效地传播出去,争取公众对组织的了解和理解,提高旅游组织机构和旅游产品的知名度和美誉度,为旅游组织创造良好的社会舆论,塑造良好的社会形象。旅游组织形象的塑造是一个不间断的螺旋上升过程,需要宣传推广,与目标公众不断地沟通协调,逐步完善。

(四)协调沟通,平衡利益

旅游公共关系是旅游组织与目标公众之间的一种协调沟通机制,即运用各种协调沟通手段,为旅游组织疏通渠道、发展关系、广交朋友、减少摩擦、化解敌意、调解冲突,为旅游组织的生存、发展创造"人和"的环境,成为旅游组织运作的润滑剂、缓冲器,成为组织与内、外部目标公众交往的桥梁。旅游公共关系重视平衡各类目标公众的利益,而不仅仅是考虑组织本身的利益,通常强调长远的利益,而不是眼前的暂时利益。这样可以和目标公众保持良好的利益平衡关系,旅游组织的回头客就会增多,也就有了长期固定的客源。所以处理旅游公共关系应尽量从目标公众的角度考虑问题,想其所想,做目标公众自己都没有考虑到的"意外事",目标公众自然就会产生忠诚度。这一职能表明旅游公共关系具有协调的作用,旅游组织的公共关系部也是一个"协调部"。

1. 协调内部关系,增强凝聚力

旅游组织内部关系的协调包括内部的上下级、同级及各部门、各环节之间的利益与关系的协调。内部关系协调好了,旅游组织的凝聚力就增强了,危机出现在"内部"的机会就减少了,旅游组织就可以全力应对外部环境的变化了。

2. 开展社会沟通,建立和谐的外部社会环境

任何组织的发展都离不开社会各方面的配合与支持。旅游组织从自身利益出发,应该注意以下几方面的问题:①要处理好各类旅游业务的往来关系,诸如对旅游企业而言的游客和客户关系、原材料和物品供应关系、旅游产品的销售网络关系、交通运输部门的关系、银行信贷及股东关系等,以保证组织日常人力、财力、物力与技术的经营管理。②要妥善处理好旅游组织与政府各职能管理部门之间的关系,诸如工商局、税务局、环保局、公安局、司法部门以及海关等。③主动建立和发展各种非业务性的社会关系,如社区关系、新闻界关系、社会名流关系、旅游社会团体关系等,尽可能扩大组织的旅游公共关系网络,广结善缘。

(五)教育引导,培育市场

旅游公共关系可提高旅游组织的形象,这不仅是公共关系传播协调的结果,也是公共关系教育引导的结果。这一职能表明公共关系具有教育与培训的作用,旅游组织的公共关系部也是一个"培训部"。公共关系的教育引导功能主要表现在对内和对外两个方面。

1. 对内部员工的教育引导

对内部员工的教育引导具体表现在素质和业务方面。培养全体员工具有主人翁精神，使每位员工真正从内心感受到自己是旅游组织的主人，进行各种公共关系技术、公共关系实务和公共关系专题活动的训练，使员工具有公共关系意识，并掌握从事旅游公共关系工作的基本技能。当然，在旅游组织中，重点是要说服领导接受公共关系思想，具有公共关系意识。这样，旅游组织中自上而下各管理层均具有公共关系意识，形成"全员公关"的局面，旅游公共关系活动就容易开展了。

2. 对外部目标公众的市场培育

旅游服务中，"顾客是上帝""顾客永远是对的"。当然，顾客不可能都是对的，关键是如何对其进行引导，尽量避免服务人员犯错误，让顾客开心地来，满意地走。这就要求在顾客接受服务之前，旅游组织先对其进行提示或说明，以此避免或减少顾客的无心之失。另外，随着科技的日新月异，旅游产品日益丰富化和多样化，这都需要公共关系来培育市场。旅游目标公众不可能都了解那么多的新概念、新服务和新活动，如生态旅游、工业旅游、农业旅游和户外活动等，所以需要旅游组织不断对其进行相关知识、相关服务、新旅游产品等方面的教育和引导，加速培育新旅游产品的需求市场。

三、旅游公共关系的原则

旅游公共关系是现代社会旅游经济活动迅速发展的必然产物，是商品交换、市场竞争的客观要求，也是旅游营销活动中的一个必要环节。有序的竞争需要共同遵守必要的规则，旅游公共关系活动同样也需要一些必须共同遵循的基本原则。旅游公共关系的基本原则是旅游组织开展公共关系活动时应遵循的行为准则和工作规范。

（一）以塑造形象为宗旨

旅游组织十分注重自身形象的塑造，饭店、旅行社不仅对代表"硬件"的外观形象颇为讲究，对代表"软件"的服务形象也更为苛刻，绝不允许有损组织形象的事件发生。旅游组织从塑造形象到维护形象、完善形象，都有自己的"绝招"，主要原因有三点：第一，市场竞争激烈，其开拓市场必须靠形象、营销和产品的有机结合才能取胜；第二，旅游业是窗口行业，自身形象的优劣直接影响顾客对行业和组织的看法及评价；第三，旅游业是劳动密集型服务行业，服务过程无中介，员工的个体形象就代表着组织的整体形象，因此必须重视对员工素质的培养。绝大多数饭店都设有专门的培训部，将培训员工作为重要工作。如北京长城饭店的培训部，就年年有计划、月月有重点、周周有考核，贯彻着名副其实的"饭店即学校"的旅游教育宗旨。

（二）以改善环境为目的

旅游组织历来重视协调好方方面面的关系，力求建立一种"天时、地利、人和"的生存环境。因此，其公共关系部要与媒介经常联络，随时提供组织信息；要与政府加强往来，汇报工作，以获取信息和政策支持；要与社区保持良好关系并承担社会责任；要在内部激励员工，挖掘劳动潜能，与股东保持良好合作，为企业争取更多利润。旅游组织改善环境的手段很多，如对外经常举办联谊会、恳谈会、记者招待会、舞会、工作午餐会等；对内经常开展员工生日晚会、员工节日聚餐、优秀员工旅游等，以此联络感情、增进友谊，争取各方面的支持与合作。

（三）以促进销售为目标

旅游公共关系的另一个典型特征是重视公共关系促销功能的应用。许多饭店都将公共关系部改为公关销售部，将公共关系的功能与对外营销、开拓市场、争取客源的销售功能合二为一。为了配合组织目标的完成，旅游组织的公共关系部可以经常开展公共关系专题活动。这些专题活动如蓝天彩云，衬托出旅游这个朝阳产业的灿烂形象。在旅游组织，公共关系营销理念早已生根开花，常常是公共关系鸣锣开道，营销粉墨登场；公共关系搭台，营销唱戏，构成了一道亮丽的风景线。旅游企业公共关系营销的工作内容包括：立足优质产品、塑造品牌文化、美化组织声誉、开展造势传播、进行全员销售等。采取的公共关系营销方法有：捕捉市场需求、选择目标公众、掌握顾客心理、了解竞争对手、进行信息传递等。

（四）以建立关系为基础

旅游组织要十分重视对公众的情感投资，要特别重视、尊重公众的需求，积极改进其与公众的相互关系，激发公众自觉自愿地参与旅游组织的活动，把旅游组织当作自己的娘家人。旅游组织应有意识地去影响公众，例如，对内部公众设置民主意见建议箱，对外部公众实行"收购点子""收购智慧"制度，开展征求组织标志、产品名称、广告词的活动，开展参与有奖活动等。在客观效用上，这种活动一方面有利于旅游组织集思广益，另一方面也能产生较大的公共关系效应。为此公共关系部要精心编织关系网，在政界、传播界、教育界、商业界广交朋友，使组织左右逢源、畅通无阻；对政界不断传播企业信息，加深政府对企业的了解，从而使其扩大对组织的资金投入与信息传递；对各种媒体特征、宣传层面、媒体效能等了解得一清二楚，保持与媒体的联系，利用各种机会联络感情，不失时机地传播企业形象，争取舆论支持；注意与社区公民保持良好往来，平等待人，承担社会责任，为组织争得良好的口碑；与旅游教育界要保持密切联系，通过旅游教育界获取人力资源和师资；与同行和商界更要来往频繁，经常举办工作午餐会、周末沙龙等活动，为彼此创造获取信息和争取合作的机会。

（五）以重视传播为特色

争取媒介的支持、看重舆论的力量是旅游公共关系的重要举措。旅游公共关系运用大众传播媒介来扩大旅游组织的影响，提高旅游组织的声誉，不仅注重为旅游组织制造舆论，还十分注重组织内部媒介的传播，以此提高旅游公共关系传播的整体效应。例如，一些星级酒店，尤其是一些四星级、五星级酒店，不仅有自己的宣传册，还有自己的报纸、杂志，对自己的方针、策略、服务适时地进行宣传，既激发员工的积极性，又以其鲜明的特征吸引公众。除此之外，旅游公共关系还十分重视运用物品的信息传播功能，通过物品传达旅游组织的经营理念和经营特色，加深公众印象。另外，旅游公共关系十分重视传播过程中公众的互动反映，讲究传播的心理策略，在娱乐、餐饮、购物、居住环境的色彩搭配、物品摆放、房间布置以及景点设施的艺术处理等方面从不马虎，力求做到清新、典雅、和谐。

（六）以全员公关为保证

旅游组织是由不同个体、不同部门和不同机构共同组成的有机整体。公共关系工作是由旅游组织内部的公共关系部及其员工承担的，但公共关系工作的成功开展却需要组织内部不同岗位的员工的配合，需要公共关系渗透组织的每项活动之中。根据旅游行业经济性、

服务性、窗口性、劳动密集型的特征,旅游组织对员工素质要求高,必须进行全员公共关系教育与全员公共关系培养,从而使每位员工在本职岗位上能够自觉维护组织形象,能够通过每位员工的言行体现企业形象,也能够利用每位员工的对外服务宣传组织形象。

（七）以创新审美为突破

旅游公共关系活动是一个塑造旅游组织形象的活动过程。标新立异的组织形象会使旅游组织获得更多的公众关注,在竞争激烈的旅游市场中立于不败之地。因此,塑造组织形象必须要有创新、有突破,注重对公共关系活动形式的艺术化处理与加工,使其符合公众的审美心理,这样才能被人们所欣赏和接受。为了提高公共关系活动的文化品位,力求利用文化艺术活动赋予公共关系活动一种美的色彩,旅游组织应提高公共关系活动的艺术效果。要及时引入高科技设备,充分发挥人类科技成果在公共关系工作中的作用,无论是形象设计还是色彩应用、音响效果等,都应与作品主题构成一个有机、和谐的艺术整体,给公众一种美的享受,满足公众的心理需求。

 本章小结

公共关系是一定社会经济条件下的产物。公共关系从起源到形成经历了巴纳姆时期、艾维·李时期、伯内斯时期和现代时期。公共关系主要由社会组织、公众和传播沟通三个基本要素构成。其中,社会组织是公共关系的主体,公众是公共关系的客体,传播沟通是公共关系的媒介。社会组织和公众是公共关系相互作用的双方,传播沟通是两者联系的纽带和桥梁。旅游公共关系虽起步较晚,但发展很快。在社会主义市场经济条件下,旅游组织的竞争不仅是旅游产品的竞争,更是品牌的竞争、组织形象的竞争,公共关系在塑造旅游组织形象的工作中发挥着极为重要的作用。有效的旅游公共关系可以帮助旅游组织顺利地进入竞争激烈的旅游市场,提高旅游市场占有率,能够强化旅游地及旅游产品在游客心目中的形象,促进组织与公众的双向沟通和交流,有效地传递信息。旅游公共关系具有收集信息、咨询建议、协调沟通、塑造形象等职能。要形成有特色的旅游公共关系,就要坚持以塑造形象为宗旨、以改善环境为目的、以促进销售为目标、以建立关系为基础、以重视传播为特色、以全员公关为保证、以创新审美为突破的原则,不断强化全员公关意识,并加强全员公关管理。

 核心关键词

公共关系　旅游公共关系　公共关系三要素　公共关系特征　类公共关系

思考与练习

1. 简要阐述公共关系包含的三要素。
2. 现代公共关系经历了哪些阶段?各个阶段的代表人物及其主张是什么?
3. 公共关系的基本特征有哪些?
4. 公共关系与广告的区别和联系主要体现在哪些方面?
5. 旅游公共关系的基本功能有哪些?
6. 运用公共关系理论评析"好酒不怕巷子深"和"王婆卖瓜,自卖自夸"这两句话是否正确。
7. 到一家设有公关销售部的饭店进行公共关系方面的考察,分析其公共关系的构成要素。

案例分析

中国在援助物资上写了什么?网友:堪称世界"诗词大会"

投我以木桃,报之以琼瑶,是中华民族的传统美德。在我国新冠肺炎疫情最严重的时候,很多国家、国际组织伸出援手,为我们提供抗疫物资援助。在全球新冠肺炎疫情蔓延时,知恩图报的中国人民也立即行动起来,为国际抗疫提供力所能及的帮助。

当初,日本援助中国抗疫物资上的"山川异域,风月同天"引发网络热议;现在,漂洋过海的中国抗疫物资上面的一句句优美诗文同样带给人温暖、希望和力量。

有一种温暖叫"中国援助",截至2020年3月20日,中国政府已经宣布向82个国家和世卫组织、非盟提供援助,中国的很多企业和民间机构也已经开始向有关国家提供捐赠。

在很多中方对外提供的援助物资上都写有寄语,比如"千里同好,坚于金石""人心齐,泰山移""青山一道,同担风雨"……

这一行行简短而真挚的文字背后是中国人民投桃报李的情谊,是中国同世界各国共同抗击疫情的坚定决心,更寄托着美好的期盼。

(资料来源:根据相关资料整理。)

问题:

1. 结合公共关系的相关知识解释在抗击新冠肺炎疫情期间,世界各国守望相助的原因是什么?
2. 中国向世界各国提供援助物资,并在物资上写上寄语,这一举动体现了公共关系的哪些基本原则?

第二章

旅游公共关系的行为主体

学习目标

通过本章的学习,同学们需要掌握旅游组织的含义和特征,了解主要的旅游组织类型,能有效区别公共关系公司和公共关系部,掌握旅游组织形象的内容,能根据实例评价旅游组织的形象。

案例导入　易神州公司

北京易神州网络技术有限公司(以下简称"易神州公司")是一家领先的综合性网络整合营销传播机构,长期致力于网络营销策划、网络公关、危机公关,推动企业树立品牌形象,为企业寻求更长远的价值取向等。易神州公司历经8年的深耕与积淀,成为以网络营销方案供应商、企业网络品牌运营商、客户网络公关服务商为一体的网络解决方案专家。

公司核心业务是围绕网络营销、媒体传播、品牌设计、活动策划,为不同行业的客户提供企业网络品牌传播、产品网络推广、网络媒体关系维护、网络危机管理、政府网络公关、财经网络公关等方面的综合解决方案,满足其在网络营销、网络公关、危机公关等方面的多项需求。

易神州公司的客户大多为知名企业,其中包括:苏宁电器、首都机场集团、杭州娃哈哈集团、可口可乐、湖北银行、联想笔记本、宝岛眼镜、东南卫视、鑫苑(中国)置业等。

(资料来源:根据相关资料整理。)

思考:

1. 公共关系公司的职能是什么?
2. 公共关系公司对社会组织的发展起到什么作用?

分析提示：

很多企业都选择了易神州公司作为自己的公共关系代理，而且其客户大多为知名企业，从易神州公司的服务范围、服务客户和取得的成绩可以进一步理解公共关系公司的职能、作用等。

第一节 旅游组织

社会组织为了不断适应环境的变化产生了公共关系行为，现代组织的公共关系行为职能化、专业化的结果是公共关系的专职机构和专职人员得以形成。公共关系的组织机构是专门执行公共关系任务、实现公共关系功能的行为主体，是公共关系工作的专职机构。广义的旅游公共关系主体是指任何有目的、有系统地组织起来，具有特定功能和任务，具有社会行为能力的旅游组织，也即广义的旅游业，是旅游相关企事业单位的集合体。狭义的旅游公共关系主体主要指专门执行公共关系职能的旅游组织内部的公共关系部、外部的公共关系公司和公共关系社团及相关人员。

一、旅游组织的含义与特征

（一）旅游组织的含义

旅游组织是指旅游行业内按照一定的目的和系统，有计划地组建起来的社会组织。旅游组织作为旅游公共关系的主体，在整个旅游公共关系运作中居核心地位。旅游组织的性质、特点不同，公共关系工作的内容也有所差别，其根本目的是通过开展公共关系活动使旅游组织与公众之间实现良好的沟通，传播旅游组织的知名度和美誉度，从而为旅游组织营造良好的生存和发展环境。

（二）旅游组织的特征

1. 整体性

旅游组织是由各种要素构成的一个有机整体，同时又是处于整个社会大系统下的一个子系统，各要素和系统有机组成、相互配合，共同实现组织的目标，以提高组织的效益和塑造良好的整体形象。旅游组织中的旅行社、旅游饭店、景区景点等都是由许多分支机构或若干下属组织组成的。整体性的特征决定了内部的各个分支机构或个体必然要相互协调、相互依赖、相互配合。

2. 目标性

任何组织的建立都是为了实现某种目标，组织的发展过程是组织的目标不断实现的过程。旅游组织有各个领域的目标，目标是旅游组织赖以生存和发展的前提，也是维系旅游组织内部成员的凝聚力和增强团队精神的必要条件。

3. 多样性

旅游活动本身具有综合性特点,涉及吃、住、行、游、购、娱等各个环节。作为各个环节的专业供给者,旅游组织多种多样。旅游组织的多样性,决定了它们具有不同的性质和职能,但它们之间存在着不可分割的必然联系,都是旅游产业链上相互依赖、相互支持、不可或缺的一部分。

4. 竞争性

旅游业作为第三产业的重要组成部分,不仅种类多,数量也十分庞大,整个行业的竞争日趋激烈。特别是在中国加入世界贸易组织后,国外的旅游组织如旅游饭店管理集团、旅行社等纷纷抢滩中国旅游市场,这一方面推动了行业的发展,另一方面也进一步加剧了市场的竞争。

二、旅游组织的类型及其公共关系工作的特点

按照旅游组织所承担的社会职能、工作内容和目标,可以把旅游组织分为以下几类。

(一)旅游企业

旅游企业是指具体安排和组织实施旅游活动的企业,其共同的目标是为旅游者提供商品和服务,以满足他们的需要。如旅行社、旅游饭店、旅游景区、旅游交通运输部门、旅游商店等。旅游企业担负着开拓市场、制订计划、组织客源、协调接待、组织实施等多方面的具体责任,其工作头绪多、涉及面广、影响大。旅游企业的形象不仅对本企业的发展起重要作用,而且对旅游地的整体形象也有直接的重要影响。因此,旅游企业公共关系工作的意义重大,是旅游公共关系最重要的主体类型。

旅游企业公共关系工作的特点:依靠信息沟通、关系协调、决策咨询等手段,塑造企业的良好形象,以优质产品和良好服务来赢得客源市场,求得自身的生存和发展。旅游企业的公共关系活动主要是通过具体的服务来体现的,所以旅游企业公共关系又称为"服务型公共关系"。

(二)旅游行政管理部门

旅游行政管理部门是指国家和地方政府专门负责旅游方面的各种事务的管理的职能部门,具有对旅游业实施计划、指导、监督、管理、协调和服务等职能。主要包括文化和旅游部、地方的文化和旅游厅(局)、文化和旅游发展管理委员会以及其他各种旅游管理机构的派出机构等。旅游行政管理部门作为政府部门的代表,对旅游业的发展起统领全局的作用,虽然它不是具体操作旅游活动的经营单位,但是对旅游活动却有着很大的影响力和控制力,担负着旅游业的宏观管理责任,直接控制着旅游业的发展方向,因此,旅游行政管理部门也是一种特殊类型的旅游公共关系主体。

旅游行政管理部门公共关系工作的特点:沟通政府部门与旅游者和旅游企业的关系,开展旅游市场的调研、规划设计和对外宣传促销,开展国际性的旅游公共关系活动,协调区域内外各方面的关系。旅游行政管理部门的公共关系活动主要是通过管理来实现的,所以又可以称为"管理型公共关系"。

(三)旅游社会团体

旅游社会团体主要是指各种民间旅游业组织,如旅游行业协会、商会等。这类组织虽然大多是由具有某种共同利益的旅游组织自发组建的,但对于协调本行业内部关系、保护成员的利益、维护自身权利、规范成员行为起到了积极的作用,同时也为成员之间的相互交流与沟通搭建了平台。旅游社会团体要发挥桥梁和纽带的作用,通过举办各种年会、交流会、研讨会以及发行内部刊物等形式来协调各成员之间的关系,这些活动本身就具有明显的公共关系性质,因此旅游社会团体也是旅游公共关系的行为主体之一。

旅游社会团体公共关系工作的特点:加强政府、主管部门和企业之间的沟通联系;组织旅游系统或行业范围内的机构、企业与教育单位之间的联系交流;开展国内外和行业内外的交流活动,互通信息、互相协调,不断开拓旅游市场。旅游社会团体往往起到旅游经营组织和管理组织所不具备的作用,其公共关系活动主要是通过协调来完成的,因此它又称为"协调型公共关系"。

从广义上讲,各类旅游企业、旅游行业协会、旅游学术团体、旅游行政管理部门、旅游教育和培训机构等都可以算作旅游组织。而从狭义的角度理解,旅游组织主要包括旅游饭店、旅行社、旅游景区和旅游交通部门。

三、旅游组织形象

(一)旅游组织形象的含义

建立良好公共关系的根本目的就是帮助组织塑造良好的形象。对于旅游组织来说,形象是其开拓市场、吸引顾客的重要法宝。从公共关系学的角度出发,形象是公共关系主体与公众之间形成的一种心理关系。所谓旅游组织形象,就是公众对旅游组织的总体评价,是旅游组织的表现和特征在公众心目中的反映。公众对旅游组织的评价会直接影响他们的行为,所以旅游组织必须要重视自身形象的塑造。

(二)旅游组织形象的内容

1. 产品形象

公众对于旅游组织的了解主要是通过产品和服务开始的,并在使用产品和享受服务的过程中不断形成对旅游组织的感性化和形象化的认识。因此,那些能够提供品质优良、造型美观的产品和优质服务的旅游组织,总是能够塑造良好的社会形象。

2. 环境形象

环境形象是旅游组织形象中最外在的、最直观的要素。环境形象主要是指旅游组织的工作场所、办公环境、组织外貌和社区环境等,它反映了整个旅游组织的管理水平、经济实力和精神风貌。作为第一次与旅游组织打交道的外部公众,旅游组织的内外部环境直接影响着他们对旅游组织的评价。

3. 员工形象

员工形象主要通过职业道德、文化修养、精神风貌、举止言谈、仪容仪表和服务态度等方面体现出来,是旅游组织形象人格化的体现。外部公众对于旅游组织的了解大多是通过员工进行的。可以说,人人都是旅游组织的形象大使。服务产品的生产过程不同于其他实物

产品,员工的素质和服务水平直接影响服务产品的质量,所以员工形象十分重要。现在很多旅游组织都通过严格选拔、加强培训等手段来不断改善员工形象。

4. 社会形象

社会形象是旅游组织社会责任感的重要体现。旅游组织要树立良好的社会形象,既有赖于与社会广泛的交往和沟通,实事求是地宣传自己的社会形象,又要在力所能及的条件下积极参与社会公益活动。良好的社会形象会使旅游组织在公众的心目中更加完美,增进公众对旅游组织的理解、认同和尊重。

(三)旅游组织形象的评价维度

评价旅游组织形象的两个基本维度是知名度和美誉度。知名度是指一个组织被公众知晓、了解的程度,它是从量的方面评价旅游组织名气大小的客观尺度;美誉度是指一个旅游组织被公众信任、赞许的程度,它是从质的方面评价旅游组织社会影响好坏程度的指标。按照这两个维度,我们可以把旅游组织的形象分为四种状况:一是知名度低,美誉度高;二是知名度高,美誉度高;三是知名度低,美誉度低;四是知名度高,美誉度低。

处于第二种状况的旅游组织形象是最为理想的,是旅游公关人员努力的方向和目标,比如喜来登、波特曼丽嘉等酒店就属于这种状况;对处于第一种状况的旅游组织来说,我们可以通过口碑效应来吸引顾客,让更多的人了解组织的产品和服务,提高组织的知名度,使组织形象向第二种状况转化;对处于第三种状况的旅游组织来说,这是一种不理想的状况,如果公众对于组织的认知停留在这个层面上,将对组织的发展不利,所以我们要内外兼修,在提高产品和服务质量的同时,提高组织的知名度,设法改变公众对组织的不利态度;对处于第四种状况的旅游组织来说,这更是一种极不理想的形象认知,虽然组织的名气较大,但是公众对组织的产品、服务、政策、行为等持反对、否定的态度,被人熟知的名气更有可能是一种"臭名",长此以往,组织的形象、地位势必会比第三种状况还要糟糕,所以我们首先要降低组织的"臭名",杜绝"臭名"继续向外传播,继而设法找到组织存在的问题,并加以改善和修正,改变组织在公众心目中的不良印象,使组织形象向第二种状况转化。

(四)良好组织形象的作用

良好的组织形象是组织在长期的生存、发展过程中逐渐积累起来的,是重要的无形资产。旅游产品所具有的无形性、不可储存性等特点决定了旅游者无法事先通过试用和试验来达到对产品的认同和接受,只能根据产品的知名度和美誉度来进行判断和选择。

良好的组织形象有利于组织开拓市场,吸引更多的客源。在现代市场经济条件下,旅游产品非常丰富,旅游者选择的余地也越来越大,那些信誉好、服务佳的旅游企业对旅游者的吸引力更大。在开拓市场的过程中,如果旅游企业能够凭借良好的组织形象形成一定的品牌效应,那么,这种品牌效应将会起到维护和提高顾客忠诚度的作用,进而吸引更多的客源。

良好的组织形象有利于增强组织的向心力和凝聚力。当旅游组织的知名度、美誉度越高,其内部员工的工作士气就越高,同时,良好的组织形象又会进一步增强员工的自豪感,组织就像磁石一样吸引着员工,员工也乐于为这样的组织工作,从而增强组织的向心力和凝聚力。旅游行业的员工流动性较大,相当一部分人会选择那些知名旅游企业,所以争当"最佳雇主"是塑造组织形象的重要内容。

四、旅游组织的工作任务

(一)双向沟通信息

信息的双向沟通包括收集整理外部信息和向外传播组织信息两部分内容。首先,要调查研究并收集信息。我们只有了解组织环境信息并预测其变化趋势,才能合理制定和调整组织目标,有针对性地开展公共关系工作。其次,要向外传播组织信息。各种传播媒介和沟通活动能够将组织的信息及时、准确、有效地传播出去,可以争取公众对组织的了解,提高组织的知名度和美誉度。

(二)参与决策管理

公共关系职能部门应协助组织决策层建立科学、务实的管理体系,制定切合组织实际的战略方针,选择最佳的行动方案,从而顺利实现组织的目标。公共关系职能部门虽不是直接决策者,却是协助决策者科学决策的重要参谋。

(三)协调内外关系

旅游公共关系主体的工作对象是公众,公众可以分为内部公众和外部公众。开展公共关系工作的目的在于"内求团结,外求发展",因此,协调好组织与公众之间的关系,争取公众对组织的理解与支持,使组织与公众之间的关系处于一种和谐的状态,为组织创造一个"人和"的环境就显得尤为重要。

(四)教育培训员工

组织形象和声誉的好坏直接关系到组织的成败。良好组织形象的建立从根本上来说,要靠全体员工的共同努力,靠全体员工一点一滴的良好行为的积累。组织的形象必须以全体员工良好的素质为保证,这就要求公共关系职能部门对员工进行经常性的培训,培养全员的公共关系意识,使每一位员工随时随地以自己良好的素质维护组织的良好形象。

(五)扩大社会交往

社会交往可以使组织广结人缘,建立广泛的横向联系以弥补大众传播的不足,获得大量来自公众对组织的评价反馈信息。

第二节 旅游公共关系机构

一、公共关系部

(一)公共关系部的含义

公共关系部(Public Relations Department)这一名称在国际上被普遍采用,简称公关部。在旅游组织中,为了完成公共关系工作的具体任务,就需要有一个专门的部门来行使公共关系职能,没有这样一个专门的机构来筹划和组织,旅游公共关系工作就难以开展。公共关系部是指在旅游组织内部设立的以专门从事公共关系工作为职能的机构,是旅游公共关

系活动的具体策划者和组织者,在我国有多种称谓,如公关策划部、传播企划部、市场推广部、公关宣传部、公关联络部、公关与新闻办公室、公关营销部、客户关系部,等等。

（二）公共关系部的地位和作用

公共关系部在旅游组织中的地位表现在六个方面,即其可以称为信息采集中心、对外宣传中心、公众协调中心、环境监测中心、趋势预测中心和公关培训中心。

公共关系部将采集的信息分门别类地储存起来,建立内容丰富的信息系统;通过筛选、整理,将信息提供给旅游组织的决策层,并根据对信息的分析提出整改建议;在信息的整理、分析过程中注意总结某些要素的变化规律,预测某种趋势发生的可能性,为旅游组织赢得宝贵的发展机遇;根据旅游组织制定的目标来制订宣传计划,运用各种传播手段与公众进行沟通;认真对待公众的反馈,及时协助旅游组织解决出现的问题。在公共关系活动的所有环节,都要密切关注社会环境的变化,随时向决策人员提供具有参考价值的信息。此外,公共关系意识的培训应贯穿公共关系活动的整个过程。

其作用表现为以下四点。

一是"采集"作用。利用自身丰富的关系资源,广泛地采集信息,为了解现状、预测发展趋势、制定整改方案提供信息基础。

二是"表达"作用。采用各种表达方式,向公众宣传旅游组织的政策,解释旅游组织的行为,获取公众的理解、信任、支持与合作。

三是"平台"作用。旅游组织与内外部公众良好关系的获得,都是通过公共关系部这个平台的协调沟通来实现的,其目标是"内求团结,外求发展"。

四是"顾问"作用。公共关系部虽然不是一线的营运部门,也不是决策部门,但它是旅游组织的参谋部、智囊团。管理人员制定重要决策时,要参考公共关系部提供的解决方案。

（三）公共关系部的日常工作

1. 常规工作

公共关系部的常规工作是指公共关系部为了实现旅游组织的总目标和公共关系目标,在日常组织运行中所从事的一般性工作。大型公共关系活动的成功,离不开公共关系部常规工作的充分准备。常规工作的主要内容有:参加旅游行业内部、旅游组织内部各种管理会议,了解旅游业各领域发展现状和发展趋势;观察旅游组织内部员工的情绪状态,及时发现问题;每日从各种信息渠道监测旅游组织内外环境的各种动态,广泛采编信息并向新闻媒体发送各类与组织相关的新闻稿、图片和相关信息;协助音像制作人员制作音像制品,并保存音像资料;同新闻媒体、上级主管、旅游行政管理机构、有业务往来的公共关系公司、广告公司以及特殊公众保持密切联系;选拔、培训、考核旅游公共关系专门人员;筹划、设计、监制旅游组织的各种宣传品和纪念品;代表旅游组织接待各种来访,接受旅游公众的投诉。

2. 定期活动

公共关系部的定期活动是指在一个长期的计划中,需要公共关系部按照惯有的工作程序和规律反复开展的相关活动。主要内容包括:制订、检查和调整旅游公共关系调查计划;了解市场营销和市场竞争状况,协助制订促销计划,进行促销宣传活动;物色宣传题材,研究宣传计划,与新闻媒体联系并实施宣传;保存和更新旅游组织高层管理人员的新闻基本资料;编辑、出版分别以外部公众和内部公众为读者对象的出版物;编写旅游组织年度报告;组织安排内部员工的集体娱乐活动,促进组织内部沟通;利用重大节日组织专题活动,与外部公众联络感情;定期反馈,做出阶段性分析评估。

3. 专题活动

公共关系部的专题活动是指公共关系部针对一些特殊性事件,为增强宣传效果,集中人力、物力、财力而进行的专门性公共关系活动。主要内容包括:组织、布置和指挥旅游组织的开业仪式和周年庆典;策划、组织和委托公共关系展览,委托制作有关旅游组织情况的各种音像制品、宣传品,负责节目制作和播放;设计、委托制作旅游组织的标志、吉祥物等视觉形象物;策划和监制旅游公共关系广告,举办纪念性的专门活动;协助社会组织在本机构场所内举办社会性活动;代表旅游组织参加社会赞助活动;策划和安排"新闻制造"活动,办好记者招待会;处理突发事件和危机事件,对专门性的公共关系活动效果进行评估。

(四)公共关系部的设置模式

旅游组织中的公共关系部一般有以下几种常见设置模式。

1. 高层领导直属型

高层领导直属型(见图2-1)即公共关系部直属于旅游组织的最高层领导,直接向最高决策层和管理层负责的模式。公共关系部具有较大的沟通权限,可以直接与最高管理层沟通,并代表最高管理层与其他部门沟通,直接介入决策,同时又具有相当的独立性和自主权,而且机构比较精简、灵活。

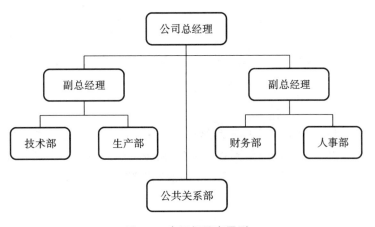

图 2-1 高层领导直属型

2. 部门隶属型

部门隶属型(见图2-2)即公共关系部附属于旅游组织的某个职能部门,可隶属于传播沟通业务较集中、较繁重的部门,如销售部、广告宣传部、联络接待部等。这种类型的公共关系部一般会在小型旅游组织中出现。

3. 部门并列型

部门并列型(见图2-3)是将公共关系部放在与其他职能部门相同位置上的模式,其特点是能与其他部门保持密切联系,并互相支持。这种类型的公共关系部在旅游组织中地位较

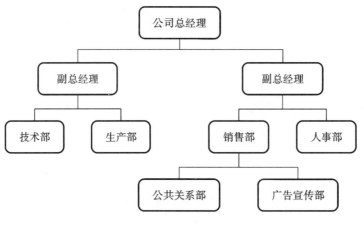

图 2-2　部门隶属型

高、权力较大,反映了公共关系业务在旅游组织中的独立性和重要性。一般来说,只有较大型的旅游组织(如旅游企业集团)才需要或可能用这种模式来设置公共关系部。

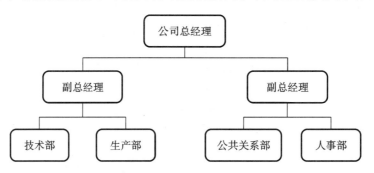

图 2-3　部门并列型

4. 部门兼职型

部门兼职型(见图 2-4)是把公共关系部与营销部、广告部、宣传部等工作性质相似的部门合为一体,或将公共关系职能分解到各个部门,由各个部门中有关人员开展与本部门有关的公共关系活动的模式。公共关系职能易受其他职能的干扰,这种模式的有关人员不能专业化地从事公共关系工作。

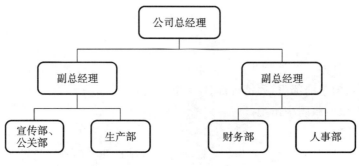

图 2-4　部门兼职型

（五）公共关系部的优点和缺点

1. 公共关系部的优点

（1）了解内情。旅游组织内设的公共关系部对本组织的业务和人事比较熟悉，开展工作能够有的放矢、切合实际、比较顺利。

（2）便于协调。公共关系部或直接受管理层的指导，或直接与旅游组织内部各部门沟通，便于调整和协调工作。

（3）效率较高。公共关系部的工作具有持续性，保证了公共关系工作持续稳定的进行。

（4）成本较低。内设的公共关系部便于控制预算和成本投入。

2. 公共关系部的缺点

公共关系部的工作容易受到组织内部因素的制约，难以完全做到客观公正。公共关系部的工作一般仅局限于所属的行业，与外界的交往受到一定程度的限制，给公共关系工作的拓展带来一定的局限性。公共关系部的人员有可能是从别的岗位上调过来的非专业人员，由于缺乏专业训练，会直接影响企业公共关系工作的水平。

二、公共关系公司

（一）公共关系公司的含义

公共关系公司，又称为公共关系咨询公司、公共关系顾问公司、公共关系事务所，简称公关公司，是由专业的公关人员组成，专门从事公共关系咨询或接受客户委托，为其开展公共关系活动并收取费用的营利性组织。公共关系公司的基本职能是对客户的一切影响公众利益的活动予以指导、建议和监督，帮助客户与社会公众之间进行双向信息的交流与沟通，为客户建立美好的声誉和形象。公共关系公司是独立于组织之外的公共关系机构，其产生条件、工作内容与公共关系部是一致的，实际上是公共关系部工作的社会化和专业化，也可以说它是雇主的"院外公关部"。

知名公共关系公司有：奥美、中国环球、蓝色光标、博雅、普纳、际恒公关、爱德曼国际公关、伟达公关、罗德公关、宣亚国际、万博宣伟、嘉利智联、信诺传播、迪思传媒、福莱国际、安可顾问、注意力数字营销机构、海天网联、智扬公关、凯旋先驱、灵思云途、新势整合等。2019年，美国权威的公共关系资讯机构 The Holmes Report 根据经营业绩对全球 250 家专业公共关系公司进行排名，蓝色光标位居第 7 位，是中国本土公共关系公司中唯一一家进入全球前十的企业。

（二）公共关系公司的特点

1. 拥有大量信息

公共关系公司有专门收集信息的人员，有专门从事调查研究和信息分析的专家，还拥有不同领域的大量信息，这是公共关系公司开展业务的基本条件。

2. 满足不同需要

公共关系公司无论在人力和物力方面，还是在技术知识和经验方面都占有明显的优势，其提供的业务能满足不同层次、不同类型的公众提出的公共关系方面的各种需求。

3. 科学预测变化

公共关系公司拥有庞大的信息库、专业的公共关系队伍,并与很多社会组织有密切联系,在知识和技术上可以互通有无、互相支持,可以对客户关注的领域或方向提供比较科学的预测。

4. 具有专业水平

公共关系公司拥有一批具有高超专业技能的公共关系专家,他们有丰富的理论和实践经验。其既可以提供专业水平的服务,又可以策划和实施高层次、大规模的公共关系活动。

5. 分析客观中立

公共关系公司与一般的社会组织没有利害关系,不受社会组织的各种内外因素的干扰,可以客观地为客户进行分析,向客户提供服务。

6. 业务范围广泛

为了方便和别的城市或国家的公共关系公司进行业务交流,公共关系公司往往会在许多地方设立分支机构,这样可使信息传播速度快、覆盖面广。

(三)公共关系公司的类型

1. 专项业务服务公司

专项业务服务公司是以各种专业人才、技术和设备为客户专门提供各种公共关系技术服务的公司。例如,为客户进行形象调查、为客户制定和实施公共关系方案、为客户设计公共关系广告、为客户组织公共关系主题活动等。这类公司以其专业性的技术和创造性的服务赢得客户青睐。

2. 特定行业服务公司

特定行业服务公司是为特定行业提供公共关系服务的公司。例如,专门为旅游业、工商业、金融业等提供推广业务,以及促进经营、维护合法权益、树立良好形象等业务的公司。

3. 综合服务咨询公司

综合服务咨询公司是以分类公共关系专家(如媒介关系专家、消费者关系专家、社区关系专家、员工关系专家等)和公共关系技术专家(如演说专家、出版专家、民意测验专家、宣传资料专家等)为主体的公司。这类公司经济实力较为雄厚,业务范围广泛,能为客户提供多方面的综合性服务。

(四)公共关系公司的工作内容

公共关系公司的业务范围很广,能参与任何方面的公共关系事务,并提出建议、提供服务(见表2-1)。

表2-1 公共关系公司的工作内容

业务范围	工作内容
咨询诊断	即总体的公共关系项目咨询,为客户企业或产品形象进行公共关系诊断、设计公共关系规划、提供专业化建议的公共关系顾问,为客户形象设计和决策做参谋
联系沟通	即协助客户与有关公众进行联络和沟通,建立和维持良好的政府关系、社区关系等外部关系

续表

业务范围	工作内容
收集信息	即为客户收集有关市场信息、民意测验资料,以及政治、经济等社会情报
新闻代理	即为客户进行新闻传播策划,如撰写新闻稿件、组织新闻发布会等
广告代理	即为客户设计、制作公共关系广告、企业广告,以及广告投资计划、效果检测分析等
推介产品	即协助客户为所推销的产品营造有利的市场环境
会议服务	即为客户计划、组织大型会议,如信息研讨会、经验交流会、公众对话会等
策划活动	即为客户策划、组织各种专题公共关系活动,如周年庆典、挂牌仪式等
礼宾服务	即为客户安排、组织重要的社交活动,如贵宾到访、大型宴会等
印刷制作	即为客户设计、编制、印刷各种文字宣传资料和纪念品,如宣传画册及企业标志等
音像制作	即为客户制作影片、录像带等视听材料
培训服务	即举办公共关系和传播人员的技术培训班,培训公关人员和特定的传播人员

（五）公共关系公司的优点和缺点

公共关系公司的优点是观察分析问题具有客观性,提出的建议和方案具有权威性,信息来源更具广泛性,公共关系活动整体规划具有完整性。其缺点是专业咨询策划费用较高,运作成本较高。

鉴于公共关系公司所提供的服务具有上述特点,旅游组织在聘请公共关系顾问时要注意以下几个问题:①选择有专业水准及良好品德的顾问;②信任顾问,为其提供真实准确的资料;③与顾问保持良好的沟通与合作,定期邀请顾问出席情况分析会和决策会议;④尊重顾问的判断意见,虚心听取忠告,不予采纳时要给予详细说明;⑤预防为主,不要出现了危机再临时找顾问;⑥聘请顾问应相对稳定,因为双方合作达成默契需要一个磨合期。

三、公共关系社团

（一）公共关系社团的含义

近年来,为适应公共关系事业蓬勃发展的需要,大量公共关系社团相继成立。公共关系社团是从事公共关系理论和实务研究,开展学术探讨、咨询服务、教育培训、国际交往等活动的非营利性的群众组织,它对推动会员积极参加公共关系活动、促进公共关系事业的发展起积极的作用。

（二）公共关系社团的类型

公共关系社团主要有以下几种类型。

1. 综合型社团组织

综合型社团组织主要是指不同地域范围的公共关系协会,如中国公共关系协会和各省区市的公共关系协会。其主要任务是联络会员、组织专业培训、开展联谊活动、编辑出版刊物、建立公共关系网站等。

2. 学术型社团组织

学术型社团组织主要包括公共关系学会、研究会、研究所等学术团体。这些社团组织除

聘请少量专职人员负责日常工作外,还聘请著名学者、专家、顾问担任理事、研究员、客座教授。学术型社团组织一般立足于服务社会、以人为本,注重思想建设,致力于公共关系理论的教育与研究,积极开展科研活动,加强会员沟通联系,开展公益活动,自觉实践公共关系、推动公共关系的发展。

3. 行业型社团组织

行业型社团组织主要包括各行业、各部门、各系统成立的社团组织,一般从属于各行业的行业协会。其主要开展适应行业公共关系发展需要的形象塑造、对外宣传、专业培训等各项活动。

4. 联谊型社团组织

联谊型社团组织主要是指公共关系联谊会、俱乐部、沙龙等社团组织。其主要作用是促进成员之间的信息交流和情感交流,建立良好的人际关系。

(三) 公共关系社团的工作内容

1. 联络会员

公共关系社团有自己的会员,社团应该经常与会员保持密切联系,并与其他公共关系社团保持纵向和横向的沟通和交往,形成联系网络。

2. 制定规范

制定、宣传公共关系从业人员职业道德的准则并检查执行情况,这是公共关系社团的一项基础性工作,也是衡量公共关系社团正规化的重要标准。

3. 专业培训

公共关系社团将专业培训作为一项经常性的工作,社团本身就是一所培训学校。

4. 普及知识

公共关系社团有义务向公众宣传和介绍公共关系的基本知识,向社会提供公共关系咨询服务,并且为会员提供在公共关系技巧和管理方面深造的机会。

5. 编辑出版

编辑出版公共关系方面的书籍、报刊是宣传公共关系的重要手段。

第三节 旅游公关人员

一、旅游公关人员的概念及构成

(一) 旅游公关人员的概念

在欧美国家,对公关人员的称呼有 PR Practitioner(公共关系从业人员)、PR Man(公关人员)、PR Officer(公关官员);亚洲一些国家和地区有公关小姐、公关先生之类的称呼。旅游公关人员指的是专门从事旅游组织公众信息传播、关系协调与形象管理事务的调查、咨询、策划和实施的人员,不包括业余或兼职的公关人员。公关人员是公共关系组织机构的主体,是公共关系活动的实际承担者。

（二）旅游公关人员的构成

旅游公关人员一般包括：调查分析人员、计划人员、传播人员、文秘人员和设计制作人员。公关人员最好能够一专多能,按岗位需要配备。各类专业人员设置的比例、数量应根据公共关系部在组织中的地位、重要性和工作任务的多少来进行调配,实现人人有事做、事事有人做。

二、旅游公关人员承担的角色分析

（一）旅游公关人员的角色要求

1. 人格和谐

和谐的人格应该是理智而不冷漠的;多情而不滥情的;活泼而不轻浮的;豪放而不粗鲁的;坚定而不固执的;勇敢而不鲁莽的;稳重而不寡断的;谨慎而不胆怯的;忠厚而不愚蠢的;干练而不世故的;自信而不自负的;自谦而不自卑的;自尊而不自骄的。

2. 情绪稳定

旅游公关人员应处事沉着、坚定,临场不乱,无论对自己还是对他人,都要有良好的情绪。

3. 坦诚宽容

旅游公关人员应心胸宽广、豁达,善于宽容他人,遇事不怨天尤人。

4. 开朗乐观

旅游公关人员应善于制造氛围,既能激发自己,又可激励他人。

5. 精明果敢

旅游公关人员应独立性强,智力高超。高智力是优秀领导者的重要条件之一。

6. 有领导欲

旅游公关人员应开朗、自信,喜欢管理,敢于并愿意承担公共关系职业所应承担的责任。

（二）旅游公关人员的一般职责

旅游公关人员在旅游企业中的职责具体包括以下几方面的内容。

1. 建立与媒体、社会团体、顾客以及员工之间的联系

旅游公关人员不仅仅是旅游企业的代言人,了解顾客、旅游企业员工以及其他不同相关团体的态度和需求也是他们的重要职责。为了增进彼此间的交流,旅游公关人员需要与顾客、员工、社会团体以及报纸杂志和广播电视等大众媒体建立并保持良好的合作关系。

2. 负责收集资料

旅游公关人员为旅游企业的管理层、决策层提供资料,使其及时了解公众的态度和与其他组织或机构有关的必须解决的问题,为旅游企业组织管理层、决策层充当助手或参谋。

3. 筹备旅游企业信息发布会

良好的公众舆论的形成要依靠良好的媒介关系的支持。旅游企业的产品或服务如果能成为新闻报道的热点,便会形成具有公众影响力的舆论话题,也能获得较高的社会知名度。

旅游公关人员通过与报纸杂志、广播电视、互联网等大众传播媒介的记者、编辑等建立广泛的社会联系，撰写新闻稿件以及现场报道等方式，可以积极宣传和塑造旅游组织的形象。

4. 为旅游企业领导与社会公众进行接触做好参谋

旅游公关人员一般直接负责安排企业发言人的讲话时间；讲话内容往往也是由他们准备的。他们代表旅游企业出席社会性活动，负责在会议或公共集会上安排播放介绍性影片、幻灯片或其他可视资料，还负责筹备大型会议等。

在大型旅游企业中，旅游公共关系方面的主管往往同时也是该企业的副总之一。他可能需要与其他主管一起确定企业的总体规划和政策。旅游公关部门还有专门的公关人员负责研究、撰写和准备各种资料，保持与外界的联系，回答各种质询。

小型旅游企业的公关人员经常需要做一个"多面手"。他们不仅负责与外界的联系及准备各种资料，还要帮助市场销售部门解决广告问题，并参与市场推广工作等。

（三）旅游公关人员承担的具体角色

旅游公关人员在旅游企业中有一种特别的职务地位。任务决定了其所应扮演的角色，不同角色可以诠释旅游公关人员行为的多样性。

旅游公关人员的角色可以分成三大类，共十种。

1. 人际关系方面的角色

（1）挂名首脑。

旅游公关人员是一个旅游企业的象征，这种角色要求其带有鼓舞人心的性质，参加一些社会活动或仪式。旅游企业公关部主管一般直接由企业副总担任，其具有较高的职权，但一般不涉及重大信息的处理和决策，更多的是担任最高领导的助手或参谋。

（2）组织者。

旅游公关人员要负责进行激励、引导、训练、评价、提升、表扬、批评、干预、开除等工作。其风格、远见等都影响着旅游企业的工作效率。

（3）联络者。

旅游公关人员要在自己所处的内外网络中参与信息沟通活动。其是所处组织层次上的连接钩、中介或桥梁。

2. 信息处理方面的角色

（1）信息接受者。

旅游公关人员是一个信息接受者，其所获得的信息具体可分为以下五类。

①内部业务信息，即通过标准的业务报告、下属特别报告、对组织进行的观察等获得的信息。

②外部事件的信息，如旅游消费者、竞争者、同行、供货者、市场变化、政治变动、工艺技术发展等方面的信息。这些信息可通过下属、同行业其他组织及报纸杂志等大众传播媒介获得。

③分析报告。

④各种意见倾向信息，即通过参加会议、阅读旅游消费者来信、浏览同行业报告，并从同事和下属的意见建议中获得的信息。

⑤压力信息,即从旅游企业下属的申请、外界的要求、上级的意见和质询中获得的信息。
(2)信息传播者。

信息传播者是指旅游公关人员把外界信息传给旅游企业或把内部信息从一个下属传给另一个下属或在企业内部各部门之间进行传递。这里的信息有以下两类。

①事实类信息,即有公认标准的信息。

②价值标准类信息,即以主观信念为标准,需要旅游公关人员去选择和过滤的信息。

(3)发言人。

旅游公关人员将旅游企业的信息向周围环境进行传播时,有向内和向外两种方式。其要维护员工权益,要与外界达成信息平衡,要能成为本企业的专家。

3. 决策方面的角色

(1)企业家。

旅游公关人员在职权范围内充当本企业许多变革的发起者和设计者。此角色职能包括视察、找出问题,以及决策和执行等相关方面。

(2)故障排除者。

旅游公关人员处理突发事件及其中含有的不可控因素的变化时,应注意以下几点。

①识别故障类型。

②把握处理故障的有利时机,以减少损失和扭转局面。

③优先处理必要的故障。

④适时发挥旅游公关人员的影响力。

(3)资源分配者。

旅游企业资源具体包括时间、金钱、材料、设备、人力、信誉。旅游公关人员需要合理分配相关资源,以节省旅游企业人力、物力、财力开支,实现效益的最大化。

(4)谈判者。

谈判者与上面几项角色均有联系,或者说,因为具备以上职能,旅游公关人员便成了谈判者,其负责与外界交涉及交流等,为企业创造良好的外部生存环境。

 里根总统——平民总统形象演讲设计

三、旅游公关人员的素质培养

公关人员素质,指公关人员在性格、品德、心理等方面的综合品质,也就是公关人员在运用各种传播媒介增强组织机构的生存能力和在公众心目中树立良好形象目标的过程中,所展现出来的知识、个性、作风、素养等基本品质,是决定公关人员从事各项活动能力的各种内在因素的总和。

（一）性格气质

公关人员的性格气质是体现其基本素质的重要方面。性格气质指人相当稳定的个性特点，表现在人的情感、认识、语言和行动中比较稳定的动力方面的心理特征，具有恒常性和稳定性。

公关人员应具备什么样的性格气质呢？

1. 气质说

古希腊医生希波克拉底提出"气质说"，认为人的体内有4种不同的体液，即血液、黏液、黄胆汁、黑胆汁，并根据各人体液的分配比例，将人的气质性格分为四种：胆汁质、多血质、黏液质和抑郁质。

（1）胆汁质。

胆汁质的人热情、直率、精力旺盛、豁达开朗、勇猛坚强，但情绪易兴奋、性情急躁、易发脾气、爱冲动、缺乏持久耐性。

（2）多血质。

多血质的人活泼、敏感、好动、思维敏捷、感情丰富、善于交际、健谈、接受力强，但情绪缺乏稳定性、喜怒易变、兴趣广泛却难以持久、易动摇。

（3）黏液质。

黏液质的人安静、稳重、沉着、言行谨慎、善于忍耐、情感不易外露、反应迟缓、固执死板、不善交际、灵活性不够。

（4）抑郁质。

抑郁质的人细心谨慎、执着、爱思索、喜静少动、敏感多虑、韧性强、善于觉察别人不易观察的小事物，但孤僻、忧郁、行动迟缓、疑虑重重。

从心理学角度，一般认为多血质的人更适合从事公共关系工作。多血质的人具有活泼开朗、热情奔放、机智大方、兴趣广泛、善于交际等气质特征，能使自己具有较强的感染力、凝聚力，使组织领导的决策和措施能顺利贯彻和落实，并能迅速掌握公众的意见、态度和期望，使信息得到及时反馈。这正是现代意义上的优秀公关人员应当具备的基本条件。

2. 神经说

心理学家巴甫洛夫提出"神经系统学说"，把人的性格分成四类：兴奋型、活泼型、镇静型、抑郁型，其特点与"气质说"大体相同。

3. 血型说

近代医学根据人的血型种类，把人的性格分为以下四类。

（1）A型：倔强、固执、坚韧、细心。

（2）B型：随和、乐观、热情、爽朗。

（3）AB型：专心、有毅力、较孤僻。

（4）O型：自信、坚定、兴趣广泛。

综上所述，人的性格并非一成不变，它主要受两大因素制约：一是先天遗传，二是后天教育和锻炼。我们认为多血质类型的人更适合从事公共关系工作，并非说其他类型的人就难以胜任公共关系工作。但在实际工作中，典型气质类型的人并不多见，多数人的性格气质是介于各种类型之中的中间类型。况且,人的性格气质并非仅仅取决于先天遗传,后天的环境、实践和教育条件,往往能够影响甚至改变人的性格气质类型。因此,属于胆汁质、黏液质、抑郁质及 A 型、O 型、AB 型的人完全可能在工作和生活实践中不断克服自身性格气质上的弱点,有意识地培养、锻炼自己的性格气质,使之适应时代的发展和职业的要求。

优秀公关人员应当具有活泼开朗、举止文静、谈吐动听、感染力强、知识丰富、兴趣广泛、善于交际、见多识广的性格气质。

(二)思想品德

思想是人的灵魂与意识的形象展现,品德则是指人的品质与道德。

公关人员所从事的是一项塑造人类组织形象的伟大而光荣的工作,征服公众心灵世界是其神圣的使命,而这一切成功的基础便是公关人员自身所蕴含并展现出的高尚思想和良好品德的魅力。这是心理学上的光环效应所使然。倘若公关人员具备这种积极、美好的光环魅力,他就能征服公众,影响组织,从而完成神圣的使命。这一神圣的光环来自公关人员公正无私的品德,诚实严谨、恪尽职守的行为规范,以及廉洁自律、奉公守法的作风。具体包括以下几个方面。

1. 公正无私

公正,指公平,一视同仁,平等相待,以公道之心对待公众,不以外貌、以利益、以地位取人,无论尊卑、贵贱,均不能厚此薄彼。

无私,没有私心,不谋私利,不能因为自身及本组织利益而忽视社会公众利益,要以公道之心承担起整个社会的责任与义务,铁肩担道义,公道系心间。

知识链接

美国公共关系协会职业守则的第十一条规定:公关人员在向客户或雇主提供服务时,在没有充分说明情况和取得有关各方面同意的前提下,不得因这种服务与其他方面有关而接受任何人给予的服务费、佣金或其他报酬。

2. 诚实守信

诚实,即真诚务实,讲实话,不讲假话、空话、大话,不欺骗组织和公众。守信,即恪守信誉,"言必信,行必果"。诚实守信是衡量公关人员思想品德高低的砝码。

3. 宽容助人

宽容,即宽宏大量,宽厚待人。与人相处,最可贵的便是能容忍别人,善解人意,不仅要理解别人,更要容忍他人的不足和弱点。助人,即帮助别人。乐于助人是处理好人际关系、赢得他人信赖与认同的基础与条件。

公关人员在工作中理解、宽容他人,善于接受他人,可为下一步友好交往奠定良好基础;热心助人,勇于扶危济困,善于雪中送炭,富于同情心,体现了"老吾老,以及人之老;幼吾幼,

以及人之幼"的传统美德。

知识链接

英国公共关系协会职业行为准则的第二条规定：各会员不得有意不顾后果地散布虚假信息，而应注意避免犯此错误，应以保证真实与准确为己任。

（三）心理素质

公关人员的心理素质主要指公共关系工作对于人的基本心理要求，主要有以下几方面。

1. 兴趣广泛

兴趣是人们力求认识某种事物或爱好某种活动的倾向，它直接影响人们对事物的注意力、选择和态度。

公关人员的工作涉及面广，与各种不同背景、思想、性格的人交往，决定其相关知识面必须宽广，兴趣爱好与其工作作风、工作方法紧密相连，又将决定公共关系工作质量的高低。兴趣既能驱使人们学习公共关系知识、刻苦钻研公共关系技能，又能使人经受困难与挫折的考验勇往直前。比如，如果对金融业陌生又不感兴趣，就很难去银行或保险公司做好公共关系工作。

2. 自信力强

自信力是对公关人员心理素质的最基本要求，也是公共关系事业取得成功的重要基石。公关人员只有牢固树立持久的自信力，才能勇敢地面对各种艰难困苦的考验，勇于接受挑战，历经挫折而永不言败，最后战胜困难取得成功。

知识链接

法国哲学家卢梭说："自信对于事业简直是奇迹，有了它，你的才智可以取之不尽，用之不竭。一个没有自信力的人，无论他有多大才能，也不会有成功的机会。"

3. 善于自控

自控力是公关人员与内外公众密切沟通、交往的心理法宝。当各种利益、性格、思想、品质在交融、碰撞和矛盾、冲突发生时，公关人员不要急躁、冲动，既要善于控制自己的情绪，冷静思考、沉着应对，又要"宰相肚里能撑船""大人有大量"，求同存异，与人为善，谦和待人，从而创造良好、和谐的人际关系氛围。

4. 情绪稳定

稳定、乐观的情绪,是公关人员必须具备的心理素质。在工作中,公关人员必须始终保持稳定、乐观的情绪,这样既能增强克服困难的信心,又能感染公众,建立互信、友好的协作关系,为塑造组织的良好形象奠定坚实的基础。安徽芜湖某酒店在招聘员工时就明确要求,每一名公关人员务必保持稳定、乐观的情绪,绝不能将生活中的忧郁、烦恼带进工作岗位。进入酒店后,每一位员工就应立刻像演员一样进入角色,表现出稳定、乐观的情绪,用真诚的微笑迎接每一位宾客。

5. 意志坚韧

意志是人们自觉确定目标,并据以支配和调节自身行动,克服各种困难,实现目标的心理活动。公共关系活动是一项复杂多变的智力操练,是组织与组织、人与人之间思想、心理、情感的角逐与较量。组织公共关系目标的实现总与排除障碍、克服困难紧密相连,公关人员应自觉地用坚韧克服脆弱,用自制力克服冲动性,用果断性克服优柔寡断、草率和马虎。其只有具备坚强的意志,才能以充沛的精力和坚忍不拔的毅力去排除万难,探索前进,实现预期目标。

(四)身体素质

公关人员的工作性质和特点要求他们必须具备良好的身体素质。

1. 身体健康

公共关系工作是流动性强、变化大的特殊性质的工作,常要求公关人员四面出击,因此,健康的体魄是公关人员开展工作的先决条件,唯有如此才能应对千变万化的环境和繁重复杂的工作。

2. 仪表端庄

公共关系工作是塑造组织良好形象的系统工程,作为主体——组织的代言人、形象大使,公关人员的外在仪表显得尤为重要,体型匀称、仪表端庄、风度翩翩是衡量一个公关人员的硬指标,这是公关人员作为形象工程的前提,也是公关工作的性质所使然。国内外知名公共关系公司都有一批形象良好的公关人员作为门面,诸多星级酒店、旅游公司、金融保险公司均对员工的体型、仪表、风度有着一定的标准和要求。

3. 年富力强

公关人员的年龄十分重要,直接影响着其身体素质、智力水平和技能技巧。

人在不同的年龄阶段,生理和心理会呈现出相应变化和差异。青年阶段,公关人员身体健壮、精力旺盛、求知欲强、勇于进取,但经验不足、容易冲动。中年阶段,公关人员积累了一定经验和智慧,思维发展全面,观察事物全面而深刻,这是创造性思维最活跃的时期,也是工作卓有成效的关键时期。老年阶段,公关人员经验丰富、老练沉着,但思维不敏捷,易因循守旧、按部就班,难有青年阶段的蓬勃朝气和中年阶段的稳健与创造力。

公共关系工作并非一定要在年龄阶段上限制过多,但应遵循人的生理发展规律和工作性质的基本要求。中年人应是公共关系工作的骨干力量,在管理层位置上较合适;青年人是公共关系工作的生力军,收集信息、开拓市场的重任非其莫属;老年人是公共关系工作的把关人、守门人,直接权衡利弊得失,其善于处理社会组织与公众之间的矛盾与纠纷,担任调解

人的角色最恰当。一家成功的公共关系公司,应是老、中、青三位一体,相互配合,取长补短,共谋发展。

四、公关人员的知识结构

公共关系学是一门综合性的应用学科,其学科体系涵盖公关人员工作所需的专业知识及相关知识构成的全部知识内容。公关人员的知识结构是公共关系知识体系在公关人员头脑中的内在转化。健全的知识结构不仅是公关人员基本素质的重要组成部分,而且也是其创造性地开展公共关系工作的良好保证。

公关人员的知识结构主要包括以下几方面。

(一)公共关系的基本理论知识

良好的公共关系实践是建立在先进的思想理论指导之下的。公共关系的基本理论包括公共关系的基本概念、公共关系的产生和发展、公共关系的基本要素、公共关系的基本职能、公共关系活动的基本原则、公共关系工作的基本程序等。

(二)公共关系的实务知识

公共关系作为一门学科,实务性和可操作性是使其作为一门与时俱进的"术"大于"学"的显学的基本特征。其实务知识包括以下两大方面。

1. 公共关系的基本实务

公共关系的基本实务包括公共关系调研、公共关系分析、公共关系传播、公共关系策划、企业形象设计、社交礼仪和推销技巧等。

2. 公共关系的相关实务

公共关系的相关实务指公关人员应掌握与其行业、专业相关的实务知识,因为任何一个公关人员都是为某个特定的组织服务的,所以公关人员务必熟悉相关组织所属行业,同时也需要掌握本组织的生产技术、产品性能、服务质量以及组织发展史,以便有的放矢地开展公共关系实务活动。

(三)公共关系相关学科知识

公共关系作为一门新兴学科,具有多学科相交叉的特点。与公共关系联系最紧密、交叉最多的学科有管理学、行为科学、市场学、营销学、传播学、新闻学、广告学、社会学和心理学等。

此外,公关人员还需要掌握特定公共关系工作所需要的专业知识,如企业产品由内销转向外销,公关人员就务必要了解国际政治、经济情况、国际关系和异域文化风情等,以便于适应新形势发展的基本需要。

具体而言,公关人员的知识还应包括:辅助知识,如写作、演讲、谈判、外语、礼仪、编辑、美学、法律、艺术、民俗学和逻辑学等;操作技能知识,如办公自动化、数码摄像、幻灯片制作和多媒体应用等。

从事公共关系工作的人最好还应具备一定的社会实践经验,见识广、阅历深。美国一家公共关系公司的公共关系职业调查表明,公关人员在以往的职业中,曾在报社、通讯社、广播电台、电视台工作过的人占81%,他们一般都有8年以上的工龄,这也就意味着从事传播工作8年后才可能改行从事公共关系工作。

因此,作为一个未来的公关人员,我们务必勤奋学习,不断参与社会实践活动,持续努力,适应新时代发展,面向社会需要。

知识链接

欧美公共关系课程分为基础课程、应用课程、专业课程三大类。

基础课程:政治学、经济学、法学、社会学、哲学、数学、统计学、人类学。

应用课程:大众传播学、舆论学、新闻学、社会心理学、外国语言学、市场学、财政学、销售学、工商管理学、广告学、会计学。

专业课程:公共关系原理、公共关系实务、劳工关系、民意测验、语义学、摄影、演说、新闻写作。

知识链接

美国公共关系协会要求会员学习的二十种知识:新闻写作,公共关系理论研究,专题报道撰写,演讲,舆论调查,小说创作,记事,广告,论文撰写,地方报纸研究,摄影及杂志研究,传播学研究,工业情报编辑,批评文章撰写,印刷技术,广播,媒体调查,科学记事撰写,报业相关法规,报业史研究。

五、公关人员的能力

知识是能力的基础与条件,但二者不能因此而相互替代。能力是知识与实践经验相结合的产物,也是现代公关人员出色完成公共关系任务的必要条件。

一名现代意义上的公关人员,应当具有的能力是由一系列彼此关联的技能结构所决定的。美国著名公共关系学者斯科特·卡特李普、阿伦·森特和格伦·布鲁姆在其经典著作《有效公共关系》中,将公共关系工作概括为以下十类:写作、编辑、与新闻媒介的联络、特殊事件的组织与筹备、演讲、制作、调研、策划与咨询、培训、管理。这说明公共关系工作对公关人员的能力要求高且全面,这为新世纪公关人员的能力要求提供了鲜明的发展目标。

综合国内外各知名公共关系公司对公关人员的要求,我们认为公关人员应具备的能力有以下几个方面。

(一) 表达能力

表达能力是指运用文字、语言、形体等方式，将自身的思想、观点和意见明确有效地传递给他人的能力。能说会写是公共关系工作对公关人员表达能力的基本要求。

表达能力是衡量一个公关人员综合素质的基本标准，主要有以下三种形式。

1. 书面文字表达

"擅长写作"是国外诸多公司的公共关系部门用来衡量公关人员能力的第一职业要求。

> **知识链接**
>
> "在所有要求中，一种条件常处于第一位，那就是文字表达能力。正确地运用语法，写出易懂、具有情报价值和较强说服力的稿件，供发表和讲话使用，是公关人员所应具备的基本条件。"——卡特李普与森特

公关人员书面文字表达能力主要表现在与新闻界联络时，能写新闻稿；组织演讲活动时，能写演讲稿；筹备大型活动或特殊事件时，能写计划方案；参与组织管理时，能写年度报告或工作总结；并且能够撰写各种涉内、涉外的公务文书。同时还要求公关人员能利用自己的丰富知识与能力给文章润色、加工，使文章规范、流畅。

2. 口头语言表达

口头语言与书面语言虽有相通之处，但也有很大差别。表情达意、叙述得当、吐字清楚、反应敏捷、符合逻辑，是口头语言表达十分重要的方面。

公关人员口头语言表达能力主要体现在公关人员在出席演讲会、座谈会、商务谈判、社会交际等社交场合时，思维敏捷、反应迅速、条理清晰、谈吐得当，口语表达能吸引人、说服人、打动人，从而达到给人好感的目的。

3. 形体语言表达

形体语言表达又称人体语言或动作表达，即通过动作、体态、表情向公众传达信息，是一种无声的语言。形体表达往往涉及整体的利益，运用得体，则能够加强和丰富所要表达的内容，产生书面语言难以起到的效果。公关人员要用心研究人体语言，善于根据不同的场合和目的，妥当地运用形体语言，加强公共关系传播沟通效果，并给人们留下美好且难忘的印象。

表达能力的三种形式既相互联系，又相互区别。公关人员务必综合运用，相互配合，寻求最佳效果。

(二) 社交能力

社交能力即进行交往、联络公众的能力，是衡量一个现代人能否适应开放社会的标准之一，也是公关人员广结善缘、协调四方关系、争取公众理解和支持的基本条件。

一个公关人员只有具备较强的社交能力，才能在任何场合中左右逢源、广交朋友，营造良好的人际关系氛围，产生良好的公共关系传播效果。

公关人员是组织的形象代言人,肩负着沟通、协调公众、环境与社会的重任,因此自身务必学会综合运用表达能力、组织能力、应变能力和逻辑思维能力,懂得倾听、理解和赞美他人,从而吸引、影响和改变公众的思想和态度,赢得理解与赞同。

社交能力既是一个人多方面能力的综合表现,又是通晓各种社交场合礼仪规范的真实体现。公关人员所接触的对象来自五湖四海,语言、民族、民俗、宗教信仰等存在差异,因此自身务必要懂得、通晓和遵守一定的社交礼仪,在日常生活、对外交往、各种宴会及公共场合使用和遵守恰当的礼仪规范,从而获得对方的认同、接受和赞赏。

(三) 组织能力

组织能力是指人们有计划、有步骤地从事某项活动,并达到预期目标的实际操作能力。组织能力就是指策划、指挥、安排和调度的能力。

组织的每一项专题活动、各种庆典或会议都是公关人员组织能力的充分表现。公关人员在筹备组织的每一次活动时,都要做许多周密准备与安排,这正是其出色组织能力的生动展示。公关人员实际上就是这些具体活动的组织者与领导者,除了做周密布置外,还要安排好实施步骤,精心设计每一环节的衔接,确保井井有条,以鲜明的特色给人留下深刻的印象。

知识链接

公共关系活动是一种目标指向性的活动,为了使公共关系工作开展得有条不紊,公关人员不仅要善于周密地设计和策划公共关系活动的目标和计划,而且要善于组织、协调与安排。公关人员的组织能力主要表现在落实和实施公共关系计划、方案的过程中所发挥的指挥控制能力,即能有效地控制公共关系计划、方案的实施过程,排除干扰因素,确保公共关系目标的顺利实现。

(四) 应变能力

应变能力是指人们在无准备情形下应付突发情况的能力。在公共关系活动中,出人意料的事随时都可能发生,这就要求公关人员一定要有镇定自若、机警灵敏、冷静思考、果断处理的应变能力。

应变能力包括超前应变能力和临场应变能力。

超前应变,指在组织发展过程中,公关人员能根据组织内外发展的大趋势,未雨绸缪,及时制定预防措施,以超前意识预防灾变发生,即使当灾变降临时,也能处变不惊,按计划采取相应举措,确保顺利过关。

临场应变,指面临灾变现场实际情况,保持清醒头脑,快速查清事发原委,善于在困境中调动一切主观和客观的有利因素,化被动为主动,果断及时地采取行动,迅速摆脱困境,化险为夷,确保问题尽快妥善解决。

应变能力还体现在公关人员在处于组织发展的不同时期时,能及时有效地调整策略和

措施。如在组织顺利发展时,公关人员能认清形势,进一步提高组织的影响力和扩张力;在组织遇到障碍时,公关人员要保持清醒的头脑,并设法及时排除障碍,消除阻力,顺利前进;在组织形象受到损害时,公关人员要寻找原因,探索解决矛盾、恢复组织良好形象的重要方法和技巧,尽快扭转不利局面;在日常公共关系活动中,每遇临时性或突发性问题,公关人员务必临危不惧,保持冷静,及时采取应对措施,从而保证公共关系活动目标的顺利实现。

(五)创新能力

创新能力是指人们创立新思想、新观念、新事物和新环境,不断满足自我实现或适应自身变化的能力,是现代经济发展的最大原动力。

公共关系工作,从本质上来衡量,每一次成功的策划或实施活动本身就是一次创新性的重大举措。在激烈竞争的现代社会,公关人员在开展公共关系活动时,只有不断地创造新颖的方法、奇特的方式,才能满足公众不断求新、求异的心理需要,从而获得公众的注意、理解和支持。

公关人员的创新能力体现在竞争中的不断创新、求异,只有技高一筹,才能领先一步,从而达到扩大影响、树立形象、推销产品、争取公众支持合作的根本目的。这一切均依赖于公关人员勤于思考,突破常规,大胆设想,追求创新。

重大策划、重要事项的组织,最能体现出公关人员创新能力的高低。即使是公共关系日常工作,如宣传、接待等,也应尽量做到别致独到、令人难忘,体现出创新精神。

公共关系工作最忌千篇一律、一味模仿,创新能力既是公共关系组织的生命力所在,也是衡量公关人员才能高低的砝码与标尺。

六、公关人员的培养

随着时代的发展,高素质、高技能的公关人员正成为市场的宠儿,而高素质、高技能的公关人员正是靠科学、规范、国际化的培养和培训所造就的。职业化是世界公共关系事业进步与发达的标志。我国加入世界贸易组织后,面临着各种机遇与挑战,培养大批素质高、技能优的公关人员符合时代发展的需求,也是我国教育事业所面临的一项十分紧迫而重要的任务。

(一)公关人员培养原则

开展公共关系教育与培训,必须树立明确的指导思想,按照公共关系工作的基本原理以及公共关系工作在中国发展的实际状况,科学合理地制订相应教学计划,不断提高教学质量,以适应市场经济发展的迫切需要。目前,我国的公共关系教育必须遵循以下原则。

1. 理论与实践相结合

现代公共关系理论是前人在长期的实践经验中不断探索、总结和概括出来的规律,是公关人员学习的典范和指南。公共关系学是一门实践性、操作性极强的应用学科,只有在学习、参观、调查、撰写案例与论文的过程中,将理论与实践密切结合,由实践应用来不断巩固、发展和完善理论经典,才能把学员逐步培养成理论思辨力强、技能高的专业人才。

2. 专业知识与综合知识相结合

公共关系学是多学科高度综合的产物,公关人员应当具备专业知识与综合知识。

3. 科学理论与思想品德相结合

开展公共关系教育,既要将国内外最先进的公共关系思想理论讲清楚、讲透彻,又要注重对公关人员思想品德方面的培养和教育,两者应有机结合。坚决反对偏重一方、忽视另一方的畸形教育。要将公共关系道德规范作为思想品德教育的重要内容,重点培养公关人员的诚信意识、守法意识、公众意识和服务意识,使先进的科学理论扎根于坚实的思想品德之上,努力造就德才兼备、一专多能的新型公关人员。

4. 因人与因材施教相结合

公共关系教育必须因人、因材施教,依据受教育者的年龄、智力、能力、兴趣、性格和气质的不同,有针对性、有区别地进行教育,还应选择不同学制、不同教育形式来进行。灵活、巧妙地因人、因材施教,确保公共关系教育脱离应试教育的"怪圈",步入素质教育的正确轨道。教育方式与目标应更具普遍性、适应性,真正做到促进每个受教育者的个性、智慧和潜力的良性发展,使他们能健康成长。

(二) 公关人员培养方向

根据公共关系工作的需要与个人特点,可将公关人员的培养方向分为以下两种。

1. 通才式

"通才式"公关人员主要指既有公共关系专业知识,又有较广博的综合知识,还有较全面的智能结构和较完美的个性素养,能融会贯通,灵活运用理论知识,胜任公共关系的组织、指挥工作,能全盘考虑和解决实际问题的人才。具体而言,这种类型的公关人员必须具备3个1/3,即1/3是宣传家,消息灵通、左右逢源、能说会道;1/3是企业家,具有企业家头脑,敢于竞争、追求卓越、精明强干;1/3是外交家,待人热情、真挚,谈吐幽默、高雅,举止大方,广交四方宾朋。

2. 专才式

"专才式"公关人员要求是指能熟练掌握公共关系中某一方面的专业知识和技能,或精通公共关系学科的某一分支、某一专题,如新闻写作、广告设计、美工摄影、编辑制作、市场调查、绘画书法等公共关系活动的行家里手或从事理论研究的专家。这种人才是一个健全的公共关系组织里必不可少的。

此外,对全员公共关系意识的培养也是公共关系教育和培训的重要方面。

目前,一般组织中的公关人员大多兼备这两种素质,每一个专业公关人员不仅是通才,而且又各具专业技能,可适应不同工作对象的需要。

(三) 公关人员培训途径

公共关系学作为一门新兴学科,理论知识丰富多彩,实践操作异彩纷呈;作为一种社会化职业,其要求专业人员既有较扎实的理论基础知识,又具备实战技能。公共关系组织所需求的不同层次、不同类型的人才,有不同的培养途径。

1. 正规系统培养

正规系统培养指经过高等院校的培养,属于学历教育,这是公关人员的主要培养途径。这种培养是建立在系统、严格的教学计划、大纲、专业师资、专业教材和明确的培养目标的基础之上,学生经过3—4年的公共关系专业知识学习,能较全面地掌握公共关系的基础

理论、技能以及相关学科知识,为从事公共关系工作奠定良好基础。

目前,我国高等院校的公共关系专业一般开设大学语文、英语、公共关系原理、管理学、传播学、社会心理学、演讲学、基础写作、应用写作、社交礼仪、广告学、营销学、法学、公共关系实务、公共关系策划、谈判学、美学、办公自动化、统计学、新闻学等课程。

一些发达国家跨国公司的高层次公关人员,如公关部经理,大多经过正规大学学习,常有双学士、硕士或博士学位,他们的知识面广、社会活动能力强,是"通才式"公关人员。

由专科、专修学院培养的公关人员,大多能系统地掌握公共关系的理论,精通一两项公共关系技术,是"专才式"公关人员。

2. 岗位培训

公关人员的岗位培训主要面向已经从事公共关系工作的人员,属于非学历教育,分为普及型和提高型两种。普及型培训,是指面向非公共关系专业人员普及公共关系基本知识,以便于他们接受培训后能成为正式公关人员。提高型培训,是指面向有一定公共关系知识的工作人员,从某些实际方面提高他们的理论水平或工作水平。

岗位培训的方式主要有以下几种。

(1) 短期培训班。

对于大多数公关人员来说,参加短期培训班是一种见效快的好办法。培训班可以帮助公关人员学习公关的基本原理,提高理论水平;帮助其学习公共关系实务技巧,提高应用操作的技能。

(2) 见习培训。

这种方式主要是在实践中学习,让见习人员在一段时间内充当本组织或组织外的公关人员的助手,让他们参加公共关系实践,在实践中观察和学习别人如何处理公共关系事务,增强感性认识。这种方法适宜于刚参加工作的公关人员。

(3) 专家指导。

专家指导即针对公共关系工作中的疑难杂症,聘请具有公共关系业务专长的专家、学者进行指导、咨询,帮助解决问题;辅导和促进公关人员正确开展公共关系业务,提高公关人员的业务能力。

(四) 公关人员的考核

公关人员的考核,是公共关系队伍建设的一项系统工程,主要包含两层含义:一是指对公关人员的职业资格所进行的考核,检验其是否具备从事本职业的基本素质;二是指组织内部对本单位公关人员的工作业绩所进行的考核,判断公关人员是否称职,并作为奖惩的标准。

1. 职业资格考核

目前,国际上对公关人员的职业资格考核尚无通用模式,但英国公共关系协会参与主持的CAM考试已得到英国各界的普遍承认,具有重要的参考价值。

CAM是传播、广告及市场营销教育基金会的缩写。CAM考试分为两个等级。

第一等级有七门课程的考试,即市场营销、广告、公共关系、媒介、调查与行为研究、传播实践、商业与经济环境。公关、广告和市场营销人员只要通过其中六门课程的考试,就可获得 CAM 传播研究证书。获此证书者才能参加第二等级考试。

第二等级考试又有两种类型:一种是针对广告和市场营销人员,另一种是针对公关人员。针对广告和市场营销人员的考试有五门课程,即消费者广告与市场营销、工业广告与市场营销、国际广告与市场营销、高级媒介研究、管理资源。凡通过其中三门课程考试者,可获得 CAM 广告与市场营销证书。针对公关人员的考试有四门课程,即商业组织的公共关系、非商业组织的公共关系、公共关系战略、管理资源。凡通过其中三门课程考试者,可获得 CAM 公共关系证书。

我国从 2000 年开始,由劳动和社会保障部(现人力资源和社会保障部)组织进行公关员资格全国统一鉴定,分为初级、中级、高级三个级别,初级属于国家职业资格五级,中级属于国家职业资格四级,高级属于国家职业资格三级。鉴定方式采用理论知识考试和操作技能考试两种方式,两门考试均采用百分制,皆达 60 分及以上者为合格。2003 年 6 月,国家职业资格工作委员会公关专业委员会在劳动和社会保障部(现人力资源和社会保障部)职业技能鉴定中心的指导下,组织相关专家对《公关员国家职业标准》进行了修订,在原有初级、中级、高级公关员基础上,增设"公关师"(国家职业资格二级)、"高级公关师"(国家职业资格一级),并对五个等级的申报资格提出了明确要求,同时,对"公关师"和"高级公关师"的考核办法进行了新规定,除技能知识闭卷考试外,还增加了专业技术报告和答辩的专家评审考核。

2. 工作业绩考核

组织内部对本单位公关人员的工作业绩考核是组织对公关人员施行奖惩的标准与依据,有利于调动公关人员的工作积极性,提高工作效益。考核方法有以下几种。

(1) 考试评议法。

考试评议法,是指通过口试或笔试的方式检查公关人员的专业理论知识和专业技术能力。这样就能公平地鉴别优劣,达到优胜劣汰的目的。

评议,就是采用多种方式征求相关人员对被考核者的意见,并组织分析、讨论,最终做出公正的评价。

(2) 工作标准法。

工作标准法是指根据不同岗位的具体工作要求,制定不同的工作标准,并以此去衡量相应公关人员的优劣。这种方法有明确而具体的客观标准,比较公正合理,特别适合考核工作成绩。这一方法也适用于调整职务津贴和奖金分配,但有些岗位不宜制定工作标准,尤其是复杂的脑力劳动,因此会给考核带来一定的难度。

(3) 量表评定法。

量表评定法是以一种标准化的等级量表为工具,通过组织评、群众评、自己评等多种途径,对公关人员进行全面评定的方法。这种方法的优点在于评定项目设计严格,定义明确,计算方法统一合理,评定结果既能客观全面地反映一个人的实际水平,又能进行相互间的合理比较。

(4) 相对比较法。

相对比较法是根据各考核要素,将所有被考核者按两人一组的方法进行对比,判定每组的优者和劣者,然后综合其结果得出最终的序列和成绩。这种方法考核的结果准确性较高,能够有效避免主观性、片面性与随意性。但这种方法易受被考核者人数的影响,人数多、考核量大时,易造成考核工作的烦琐化,适用范围也将受到一定限制。

 本章小结

　　本章着重介绍了旅游公共关系的行为主体、旅游公共关系机构设置和公关人员的素质要求等内容。旅游组织是旅游公共关系的主体,旅游组织主要由旅游企业、旅游行政管理部门和旅游社会团体构成。旅游组织必须重视自身形象的塑造。旅游组织公共关系工作是一项经常性、长期性的工作,在旅游组织中,为了完成公共关系工作的具体任务,需要有专门的公共关系部门和人员来行使公共关系职能。公共关系部是旅游组织内部设立的以专门从事公共关系工作为职能的机构,是旅游公共关系活动的具体策划者和组织者。公共关系部在旅游组织中的地位表现在六个方面,即信息采集中心、对外宣传中心、公众协调中心、环境监测中心、趋势预测中心和公关培训中心。公共关系公司、公共关系社团是公共关系职能社会化、专业化的具体表现。公共关系公司是为客户提供公共关系服务的专业性营利性组织。公共关系社团是从事公共关系理论研究和实务研究等活动的非营利组织。旅游公共关系工作要达到塑造组织良好声誉、做好组织内外沟通、扩大组织影响、促进组织发展的要求,就必须使用和培养修养良好、心理健全、知识广博、能力过硬的旅游公关人员。

 核心关键词

　　旅游组织　　旅游组织形象　　公共关系部　　公共关系公司　　公共关系社团
　　旅游公关人员

 思考与练习

1. 旅游组织的类型有哪些?它们的工作特点分别是什么?
2. 旅游组织形象包括哪些内容?
3. 旅游组织的工作任务有哪些?
4. 旅游公共关系机构包括哪几类?
5. 比较分析公共关系部与公共关系公司各自的优缺点。
6. 如果让你制订一份企业公共关系部的年度工作计划,你觉得应该包括哪些方面的内容?
7. 某酒店要招聘公共关系部专业人员,请你帮助设计一些面试的问题,要求能够表现出应聘人员的公共关系从业素质。

案例分析

何为优秀的公关人员

只具有一项专门知识的人不会是出色的公关人员，尽管他对该类知识有深入的研究和认识，但总不能对所有人都说同样的话题。

一位成功的公关人员通常知识渊博，不同的人都能从他的身上学到或者了解到一些知识和信息，能与他比较顺利地交谈。

马某在学校读酒店管理专业时，所学的理论较多。毕业后，在一间四星级酒店任公关人员。某天，她的上司让她一起负责两个星期后的酒店周年纪念宴会，因她尚是新手，故只需从旁辅助，依吩咐行事即可。

两个星期后，宴会在酒店最豪华的大厅举行，被邀请的嘉宾除了股东、业务上的客户，还有其他酒店的董事和一些高级行政人员，以及一些绅商巨贾。马某还是第一次参与如此重大的场合，她凭借亲切的态度，颇得嘉宾的赞赏，但这时她未真正与嘉宾接触，只是给予别人初步的印象而已。

问题终于来了，一位酒店的常客，走近马某的身边，与她闲谈。握手、交换名片等礼节难不倒她，可是交谈之下，马某暗暗叫苦。该客户不知是卖弄学识，抑或是想尽量找些话题与她攀谈，由政治谈到社会，由哲学谈到人生观，根本与酒店和商业无关。马某不知如何是好，于是交谈一段时间后，最终借故离开，犯了公共关系的大忌。自此以后，她明白公共关系犹如一个万花筒，随时呈现不同的图案。只有见多识广，才能拓宽与别人交谈的话题，从而照顾到不同的客户。

（资料来源：根据相关资料整理。）

问题：

1. 如果你是马某，在遇到这样的问题时，你认为怎样处理才比较妥当？

2. 就上述案例而言，你觉得公关人员应该掌握哪些知识和技能？你认为自己具备了哪些知识和能力，该怎样提高自身的能力？

第三章

旅游公共关系的目标公众

学习目标

通过本章的学习,同学们需要掌握旅游公众的基本概念,熟练掌握旅游公众的分类,知晓处理不同类型公众的不同策略,了解公众的一般心理和行为,认识确定目标公众的重要作用。

案例导入　3M公司对员工的激励模式

美国的《幸福》杂志每年都会评选十佳企业,3M公司经常榜上有名。在美国《读者文摘》评选的20世纪最伟大的100项发明中,3M公司的可粘贴便条纸等也榜上有名。

3M公司成功的秘诀就在于他们对内部员工的公共关系做得极为成功。公司内部给予了员工充分的自由空间。

技术人员爱德·弗雷是一位虔诚的基督教徒,每个星期他都要去教堂唱诗班参加唱诗,但他总是忘掉上次唱到了哪里。为了在赞美诗集上做下记号,他想弄出些东西来,既不污损书页,又十分方便地留下标记。他想到了做一些胶黏纸。虽然当时弗雷所在的部门忙于产品开发,他自己也常常忙得不可开交。但他还是抽出了部分上班时间,和研究胶黏剂的同事席尔沃合作,研制出了不干胶纸条。现在,这种即用即撕的纸条已经风靡于世界的各个角落,为人们的生活带来了极大的便利。3M公司也因此每年净入1亿美元。

弗雷之所以能在百忙之中抽空去做自己感兴趣的事,是因为3M公司的员工在这种合作的气氛中都非常乐于助人,当他们需要别人的技术时也会十分顺利。3M公司有个技术会议,不同部门的人员定期讨论,交流信息,擦洗用海绵就是在这种会议中讨论出来的。

3M公司的经理级管理人员大多数都在公司工作过25年左右,因为3M从不任用外面的人担任高级职位,这种制度是为了提升员工对公司的忠诚度。出于同样的原因,他们也极少解雇员工。

3M公司鼓励员工进行发明创造。当员工有了好的构想之后,他可以从技术、制造、营销部门中找出志同道合者负责设计产品,使之批量化生产及推向市场。如果这种新产品获得成功,关键人员的职务与报酬就会自动提高。

詹姆斯·强生是初级管理人员,他发明了胶带纸。当他的新产品进入市场之时,他的职位就变成了"产品经理"。很快地,胶带纸在包装业大行其道,销售额突破了百万美元。这项产品成为公司的正式产品。两年之后,胶带纸的销售额攀升到500万美元,此时强生成为"产品线工程经理",被派往国外任职3年。当这项产品销售额达2000万美元时,他已荣升为"研究与发展经理"。当然,每次升迁,他的工资都大幅递增。

这种激励模式,使员工们有了这样的希望——只要搞好自己的工作就可以实现自己的价值,从而大大提高了他们的工作积极性和创造欲望。事实上,公司的几任董事长都是公司内创新做得最成功的人。

为了进一步激励员工,3M公司每年都举行一次庆功会。庆功会气氛热烈而庄重,当受奖人员从总经理手中接过荣誉证书时,全体员工报以热烈的掌声,在大家羡慕的目光注视下,他们从公司俱乐部经理手中接过会员证书。这个俱乐部是公司专为功勋职员成立的。"如果在人们周围扎起篱笆,你除了得到一些小绵羊外,还能指望什么呢?所以必须给员工充分的自由空间。"这是3M公司的创立者凯耐特的箴言。正是这种"自由的空间"让3M公司昂首阔步,稳步发展。

(资料来源:根据相关资料整理。)

思考:

3M公司激励员工积极性的做法对我们有何启示?

分析提示:

这一案例清晰地告诉我们,3M这个全球知名的老牌跨国公司,独创了以员工为主导的技术和产品开发格局。与其他跨国公司"以市场需求为前提,以顾客需求为导向"的经营策略不同,3M公司的经营思想是以员工(技术员工是核心)构想为主导,既不是采取先进行市场调查,有需求再生产的市场导向型,也不是根据外部订单决定生产的消费者导向型,而是独特的逆向操作,由员工创造出新商品后的先生产、后销售的厂商导向型。

3M公司奖励成功的方法很多,有职务、职称提升,有红利、配股奖励,有公司庆功、同僚庆祝、高层表扬等及时有效的鼓励。3M公司知道,有强烈的创新意识和创新精神的员工队伍是实现公司价值的最大资源。因此,3M公司强调注重个人的尊严和价值,鼓励员工专才发展;员工不仅可以自由表达自己的观点,而且能得到公司的鼓励和支持;主管和经理必须对手下员工的表现与发展负责,提供创新指导,激发员工主观能动性;努力培育并鼓励创新的企业精神。有了这样的环境,员工的才华得到了充分发挥,生活没有了后顾之忧,获得了满足感,从而真正出现了"把公司当成一辈子的事业"的局面。

第一节 旅游公众及其分类

公众即公共关系的客体。公众是组织赖以生存和发展的基础,也是公共关系工作的对象。社会组织在其运行过程中,会面对各种阶层、各种类型的公众。社会组织要想将本组织的各种信息有效地传播给公众,在公众中树立良好的形象和声望,维系组织与公众的良好关系,就必须深入研究公众及其分类,寻找并确立社会组织的目标公众,从而最终实现社会组织的目标。

一、旅游公众的概念及特征

(一)旅游公众的基本含义

从公共关系学的一般意义上说,公众即与公共关系主体利益相关,并相互影响和相互作用的个人、群体或组织。"公众"这个概念涵盖了公共关系工作的所有对象,凡是公共关系传播沟通的对象都可称之为公众。因此,公众是公共关系对象的总称。

旅游公众是与旅游组织相互联系、相互作用的个人、群体和组织的总称。凡是与旅游组织有利益关系的个人或组织都可以称为旅游公众。旅游公众是旅游公共关系的对象,即旅游公共关系的客体。在旅游公共关系活动中,利益是连接旅游组织和相关公众之间的纽带。

"水能载舟,亦能覆舟"这个古老的比喻,形象地说明了旅游组织与旅游公众之间的关系。如果把旅游组织比作舟,旅游公众就好比水,当旅游组织与旅游公众之间的关系和谐时,舟就能够顺水前行;否则,逆水行舟,不利于企业的经营。"天时不如地利,地利不如人和"强调的也是同样的道理。任何组织的发展都离不开公众的支持,旅游公众是旅游组织生存和发展的基础。"公众的声音是上帝的声音",旅游公众能为旅游组织的发展建言献策,为旅游组织的管理决策提供依据。当前旅游市场的竞争日趋激烈,只有那些服务质量好的旅游企业才能够吸引更多的客人,旅游公众是促使旅游组织提高服务质量的力量源泉。

(二)旅游公众的基本特征

1. 群体性

旅游组织面对的是广泛的公众群体,旅游组织和公众群体形成的公众关系和公众舆论构成了旅游组织赖以生存和发展的公众环境。公众环境的涵盖面非常广泛,旅游组织的生存和发展都离不开一定的公众环境。旅游组织对任何一类公众的疏忽都可能致使公众环境的变化,产生对组织不利的负面影响。因此,旅游组织在开展公共关系活动时,不能只注意其中某类公众,而忽略其他公众,应该把所有公众当作一个整体看待,用系统的观点去理性分析和对待各类公众。

2. 同质性

同质性是指在旅游公众中,由于共同的目的、需求、意向等,一群人或组织有相同或类似的态度和行为。例如,某饭店由于菜肴质量问题,导致在此进餐的消费者发生食物中毒,从而使这些本来互不相识的人面临一个共同的问题,即产生了同质性的利益关系,他们共同关心的是饭店对此恶性事件的处理及对个人利益的维护。旅游公众的同质性决定了旅游组织公共关系工作的出发点是分析公众,在分析的基础上划分类别,研究各类公众的性质、特点、需求特征等,并根据研究结果制订工作计划,提高公共关系活动的效率。

3. 多样性

旅游公众的存在形式是多种多样的,既可以是个体,也可以是群体,还可以是组织。不同的旅游公众在性质、组成、数量、范围、发展阶段等方面都不尽相同。不同的旅游公众对旅游组织的态度也各不相同。旅游公众的多样性决定了旅游公共关系的沟通方式和传播媒介的多样性。

4. 可变性

社会环境是一个动态、可变的系统,处于其中的旅游公众也是不断变化的。旅游公众的性质、形式、数量、范围会不断发生变化。比如,顾客对旅游企业提供的服务感到不满而进行投诉,旅游企业通过积极有效的处理最终获得了顾客的谅解。在这个过程中,逆意公众转化为了顺意公众。旅游公众的价值观念、消费行为、思维方式也会发生变化。如政府出台有关"黄金周"放假的规定,使有条件外出的旅游者人数猛增。政治、经济、文化、军事等社会环境的变化也会引起旅游公众的变化。旅游公关人员必须以动态的发展的眼光认识和看待旅游公众,根据旅游公众的变化制定相应的对策。

5. 相关性

旅游公众的相关性是指旅游公众与旅游组织在利益上存在着相互影响、相互制约的关系。旅游公众的意见、观点、志向和行为对旅游组织具有实际的或潜在的影响和制约,甚至决定着旅游组织经营的成败。旅游组织的决策和行为对旅游公众也具有现实的或潜在的影响力,即对旅游公众的动机、态度具有可导性。组织开展公共关系活动的关键就是寻找和确认这种相关性,然后运用各种方式或手段来影响或改变旅游公众的行为,防止不利于组织发展的旅游公众行为的出现。

二、旅游公众的分类

旅游公共关系工作如果没有目标公众,就是无的放矢。其结果不仅是公共关系对象不明确,而且所制定的公共关系策略和方法也会因缺乏针对性而影响公共关系工作的实际效果。因此,旅游公众的划分是开展旅游公共关系工作的前提和基础。旅游公众的构成是复杂的,在制定公共关系目标、策略和方法时,必须对旅游公众的构成进行分析,了解旅游公众分类标准和方法,从而正确认识旅游公众对象。

(一)旅游公众的类别

1. 按旅游公众对旅游组织的重要程度分类

根据旅游公众对旅游组织的重要程度,可将旅游公众分为首要公众和次要公众。

首要公众是指在特定时期对旅游组织的生存、发展和公共关系活动成败有着重大影响、起着决定性作用的公众。比如,酒店的VIP客人就是首要公众。这类旅游公众是旅游组织公共关系工作的重点对象,旅游组织必须高度重视,并且投入大量的人力、物力和财力来维持、改善和巩固与这部分旅游公众之间的关系。

次要公众是指对旅游组织的生存和发展有一定影响,但并不起决定性作用的公众。这类旅游公众数量较多,而且在一定条件下也有可能转化为首要公众,因此,次要公众也不能放弃。

2. 按旅游公众与旅游组织关系的稳定程度分类

根据旅游公众与旅游组织关系的稳定程度,可将旅游公众分为临时公众、周期公众及稳定公众。

临时公众是指因旅游组织某一临时因素偶然形成的公众,其多数是第一次知晓旅游组织的人群。如因优惠活动而参加旅行社调查活动的顾客、因天气原因暂住酒店的顾客等。旅游公关人员一定要主动抓住时机向他们宣传自己,给这些临时公众留下良好的印象,赢得他们的信任和支持。

周期公众是指按一定规律和周期出现的公众。如定期到某地度假的游客、节假日在饭店聚餐的顾客等。周期公众的出现是有规律、可预测的,其中的一部分有可能转化为稳定公众。旅游组织可根据这类旅游公众的规律性做好必要的准备,有计划地开展公共关系活动。

稳定公众是指与旅游组织有稳定的、持久的合作关系的公众。如酒店长住客、回头客及旅行社的长期合作单位等。这类旅游公众由于受兴趣、爱好和习惯等因素的影响,比较集中地与旅游组织建立某种稳定的联系,是旅游组织的基本公众。旅游组织往往对稳定公众采取一定的优惠政策和保证措施,以示亲密关系,同时运用各种方法保持与这类旅游公众的良好关系。

3. 按旅游公众对旅游组织的认同程度分类

根据旅游公众对旅游组织的认同程度,可将旅游公众分为顺意公众、逆意公众和中间公众三类。

顺意公众是指对旅游组织的政策、行为产品和服务持认同、赞赏和支持态度的公众。一般来说,与旅游组织长期交往的客户均属顺意公众,是旅游组织赖以生存的基本公众。在某些情况下,顺意公众会成为旅游组织的代言人。旅游组织应当维持和发展与顺意公众之间的良好关系,运用他们良好的"口碑效应"宣传本组织的产品。

逆意公众是指对旅游组织的政策、行为、产品和服务持否定态度的公众。

中间公众是指对旅游组织的政策、行为、产品和服务持中间态度和观点,或意见不明朗的那部分公众。旅游组织的公共关系工作,一方面要尽量减少逆意公众,转变其敌对态度,即使不能使其成为顺意公众,也应争取将其变为中间公众;另一方面要努力做好与中间公众的沟通工作,争取他们对组织的好感,引导他们成为顺意公众,防止他们向逆意公众转化。

4. 按旅游组织对旅游公众的态度分类

根据旅游组织对旅游公众的态度,可以将旅游公众分为受欢迎的公众和不受欢迎的公众以及被组织追求的公众。

受欢迎的公众是指主动接近旅游组织,乐意与旅游组织合作并且能给旅游组织带来利益或存在共同利益的公众。例如,自愿投资的股东、赞助商、为本组织做正面宣传的新闻媒体等。旅游组织要保持与他们的密切联系,加强和巩固与他们之间的融洽关系。

不受欢迎的公众是指那些违背旅游组织的利益和意愿,对旅游组织构成现实或潜在威胁的公众。比如许多旅行社都把业内列在"黑名单"上的人作为不受欢迎的公众,拒绝为他们提供服务;很多高星级的酒店也不欢迎那些衣冠不整的客人;旅游景区更是把那些随意破坏文物古迹、污染自然环境的客人视为不受欢迎的公众。针对这类旅游公众,旅游组织应采取审慎的态度,尽量向他们阐明旅游组织的态度,保持适当的距离,以避免或减少他们对旅游组织的反对。

被组织追求的公众是指那些符合旅游组织的利益和需要,但他们却对旅游组织知之甚少或不感兴趣的公众。比如对于旅行社来说,"银发市场"是很有潜力的市场;对于一个商务酒店来说,那些大公司中经常进行公务旅游的职员就成了他们追逐的对象。针对这类旅游公众,旅游组织要通过多种渠道与他们取得联系,加强沟通,争取他们为旅游组织带来利益。

5. 按旅游公众受旅游企业影响程度分类

根据受企业影响程度,可将旅游公众分为非公众、潜在公众、知晓公众和行动公众。

非公众是指既不受旅游组织的影响又不对旅游组织产生任何作用及后果的公众。

潜在公众是指与旅游组织有关系但其本身并未意识到问题存在的公众。由于潜在公众在一定条件下可能与旅游组织发生利害关系,公关人员要未雨绸缪,加强预测,做到防患于未然,将问题解决在萌芽状态。

知晓公众是指明确意识到了问题的存在,希望了解信息,并希望问题能够解决的公众。如当饭店、旅行社因服务不周到而给客人带来不便,客人对这一问题表示关注或表现出不满时,旅游公关人员就应采取积极主动的姿态,及时了解问题,并将问题发生的原因及解决措施及时告诉客人,以满足其知晓心理,使客人对饭店、旅行社产生信任,从而化不利为有利。

行动公众是指在意识到问题的存在后采取行动,并强烈要求旅游组织解决问题的公众。行动公众由知晓公众发展而来,他们不仅意识到问题的存在,而且开始采取行动来解决他们和旅游组织之间存在的问题。这时,旅游公关人员对客人提出的投诉、索赔等问题要及时解决,其反应不能仅停留在语言或文字上,而必须有实际行动。面对行动公众,除采取相应的行动外别无选择。

6. 按旅游公众与旅游组织的归属关系分类

通过长期的研究,我们认为根据旅游公众与旅游组织的归属关系来对旅游公众进行分类比较恰当。按照这种分类方式,可以将旅游公众分为内部公众和外部公众。

内部公众就是处于旅游组织内部与其有归属关系的员工,同时还包括员工的家属和股东。他们与旅游组织的联系最直接、最密切,是旅游公共关系协调中最基本、最主要的公众,与旅游组织是部分与整体的关系。

外部公众是与旅游组织不存在归属关系,但是与旅游组织有密切联系和利益关系的公众,外部公众主要包括顾客公众、媒介公众、同行公众、政府公众、社区公众和国际公众。

(二) 确定目标公众的作用

1. 有助于确定旅游公共关系调研和形象评估的范围

旅游公共关系工作是从调查研究开始的。要正确评估旅游组织形象,确定公共关系问题,首先必须确定目标公众。只有这样才能避免因公众环境不清而造成旅游公共关系工作的盲目性和不必要的浪费。

2. 有助于制定正确的公共关系政策和设计成功的公共关系方案

正确的政策和成功的方案是旅游公共关系活动的灵魂。科学的决策和周密的策划是建

立在对目标公众的了解和分析的基础之上的。对目标公众的把握,可以为制定不同的政策、策划有针对性的方案提供依据并指明方向。

3. 有助于旅游公共关系活动的有效组织和正常运行

旅游公共关系工作的成功,要靠组织实际的公共关系活动来体现,传播沟通活动的许多环节都离不开对目标公众的认真研究和分析。

4. 有助于科学评价旅游公共关系工作的效果

只有确定目标公众,才能准确判断公共关系工作的针对性、适应性和有效性,才能正确收集公众的评价和反应,才能准确分析公共关系传播的效果。

第二节 旅游公共关系内部公众

一、内部公众的含义和特征

内部公众是旅游组织内部沟通、传播和协调的对象,与旅游组织关系最密切,是旅游公共关系最重要的目标公众。内部公众的素质、能力和状态直接关系旅游组织工作效能的发挥,也直接影响旅游组织在生存和发展中的竞争能力,因此,"内求团结"是旅游公共关系工作的起点,其目的是有效增强旅游组织成员的主体意识和形象意识。

(一)内部公众的含义

内部公众是旅游组织内部与旅游组织具有法定关系的人群的集合体。旅游公共关系的内部公众主要包括旅游组织内部的员工、全体股东和员工家属。内部公众既是旅游组织内部公共关系工作的对象,又是其外部公关工作的主体,是与旅游组织自身相关性最强的公众。

内部公众是构成旅游组织的最基本单元,是旅游组织赖以生存和发展的基石,同时也是旅游组织唯一具有能动作用的生产要素,是旅游组织活动的具体策划者和实施者。旅游组织的生存离不开其内部公众,内部公众也需要在旅游组织的工作中实现自己的价值。

(二)内部公众的特征

1. 双重身份

内部公众既是旅游组织对内公共关系的客体,又是旅游组织对外公共关系的主体,具有双重身份。一方面,当旅游组织开展对外公共关系活动时,由内部公众进行具体的运作,内部公众的言行、素质和能力代表旅游组织的形象,在这个过程中,内部公众承担着活动主体的角色。另一方面,旅游组织必须对内部公众开展公共关系活动,增强他们对组织的认同感和归属感,激发他们的工作热情,调动他们工作的积极性,在这个过程中,内部公众扮演着活动客体的角色。这种双重身份是内部公众区别于外部公众最为显著的特征。

2. 相对稳定

相对外部公众而言,内部公众的构成具有一定的稳定性。外部公众的形成,往往是因为他们与旅游组织存在着利益关系,当利益关系消失后,其外部公众的身份也就随之被其他身份替代。而内部公众则不然,内部公众与旅游组织具有合约关系,至少在合约范围内,两者的关系是相对稳定的。如果旅游组织为员工的发展提供了足够的空间和条件,员工则不会考虑跳槽。而股东也是与旅游组织利益休戚相关的,为了获得自己的投资回报,他们势必要密切关注旅游组织的发展,长期与旅游组织保持联系。内部公众的这种稳定性特征,为旅游组织目标的实现提供了保障。

3. 易于管理

旅游组织的发展离不开内部员工的努力,而员工的发展也离不开旅游组织的整体环境。内部公众有责任和义务在工作中自觉规范和约束自己的行为,为旅游组织营造和谐有序的环境。旅游组织可以利用其权威性,制定各种规章制度来约束员工的行为,使其行为向着有利于旅游组织的方向发展。如果员工的行为损害了旅游组织的利益,旅游组织可以利用规章制度对其进行惩罚。因此,相对于旅游组织的外部公众来说,内部公众更易于管理。

二、内部公众关系及基本策略

(一)员工

员工是旅游组织的构成人员,包括一线服务人员、行政后勤人员、管理人员等。员工是旅游组织与外部接触的"触角",其言谈举止不同程度地代表着组织形象,时常站在对外公共关系的第一线。当旅游组织内部员工的积极性被广泛调动起来时,他们就会积极主动地充当对外公关人员的角色,这时旅游组织对外公共关系活动的成功才更有保障。

1. 员工关系的重要性

员工是旅游组织的基石。员工不仅是内部公共关系活动的重要公众,也是外部公共关系活动的重要力量。员工关系是旅游组织最重要的内部公共关系。良好的公共关系应从内部做起,而良好的员工关系是整个旅游公共关系工作的起点。良好的员工关系有利于营造和谐的内部发展环境。无论是公共关系活动的开展,还是组织经营目标的实现,都离不开员工的积极参与。良好的员工关系能够激发员工的潜力和热情。员工是旅游组织中唯一有生命力的生产要素,是旅游组织的核心所在。融洽又和谐的氛围能够激发员工的工作热情,使他们积极地投入工作,寻求新的方法提高工作效率,以灵活的方式与公众进行沟通交流。良好的员工关系有利于提高主体意识和形象意识。对于旅游组织来说,员工是服务工作的直接承担者,他们与客人接触的机会较多,员工自身的素质和水平的高低会直接影响客人的感受,进而会影响旅游组织的服务质量。因此,只有让员工满意,才能让客人满意。旅游业是服务性行业,员工的工作强度大、报酬相对较低。如果员工不能够从组织那里得到足够的关心和理解,往往会对工作失去兴趣,甚至会选择离开组织。良好的员工关系有利于增强旅游组织的凝聚力。随着我国旅游业的蓬勃发展,旅游业中的竞争也愈演愈烈。旅游组织在激烈的市场竞争中求得生存和发展的一个基本前提,就是内部员工的团结合作。良好的员工关系有利于旅游组织培养员工的团队精神,增强组织凝聚力,形成组织文化,从而提高组织的市场竞争力。

2. 建立良好员工关系的目的

旅游公共关系工作的目标之一就是"内求团结"。"内求团结"是旅游公共关系工作的起

点,也是"外求发展"的基础。为实现这一目标,第一,要培养员工对组织的认同感,即通过信息双向沟通,使员工更好地理解和自觉执行企业的各项规章制度和措施。第二,要提高员工对工作的责任感,要使员工认识到组织重视每一位员工的贡献,珍惜每一位员工的创造性,从而调动广大员工的工作主动性和积极性。第三,要培养员工工作的自豪感,要使员工知道自己所在的组织在社会上、同行业中的地位,知道组织所取得的成绩及对社会、国家的贡献,了解组织的发展愿景,从而激励员工为维护组织良好的社会形象而努力工作。第四,要培养员工对组织的向心力和归属感,关心员工福利,重视员工发展,充分发挥员工的才能,让员工体验到组织的温暖,强化员工与组织之间的感情联系。

3. 处理员工关系的基本策略

(1) 满足员工的物质需要。物质基础是生活的基本保障,对员工来说至关重要。员工物质方面的需要主要包括工资、奖金、津贴、提成以及各种福利。第一,制定科学合理的分配制度和奖惩制度,真正做到"劳有所得、多劳多得、多能多得、奖惩得当",从分配制度上保证合理性、公平性和激励性。第二,增加员工收入,改善员工福利。组织应根据社会的发展和员工需求的增长,通过各种手段和方式,使员工的收入不断提高,并改善各种福利措施,如提供带薪假期、改善工作环境、提高医疗、住宿保障等,以此提高员工的工作积极性。

(2) 满足员工的精神需要。希望获得尊重和实现自我价值是每个正常人的心理需求,因此,在员工的基本物质需要得到满足之后,精神层面需要的满足更能提高员工的工作积极性。这是挖掘劳动潜能、调动员工积极性的重要手段。

①尊重、信任员工。人力资源是旅游组织最宝贵的财富,管理者必须重视每一位员工。管理者对员工要时时表现出关心,不能歧视或随意摆布员工。同时,管理者要重视对员工的激励,对员工取得的每一点成绩和进步都应给予及时、充分的肯定、表扬或奖励,要大力宣传员工的成绩,树立先进典型。

②提高管理的透明度,鼓励员工参与决策。员工对于旅游组织的向心力和凝聚力,在一定程度上取决于组织对员工的信任。而旅游组织向员工表示信任的最佳方式,就是提高管理的透明度让员工参与组织的决策和管理。员工感觉受到重视,就会更加忠于组织,为组织利益服务。旅游公共关系工作本身是一项开放性极强的工作,需要集思广益。旅游组织要重视信息的双向沟通,就是我们常说的"上情下达"和"下情上达",内部要充分利用信息的双向沟通,使管理者与员工达成相互间的理解。信息共享是形成内部良好公共关系的关键,如果组织对员工情况不了解,特别是对与员工切身利益相关的情况不了解,或者高层管理者对员工的情绪、意见、要求、建议全然不知或一知半解,那就必将形成管理者与员工之间的隔阂。一方面,旅游组织应采取多种形式,让员工了解组织的发展动向,如经营销售业绩、服务质量状况、管理层人事变动、奖金福利政策、客人及外界对组织的评价等,使其参与组织决策。员工只有充分了解组织的情况,才能与组织同呼吸、共命运。另一方面,公共关系部门也需将员工的情绪、意见、愿望、要求以及合理化建议等及时进行归纳综合,反映给最高管理层或有关部门,以作为管理者决策的依据。

③为员工提供各种培训和深造机会。从员工个人发展角度分析,每一位员工都希望得到职位提升,以满足自己受人尊重的需要以及个人价值实现的需要。旅游组织应该为员工规划职业生涯,根据用人需求和员工职业发展意向,通过开展培训和岗位轮训,鼓励并支持

员工学习深造及参加职业资格考试等形式帮助优秀员工进入关键岗位。

④关心员工个人生活,增进感情交流。作为社会的个体,每位员工都有被人关心、受人重视的需要,旅游组织应针对这方面的需要,开展有关的公共关系活动。例如,建立员工俱乐部,让员工在业余时间参加活动,增进相互了解;组织集体娱乐活动,如郊游、联欢会等,为员工提供丰富的业余生活和情感交流的机会;主动为员工解决住宿、医疗、保险方面的问题,关心员工家属,解除员工工作的后顾之忧等。

(3) 营造独特的、共同认可的企业文化,培养员工与旅游组织荣辱与共的归属感与向心力。设计旅游组织的口号、歌曲、徽章及制服等,增强员工心理和精神上的归属感;通过广告、捐款等形式参加一些社会公益活动,提高组织的知名度和美誉度,激发员工的自豪感;举办周年庆典、展览会、成果报告会等活动,展现组织近年来的发展成就,感谢每位员工的支持和合作,以鼓舞士气;定期邀请员工家属到组织参观访问,介绍组织的历史和成就,以及员工家属在组织中的地位及所起的重要作用,感谢他们的支持,以便今后他们更好地配合工作。

(二) 股东

股东即投资者。股东关系是旅游组织与投资者的关系,它涉及旅游组织的财源即投资来源,因此也是一种重要的内部公共关系。在我国,股东公众主要有以下四类:①持有可转让买卖的股票形式的个人股东,他们分散在社会的各个阶层,不直接参与经营,但关心组织的决策与发展,关心组织的盈亏变化;②购买本组织股票的员工;③以组织为单位开展多种经济联合或集资入股而产生的集体股东;④中外合资企业、中外合营企业中的国家股东、集体股东和个人股东。

1. 建立良好股东关系的目的

股东拥有部分股票债权资本,他们的利益与旅游组织的利益息息相关。他们既是旅游组织的支柱、财源和经济基础,又是旅游组织活动最热心、最积极的关心者和赞助者。因此,如何改善与维护旅游组织与股东之间的良好关系,对于旅游组织的成败具有极大的影响。建立良好股东关系的目的是通过加强旅游组织与股东之间信息的双向沟通,争取现有股东和潜在投资者对组织的了解和信任,创造有利的投资环境,稳定已有的股东队伍,吸引新的投资者,不断扩大组织的财源。旅游组织公共关系部门的任务,就是要想方设法树立组织在股东心目中的良好形象,积极促进组织与股东之间的信息交流,鼓励股东关心组织的经营活动,积极投身于组织活动,并为组织的建设和发展出谋划策,而不是袖手旁观、坐分红利。

2. 处理股东关系的基本策略

股东是旅游组织的财源,分散在社会各阶层、各行业,信息灵敏,也是旅游组织的信息源。股东都希望通过旅游组织的经营,获得自己的投资回报,因此,他们对旅游组织的经营情况都会比较关注,常常成为旅游组织的宣传员和推销员。旅游组织应该充分认识股东的主人翁地位,既要把他们当作"自己人"看,又要自觉开展针对股东的公共关系活动,以维持与他们的良好关系。

(1) 建立良好股东关系的关键在于旅游组织要尊重股东的主人翁地位,及时与其沟通信息。股东购买了旅游组织的股票,就是旅游组织的主人,自然希望及时了解旅游组织的信息。旅游组织应当及时、主动地将与股东切身利益密切相关的经营、管理和分配等信息向广大股东公布，提高旅游组织的透明度，获得股东的支持。在涉及有关大额资金的运用和组织发展的重大问题上，应让股东及时知晓，并主动征询他们的意见。可以通过主动致函、召开会议、邀请股东体验新产品等形式，加强信息沟通与交流，充分保障股东的知情权。

（2）吸引和鼓励股东参与组织的经营活动。旅游组织在让股东享有信息知晓权利的同时，还应吸引和鼓励股东参与组织的经营活动。鼓励他们多多关心组织的运行情况，为组织献计献策，提供合理化建议。良好的公共关系服务可以吸引他们对组织的兴趣，坚定他们对组织的信任，使他们成为组织良好形象的宣传员。

（3）维护股东的基本权益。一方面是保护股东的经济利益，及时发放红利。另一方面是要完善股东大会、理事会、监事会管理机制，听取股东关于组织建设的意见，实施科学管理，接受股东对旅游组织的各项经济活动的监督，使股东资金有所回报。

（4）增加感情投资。股东对旅游组织来说，不仅是投资者，同时也是消费者。从公共关系角度看，不应将股东关系仅仅当作财务关系来对待，而应将股东视为企业的主人，是企业的内部公众和最可靠的顾客群。旅游组织应该经常走访股东，加强彼此之间的感情联络，利用股东广泛的社会关系来扩大组织的知名度与美誉度，争取扩大客源，提高社会效益和经济效益。

（三）家属

1. 建立良好家属关系的目的

家属是员工的工作后盾。家庭对于有着几千年文明的中国而言，有着更深层次的含义。员工工作的动力很大部分来源于家庭的激励，员工获得的很大部分回报主要用于回馈家庭。所以，要想员工工作得更好，没有后顾之忧，就要多关心其家庭，并给予足够的关爱与帮助，这往往会有出其不意的效果。

2. 处理家属关系的基本策略

旅游组织在处理与家属公众的关系时，可采取以下措施：在不涉及个人隐私的情况下，收集员工家属的基本信息，如生日、职业、家庭状况、学习就业情况等，及时给予关心和帮助。在组织利益与家庭利益产生冲突的时候，尽量周全考虑，多考虑家庭的实际情况。

第三节　旅游公共关系外部公众

一、外部公众的含义和特征

社会组织的高度分化，使任何组织都无法脱离社会环境而独立存在。层次不一、种类复杂的外部公众是旅游组织生存和发展的重要外部因素。外部公众的理解和支持，是现代旅游组织正常运转的必要条件。旅游组织除了要处理好内部公众关系之外，还需要处理好与外部公众关系，争取外部公众对组织的理解、信任和支持，建立有利于组织发展的外部公众环境。

（一）外部公众的含义

外部公众是指与旅游组织不存在归属关系，但有着密切联系和一定利益关系的个人、群体和组织。虽然外部公众不如内部公众与旅游组织之间的关系那么密切,但是,由外部公众组成的外部环境却时刻影响着旅游组织的生存和发展。因此,外部公众是旅游组织公共关系的重要目标公众。

(二)外部公众的特征

1. 构成复杂

旅游组织不仅要和涉及吃、住、行、游、购、娱等各个方面的机构打交道,还要和具体的外部公众个体和群体建立联系。构成外部公众的客体在种族、性别、年龄、文化水平、风俗习惯、收入水平、工作环境等方面的不同。这些因素决定了旅游组织公共关系工作的复杂性。

2. 动态变化

外部公众与旅游组织不存在归属关系,没有合约上的限制和约束。外部公众往往是因为与旅游组织之间存在一定的利益关系而形成的,当这种利益关系结束时,这类公众也就不再是旅游组织的外部公众。旅游组织与其外部公众之间的关系总是处于一种动态变化之中,任何一个旅游组织所面对的外部公众的性质、形式、数量和范围都会随着旅游组织主体条件和外部环境的变化而变化。

3. 需求多元

旅游组织外部公众的构成是复杂的,复杂的外部公众对旅游组织的需求和期望也不尽相同。旅游组织在协调公共关系时,要考虑到公众需求的多样性,尽量满足各个公众群体的各种需求,以获得社会的认可,提升组织的形象。

4. 不易管理

旅游组织对外部公众的活动没有任何直接指挥和控制的权力,它不可能像对待内部公众那样,无法制定一些规章制度来对其进行约束。因此,旅游组织的外部公众具有不易管理的特征。这就要求旅游组织不能消极、被动地等待,而应该积极、主动地开展公共关系活动,满足外部公众各方面的需要,争取他们的理解和支持。

二、外部公众关系及基本策略

(一)顾客公众

在现代社会,顾客泛指一切物质产品、文化产品及服务的购买者和消费者,是与组织直接产生利害关系的外部公众。旅游组织的顾客公众是指购买和使用旅游产品或服务的个人、群体或组织。顾客公众是与旅游组织具有直接利益关系的外部公众,是旅游公共关系的重要目标对象。

1. 建立良好顾客关系的目的

良好的顾客关系能够为旅游组织带来直接的经济利益。一个组织的存在价值,很大程度上取决于其产品或服务能否得到顾客的接受和欢迎,旅游组织尤其如此。目前,旅游市场的竞争日趋激烈,旅游组织的经济效益需要在市场上实现,而顾客就是市场。虽然与顾客的沟通并不等同于市场经营中的销售关系、直接的买卖关系,但良好的顾客关系的确有利于组织的市场销售关系的建立,能够给组织带来直接的利益。因此,顾客公众是组织公共关系对象中利益关系最直接和明显的外部公众。顾客关系是组织市场经营的生命线。良好的顾客

关系要求组织将顾客的利益和需求摆在首位,通过满足顾客的需求来换取组织的利益。在与顾客打交道的过程中,争取他们的关注和理解是至关重要的。在争取顾客的注意力、影响顾客的消费选择和消费行为的市场信息传播过程中,开展公共关系活动日益成为疏通渠道、理顺关系、清除障碍、联络感情、吸引公众、争取人心的传播手段。良好的顾客关系能够体现组织正确的经营理念和行为。旅游组织的性质决定了其必须树立"顾客至上""顾客是上帝"的经营管理理念,一切政策和行为都必须以顾客的利益和需求为导向。这种经营理念和行为必然表现为良好的顾客关系,即旅游组织在市场公众心目中具有良好的声誉和形象。比如,一些世界著名的旅游饭店集团之所以能够受到顾客的青睐,是因为它们树立了"以客为先"的经营理念,并通过完善的个性化服务和超值服务赢得了顾客的喜爱。

2. 处理顾客关系的基本策略

(1) 树立"顾客是上帝"的观念,强化为顾客服务的思想。从思想和行动上将顾客放在第一位,把尊重和维护顾客的权益作为工作准则之一,旅游组织的一切经营行为都必须以顾客的利益和需求为导向,把顾客放在首位,努力满足顾客的需要。

(2) 提供优质的产品和服务。旅游产品主要以无形服务的形式表现出来,顾客评价是衡量服务质量的重要标准。在市场经济条件下,旅游组织必须以顾客需求为导向,不断创新产品,为顾客提供一流的产品和一流的服务。

(3) 加强与顾客的沟通,做好市场调查。日本著名企业家松下幸之助认为,强烈的顾客导向是企业成功的关键。顾客需求是无限的、多样的,受地区、性别、年龄、文化素养、经济能力、价值观念等多种因素的影响,不同层次的顾客具有不同的消费心理和消费习惯。因此,企业只有了解顾客的需求意愿、消费心理、消费习惯和对组织的意见,才能做好市场预测,使产品和服务更好地满足顾客的需求,使顾客感到满意,对组织产生好感。旅游组织应该积极疏通与顾客之间的沟通渠道,通过各种形式向顾客征询意见,改进工作方法,提高服务质量。

(4) 制订有针对性的顾客关系计划。根据旅游组织的政策、产品、服务和顾客的数量、类型、特点以及旅游组织的资源,制订切实可行的顾客关系计划,其内容包括:根据顾客消费特点撰写产品和服务说明书;向顾客宣传组织整体形象,包括产品、服务的动态等;检查向顾客所做的宣传和说明,确保真实性;提出改进员工服务态度和质量的具体措施;进行顾客关系调查,分析顾客意见,提出改进方案等。

(5) 及时妥善处理顾客投诉。处理顾客投诉是旅游组织公共关系工作的重要内容之一。一旦出现投诉,旅游组织应按一定的程序,以积极、友好的态度,慎重、耐心、诚恳地解释和解决实际问题,平息顾客的不满,稳定顾客的情绪,最大限度地减少或弥补顾客的损失,尽量缩小纠纷引起的不利影响。处理投诉时要特别注意:接待人员应诚恳、耐心地倾听,要在感情和心理上理解投诉者;顾客倾诉之后,接待人员应对顾客表示感谢;在查清事实的基础上,与顾客交流意见,获得谅解,要尽量令顾客满意;发现顾客投诉具有普遍意义,并且还有更多顾客不明真相时,要刊登启事,尽快纠正错误,弥补顾客的损失。

(二) 媒介公众

媒介公众是指新闻传播机构及其工作人员,如报社、杂志社、广播电台、电视台及其编辑、记者。新闻媒介是信息的把关者,对旅游组织信息的传播及舆论导向具有至关重要的作用。媒介公众是旅游公共关系工作对象中较敏感、较重要的一部分。

1. 建立良好媒介关系的目的

新闻媒介既是旅游组织与广大公众沟通的重要中介，又是旅游组织需要特别争取的公众对象。从对外公共关系实务工作的层次来看，新闻媒介往往被置于较显著的位置，甚至被称为对外传播的首要公众。正如一位酒店职业经理人所说："我的成功七分得益于酒店，三分得益于媒体。"

良好的媒介关系能帮助旅游组织传播形象，创造无形资产。新闻媒介具有传播速度快、覆盖面广等特点，对推销和塑造旅游组织的形象具有重要作用。许多旅游组织通过电视、广播反复播放其广告或有关信息，使自身的形象在消费者心目中牢牢扎根。新闻媒介能帮助旅游组织矫正舆论导向，排除误解与障碍。新闻媒介具有权威性、客观性、及时性、独立性等特点。

2. 处理媒介关系的基本策略

"加强联系、密切合作、以诚相待、一视同仁"是维系良好媒介关系的原则。

（1）加强与新闻媒介的联系，增进相互了解。旅游组织只有经常保持与新闻媒介机构的接触，才能促进双方信息的沟通与交流，增进彼此之间的感情，并建立良好的关系。旅游公关人员要主动保持与新闻界的联系，定期寄送有关资料，并经常组织一些参观、访谈、游览、联欢之类的活动，适时召开记者招待会、新闻发布会，向新闻界提供有关企业的重要信息。

（2）了解新闻媒介的工作特点。旅游组织应了解各类新闻媒介的职业性质和工作特点，熟悉各种新闻媒介的关注领域、报道特色、面对的公众、发行时间和渠道、发行地区和数量、流通渠道以及编辑风格等，甚至要掌握一些记者和编辑的爱好，只有这样才能在与新闻界打交道时做到得心应手。

（3）主动正确对待新闻媒介。无论是对规模大、名望高的新闻媒介，还是对规模小、名望低的新闻媒介，无论是对曾经报道过旅游组织成绩和正面形象的新闻机构，还是对报道过旅游组织问题和负面形象的新闻机构都应该一视同仁，公平对待。

（4）主动引起新闻媒介的关注，支持与配合新闻媒介的工作。旅游公关人员可以通过主动撰写、投送新闻稿，及时发现新闻、合理制造新闻等方式，引起新闻媒介的关注。在日常同新闻媒介的接触中，要主动配合新闻媒介的工作，为其提供采访的机会和事实的真相，对其工作表示充分的理解和支持，以此换取新闻媒介对旅游组织工作的支持。

（三）同行公众

1. 建立良好同行关系的目的

同行公众是指旅游组织的合作者和竞争者。在现代市场经济条件下，竞争与合作无处不在，这是由资源的稀缺性所决定的。无论是竞争还是合作，对旅游行业的整体发展都是至关重要的。良好的同行关系有利于保障公众利益，有利于保障旅游组织的利益，有利于促进旅游行业的共同发展。

2. 处理同行关系的基本策略

（1）端正态度，更新合作与竞争观念。旅游组织的生存和发展离不开其他组织的支持

与合作,旅游组织之间应遵循互利互惠的原则,互相合作,努力达成"双赢"的局面。另外,竞争不代表你死我活、两败俱伤,相反,竞争是市场发展的动力。在现代社会,没有合作就没有整个行业的发展,而没有竞争,整个行业就失去了活力。因此,合作与竞争同等重要。

(2)制定相关法规政策,营造公平的合作与竞争环境。旅游组织之间的合作虽然是以共同利益为基础的,但是各个组织都有各自的利益和目标,因此,在合作过程中,双方之间难免会产生矛盾。行业之间可以通过完善经济合同制来明确各自的权、责、利关系,以确保各个旅游组织自身的经济利益,正确处理各种可能发生的纠纷和矛盾,促进合作关系在法律制约下更加稳固、和谐。此外,行业有关部门应该确定一些各组织都应遵守的竞争原则,如坚持竞争者之间地位、机遇的平等性原则,不搞地方保护主义,事业上的竞争不妨碍正常的交往与合作;坚持竞争的优胜劣汰原则;坚持竞争的合法性和正当性,对于非法、恶意竞争,应给予惩罚和制裁等,保证竞争公平而有序地进行。

(3)遵循平等互利的原则,促进共同发展。无论竞争还是合作,旅游组织都应该把同行间的关系建立在平等互利的基础之上,在工作中相互理解、相互信任、相互尊重、相互支持、相互帮助,在和谐的合作和竞争环境中,共同努力奋斗。在合作中求生存,在竞争中求发展,争取实现各个组织的共同发展。

(四)政府公众

1. 建立良好政府关系的目的

政府公众是指政府各行政机构、各级官员和各职能部门的工作人员,即旅游组织与政府沟通的具体对象。任何组织作为社会系统的组成要素,都必须服从政府的统一管理。旅游组织作为独立的实体,与各级政府职能机构有着不可分割的关系。旅游组织只有符合社会经济的发展要求,才能得到政府在财政、税收、信贷等方面的支持。政府的认可和支持具有高度权威性和影响力。政府还是一个有效的协调机构与信息库,它通过有效手段,协调旅游组织与其他社会组织在经营中发生的冲突与摩擦。在政府的帮助下,旅游组织可以寻找合适的合作伙伴以加速自身的发展。政府与旅游组织之间是一种行政领导、指导协调、检查监督、扶持服务的关系。旅游组织协调好与政府关系的目的,就是为了更好地争取政府各职能部门的支持和帮助,为组织形成有利的政策环境和社会环境。

2. 处理政府关系的基本策略

(1)遵纪守法,顾全大局。旅游组织应充分认识政府职能;认真研究、准确掌握、坚决贯彻政府的政策法规,使组织的一切活动在政策法规许可的范围内进行;及时、全面、准确地掌握政府的有关方针政策,从宏观上自觉接受政府的调控和指导;要注意政策法规的变动情况,随时调整组织的目标计划和公共关系活动。

(2)主动承担社会责任。旅游组织除了追求经济利益,还要承担组织的社会责任与义务。积极投身社会公益事业,积极利用本身劳动密集型企业的优势为下岗人员提供更多的就业机会等,帮助政府解决难题,树立和改善组织在公众心目中的形象,获得政府公众的理解和支持。

(3)保持联系,注重沟通。旅游组织应向政府有关部门及时提供信息、通报情况,保持经常的沟通,让政府部门熟悉组织、了解组织,争取政府对组织的支持和帮助,获得更多有利于组织发展的机会。

（五）社区公众

1. 建立良好社区关系的目的

社区公众是指旅游组织所在地的区域关系对象，包括当地的管理部门、地方团体组织、社区居民。社区关系亦称区域关系、地方关系、睦邻关系。社区是一个组织赖以生存和发展的基础，"天时、地利、人和"是任何一个组织获得成功的必要条件。只有与所在社区的个人、群体或组织处理好关系，旅游组织才能够谋求更大的发展。社区关系直接影响着旅游组织的生存和发展环境，社区如同旅游组织扎根的土壤，没有良好的社区关系，旅游组织就会失去立足之地。良好的社区关系有利于塑造旅游组织良好的公众形象。社区可以为旅游组织的发展提供充足的劳动力资源，旅游组织的发展也能够促使社区就业问题的解决，双方可以实现共赢。社区是旅游组织相对稳定的购买力市场。

2. 处理社区关系的基本策略

社区公众属于多层次、多种类且分散型的社会公众，要搞好社区关系，必须抓住共同利益这个根本。

（1）与社区采取睦邻友好政策，做好信息沟通工作。旅游组织通过各种方式，将其宗旨、发展目标、管理状况等传递给社区公众，增加组织的透明度，争取社区公众对组织的支持与合作。及时收集社区公众对旅游组织形象的反馈，在了解社区公众想法的基础上，客观地分析旅游组织的外部形象。

（2）积极参加社区的公益活动，主动解决社区困难，为社区的发展尽职尽责。旅游组织应在适当时机进行资助或开展赞助活动，如改造社区环境、发展福利事业、赞助文化和体育事业、支持办学等。利用适当的时机，邀请社区公众参观旅游组织，或邀请他们参加联谊活动，请他们为组织的发展献计献策。旅游组织还应及时了解社区的需求信息，尽力提供可能的帮助，向社区开放旅游组织中的一些服务设施和娱乐设施等。

（3）主动承担必要的社会责任和义务，爱护社区，在社区的物质文明和精神文明建设方面发挥重要作用，为社区造福。旅游组织应不断完善自身，不做有损社区利益的事情，如对废水、废气、废物等的处理一定要妥善，防止环境污染。

（六）名流公众

1. 建立良好名流关系的目的

名流公众是指那些对于公众舆论和社会生活具有显著影响力和号召力的社会名人，比如政界、工商界的首脑人物，科学、教育、学术界的权威人士，文化、艺术、体育等方面的知名人物，新闻出版界的舆论领袖，等等。他们人数虽少，但传播力很强，能迅速聚焦舆论，影响力很强。通过名流公众去影响公众和舆论，往往具有事半功倍的效果。建立良好的名流关系的目的是借助名流公众的知名度扩大组织的公共关系网络和公众影响力，提升组织的社会形象。

名流公众往往具有一定的知识和专长，旅游组织与名流公众建立良好的关系，能充分利用他们的知识和专长为组织的经营管理提供有益的建议。

2. 处理名流关系的基本策略

旅游组织可以利用名流公众的关系网络为组织赢得客源。名流公众在社会上的影响力

是其他普通公众所无法匹敌的,他们大多具有广泛的人际关系网络,旅游组织可以凭借他们的社会资源为自己吸引和招徕更多的客源。有些名流公众虽然不能直接为旅游组织提供客源,但他们与社会各界有广泛的联系,或对某一方面的关系有特别重大的影响,旅游组织便能通过他们与有关公众对象疏通关系,扩大社交范围。名流公众往往具有一定的社会声望,旅游组织通过与他们建立良好的关系,就能够凭借其在社会上的影响力来提高自己的知名度和美誉度。旅游组织,特别是知名的旅游酒店有很多接触名流公众的机会,对于这些企业来说,要很好地抓住这样的良机,通过为名流公众提供高质量、完善的服务来赢得他们的认可,并通过他们的影响力来提高企业的美誉度。

(七)国际公众

1. 建立良好国际关系的目的

国际公众主要指旅游组织在旅游公共关系活动中面对的不同国度和不同文化背景的外国公众对象,包括对象国的企业、政府、媒介、商人和旅游者等,其中主要是旅游者。旅游者来中国的主要目的是观光旅游,他们来自世界各地,具有一定的经济实力。从传播学角度看,他们是积极受众。从公关的角度看,他们是旅游公共关系的行为公众。旅游业被称为窗口行业,更应在国际旅游者心目中树立良好的国际形象。旅游组织要争取国际公众的了解、理解、认可和支持,塑造良好的形象,创造良好的国际声誉。此外,在中国工作的外国专业人员、在华投资的外商及驻华机构的工作人员也是旅游涉外公共关系的重要对象。由于他们对我国了解程度较深,并且有自己的独到观念及看法,旅游组织与他们建立良好的国际关系,争取他们的信任、好感与支持,将使自己从中受益。

2. 处理国际关系的基本策略

旅游组织要将自己的经营特色、技术力量、独到的经营观念和独特的外观形象,通过各种渠道和富有创意的传播手段,在国际上亮相,引起国际公众的注意,并给其留下深刻印象,使组织的知名度、美誉度得到提高。旅游组织涉外公共关系活动还要注意监测对象国政治、经济、市场、社会舆论和公众需求的变化等,在监测的基础上进行分析和预测,为组织制定总体目标和进行决策提供咨询依据。旅游组织还要随时收集各种信息情报,编纂旅游企业专刊,制作宣传材料,加强宣传攻势,在主要旅游客源国多举办公共关系宣传活动,吸引更多的国际旅游者,开拓入境旅游市场。

第四节 公众心理分析

一、公众的心理定势

(一)公众心理定势的含义

所谓公众的心理定势,是指在一定社会条件下,由人与环境相互作用而出现的、公众对某一对象的共同心理状态与一致的行为倾向。人们在共同的生活中,其心理和行为存在着一种社会标准化的倾向,并保持着群体共同的意见。这表明,群体规定着人们的行为,促使人们保持一致。这种共同的"规定"就是公众心理定势的主要组成部分。所以公共关系中的群体对其成员心理与行为的影响是很大的。善于利用这些心理影响,将有利于提高公共关系工作效率。公众心理定势的种类可按公众类型来划分。例如,国民公众心理定势,可称为民众心态或国民性格;城市公众心理定势,可称为市民心理;某一社会组织的心理定势,可称为社会风气,比如厂风、校风等。

(二)公众心理定势的特点

1. 自发性

公众心理定势的自发性表现在公众心理定势是对特定情境的适应性反应,是一种社会标准化的倾向。任何一类公众都表现出相同或相似的心理倾向,这种心理倾向不是天生的,而是在一定条件下,经过公众之间的相互影响逐渐积累、凝结而自发形成的。在这个过程中,并没有人进行专门的引导与控制,而是人的无意识心理产生的强烈作用。这种公众心理和行为与一个组织经过决策、为完成组织目标而产生的自主性行为有着显著不同。

知识链接

美国心理学家谢里夫用实验说明了从众现象,实验是在暗室里进行的。首先让被试者逐个进入暗室,在他们面前的一段距离内出现一个光点,光点出现几分钟后就熄灭了,这时让被试者判断光点移动的方向。实际上光点并没有动,但由于暗室里存在错觉,每个人都觉得光点在移动。这样的实验反复几次后,每个人都建立了个人的反应模式,有的人觉得是上下移动,有的人觉得是左右移动。实验继续进行,再让被试者一起看光点,并且可以相互讨论和说出自己的意见。实验进行几次后,被试者对光点移动方向的判断通过暗示和模仿,逐渐趋于一致,形成共同的意见,这种共同的意见就是群体规范。

2. 内隐性

公众心理定势具有内隐性,是一种内在的心理倾向,由人们对某个对象的评价、情感体验和意向三个因素组成,所以它自身不易直接把握。但它是在公众心中自发形成和普及并渗透到社会生活的各个领域的,因此,人们可以从自身的经验中觉察出来。同时,公众心理定式又有外在行为上的表现方式,是可以通过实验和录像分析等手段预测和观察到的。

3. 主动性

公众心理定势不是只存在于大众心底的一种状况。它一经形成并成为公众的内在心理倾向之后,便表现出激发人的行为的主动性,从而起着控制与支配公众的现实生活的作用。特别是当它导致公众的某些一致的行为时,具有一种难以控制的力度。

4. 规范性

公众心理定势是人们对某一自然现象或社会事物的共同心理反应,在其反应方式、策略、原则和标准上,带有一定程度的规范性。这种心理定势具有普遍的制约力,规范着人们的心理和行为。比如我国的传统节日春节，家家户户都要包饺子、贴春联、拜年等。

（三）公众心理定势的构成

公众心理定势主要由首次效应、晕轮效应、刻板效应、移情效应构成。

1. 首次效应

首次效应是一种先入为主的心理机制，这种心理作用具有持续影响人的认知活动的效应。例如，在人际交往中，第一次交往给他人留下深刻的印象往往可以奠定以后交往的基础，所以形成的第一印象的心理定势是难以改变的。

2. 晕轮效应

晕轮效应是一种以点概全的心理定势，即通过对象的某种特征推及对象的总体，从而产生美化或丑化对象的印象。美国心理学家阿希曾做过一个实验，给被试者一张列有五种品质的表格（聪明、灵巧、勤奋、坚定、热情），要求被试者试想具有五种品质的人。被试者普遍把具有五种品质的人想象为一个理想的友善的人。然后，他把这张表格中的"热情"换为"冷酷"，再要求被试者根据这五种品质想象出一个符合的人。结果发现，被试者普遍推翻了原来的看法。晕轮效应一般是人们在掌握有关信息很少的情况下对整体做出的判断。

3. 刻板效应

刻板效应是指人们头脑中存在的对某类事物或人物的固定印象。这种印象不是一种个体现象，而是一种群体现象，它反映的是群体"共识"，例如，从民族特点看，人们一般认为美国人乐观开朗、不拘小节；英国人总是一副绅士派头；德国人擅长哲学思辨；犹太人则善于经商等。刻板效应具有二重性，即既有合理性又有局限性。公关人员对待刻板效应的态度应该是不仅要承认它的合理性而且要重视它的局限性，在公共关系活动中实事求是，正确地知人、识事、辨物。

4. 移情效应

移情效应是指人们把对特定对象的情感迁移到与该对象相关的人或事物上的一种心理机制。例如，"爱屋及乌"形容人们将爱某人之深情移及和这个人相关的人或事物上。在公共关系活动中，公关人员在塑造组织形象时要善于发挥移情效应，设法把公众对组织的名人或品牌产品的情感迁移到组织的知名度上。

二、公众的消费心理

（一）影响消费心理的因素

影响消费心理的因素很多，概括起来主要有以下几个方面。

1. 政治因素

一定的社会政治制度对人们的消费方式和内容有着很大的影响。这种影响无须他人从旁教诲，自然使人们形成一种心理。

2. 社会经济因素

社会经济因素主要是指社会生产力和消费对象的价格对消费心理的影响。人们能够消费的对象是由生产提供的，生产能够提供什么，制约着人们可能消费什么或影响社会消费结构的形势与变化。同时，社会生产力发展水平也制约着人们的消费方式。消费者为了满足消费需求，必须根据自己的收入状况，以及不同商品和劳务的价格水平，在各种商品和劳务之间进行选择。

3. 社会文化因素

社会文化是影响消费心理的重要因素。文化是一种历史现象，每一个社会都有与其相适应的文化。文化与消费心理有着千丝万缕的联系，但这种联系又往往令人难以捉摸。例如，中国人一般喜欢神似而形不似的国画，西方人则更喜欢写实感强的油画；中国人、日本人进餐常用筷子，西方人则多用刀叉。我国土地辽阔，城乡与地区之间在文化上有很大的差异，这种差异也反映在人们的消费心理上。例如，各地对服装色彩的喜爱不同；不同地区的人用餐的内容和方式也不同；不同文化程度的人有不同的生活标准和准则，反映在购买动机上也是不同的。

4. 自然因素

影响消费者心理的自然因素很多，主要包括民族、种族、地理、年龄、体形、健康状况、季节和节日等因素。比如节日对消费心理的影响，春节时，很多人在节日期间与家人团聚，探访亲友时人们总是要买些礼物。此时为节日提供的商品，只有体现出节日的内涵，消费者才会购买。

（二）消费心理的种类

人们在购买商品过程中的心理现象，是以各种特殊的形式和规律表现出来的，从而形成各种类型的消费心理。个人的性别、年龄、地位和兴趣等会影响各种不同的消费心理的形成。归纳起来消费心理有以下几种表现形式。

1. 求实心理

这是公众较基本、较普遍的一种心理活动。有求实心理的消费者注重商品的实际效用和质量，讲究经济实惠、使用方便、经久耐用、安全可靠，不大追求商品的外形和包装。

2. 求好心理

这是公众对所购买的商品要求质量要好的心理。为了满足公众这种心理需求，公关人员要积极主动、热情地介绍本组织的商品的各种性能、质量，按质论价，以适应各类公众消费的需要。

3. 求新心理

这是公众以追求商品的时尚和新颖为主要特点的心理。这类消费者富于幻想，喜好潮流，特别重视商品款式新颖和格调清新，不太注意商品实用与否和价格高低。

4. 求名心理

具有求名心理的公众追求的是名牌商品。求名心理反映了优质名牌商品在消费者心中的信誉，持有这种心理的消费者多是具有一定的社会地位、经济条件的消费者。这些消费者有时表现出一种有意"显名"和"炫耀"的虚荣心理。他们喜欢购买名贵商品，以显示其生活的富裕或地位的重要，并从中得到心理上的满足。

5. 习俗心理

具有习俗心理的公众由于习惯和风俗等原因，长期不变地购买同种商品。这种心理具有相当的稳定性，比如有的人买牙膏，不管新上市多少种品牌，具有多少种功能，他还是买某

固定品牌的产品。

6. 求美心理

这是公众以重视商品的欣赏价值和艺术价值为主要特点的心理。具有求美心理的公众购买商品时特别注意商品的包装、造型、色彩和艺术的美感,重视商品对人体的美化作用,对环境的装饰作用,以及对人的精神陶冶作用。例如,有的消费者买衣服时,十分注意上装、下装颜色的协调和自身体型、肤色的搭配。

(三)公众消费心理活动的一般规律

公众消费心理活动虽然是极其复杂的,但还是有规律可循的。消费者购买商品过程中的心理活动一般遵循认识过程、情感过程和意志过程的一般规律。

1. 认识过程

消费者购买商品的认识过程一般可分为感性认识和理性认识两个阶段。首先消费者通过自己的感官对商品形成一个笼统的印象,产生一定的认识。其次将这种初始的感性认识上升到理性认识,凭借自己的知识、经验对商品做出综合的推测、判断。最后通过记忆、思考、想象等复杂心理活动加深对商品的认识。

2. 情感过程

在认识客观对象的过程中,消费者由于受情境、客观对象、个人情绪等方面的影响,总要产生某种情绪判断,即情感。在购买过程中,影响消费者情感变化的因素有很多,概括起来有购买环境的影响、商品的影响、个人情绪的影响、服务态度的影响等。人的情感过程是复杂的,但有稳定的、持续的表现形式,一般包括兴趣、喜欢、联想、欲望、激情和比较等心理状态。

3. 意志过程

为了保证消费者由购买动机转化为购买行动,实现购买目标,必须经过意志过程。意志是通过行动表现出来的,这是消费者心理活动的重要阶段。消费者在购买商品过程中又分为采取决定和执行决定两个阶段。在实际行动中,人的意志具有坚强或懦弱的特点,这一特点对于购买者行为有很大影响。

以上三个心理过程既有区别又有联系,相互促进。意志和情感随消费者对外界的认识而产生,反过来又影响着消费者的认识过程。三个过程相互依赖、相互作用,影响着消费者态度和消费者行动,从而形成一个统一的心理活动全过程。公关人员认识这一活动的规律性,对于有预见性和针对性地开展公共关系活动来说是非常重要的。

(四)公众消费的需要倾向

公众不是被动的客体,他们具有主观能动性。因此,公众在有选择地进行购买活动时,会表现出其所有的需求倾向。

1. 知晓需要

知晓需要是公众购买商品时的第一位心理需要,因此,作为一名公关人员应实事求是地把一些厂家的"真品"告知公众,让公众放心地购买商品。

2. 尊重需要

俗话说,聚力需要聚心,聚心必先尊重人,人人都有被尊重的需要。公众在购买商品的过程中,同样期待着被尊重。著名心理学家马斯洛认为,尊重需要得到满足,能使人对自己充满信心,对社会充满热情,体会到自己生活在世界上的用处和价值;尊重需要包括对自己人格的尊重、意见的尊重、情感的尊重和言语的尊重等。商品的生产者和经营者,切不可因公众的身份、地位而以貌取人,更不能以获利大小取人,为了企业的利益、国家的利益,要先学会尊重人。

3. 经济便利需要

这是消费者注重经济实惠,追求物美价廉、货价相符的心理需要。另外,消费者普遍具有购买方便、服务周到且热情、商品易携带、维修迅速的心理需要。

4. 美观需要

爱美之心,人皆有之。所谓美观需要,就是要求商品美观,使人产生美感和舒适感的心理需要。因为个人的社会地位、文化修养、兴趣爱好、个性特征等不同,所以人们的美观需要也不同。美观需要的不同在购买过程中表现为消费者对产品的形态、色彩有不同的审美观。但共同的物质生活条件,文化背景和心理、生理机能,又使人在欣赏事物时有一定的共同之处,使得同一群体内的消费者审美观有近似之处。因此,企业在产品设计、包装装潢和广告图案中,应充分考虑人们的美观需要。

5. 价值需要

价值指的是对一个人有意义或重要的事情。价值的概念是从人们对待满足他们需要的外界事物的关系中产生的,是事物与人的需要之间的一种关系。越能满足人的需要,事物的价值就越高。不同价值对不同人的重要程度反映在人们不同的行为表现和追求上。公众的价值需要有浓厚的主观色彩,它源于人的物质和精神需要。一个注重经济价值的人在购买商品的过程中看重的是实用,而注重理论价值的人可能因为得到一本书而大喜过望。总之,人们在购买过程中都有一定的目的性。目的是被意识到了的需要,是对价值的直觉追求。

三、获得公众的艺术

公共关系工作是获得公众的艺术,没有公众,公共关系工作就会无的放矢,就会失去工作的实际意义。如何获得公众呢?概括起来有以下几种方法。

(一)劝导方法

劝导就是劝说和引导。公关人员通过对公众的劝说和引导而引发公众心理的认同变化,从而产生服从组织导向的行为。劝导方法主要有流泻式劝导、冲击式劝导和渗透式劝导。

1. 流泻式劝导

流泻式劝导是以告知为基本目标,没有特定的针对性的普及性劝导方法。流泻式劝导没有严格的对象范围,犹如地上的积水一样自由流泻,它是以"广而告之""广而导之"对公众心理产生"知"和"导"的影响。比如OLED自发光防蓝光电视机广告,公众不知道现在买这种电视机是否合适,各个拥有该技术的厂家的广告宣传和流通部门的广告宣传使公众了解了这种电视机的销售行情,公众从不知到知晓,在知晓的过程中不自觉地受到了引导,这就是流泻式劝导对这部分公众的影响。这种方法适用于组织初创时的广告宣传,但要注意引

导内容的真实性和吸引力。

2. 冲击式劝导

冲击式劝导是一种全力说服公众改变态度的专门性劝导方法。与流泻式劝导相比,冲击式劝导就像灭火和冲洗汽车的高压水枪一样,以集中的水力"灭火去污",影响公众改变态度,真正解决这部分公众对组织行为"知"而"不信"的问题。冲击式劝导往往和批评结合在一起,此时应注意:全面了解特殊公众的情况及其意见、原因等;调查研究掌握第一手、可靠的资料;选择适当的机会和环境;语言表达要得体;巧妙运用非语言表达;体现关心但不必显示热情;挑明利害但不必代下结论或做决定;简明扼要,点到为止;旁敲侧击,巧用幽默;以身作则,取信于众。

3. 渗透式劝导

渗透式劝导是一种以舆论氛围方式影响公众的方法。其特点是作用持久而温和,像浸润某种事物的液体一样,缓慢地产生作用。这种作用的结果是使某些公众产生从众心理,进行自我否定,产生放弃个人意见的从众行为,并不自觉地对组织的行为导向产生"服从"和"同化"效应。渗透式劝导的关键在于要形成正确的舆论。心理学研究表明,人们在正确舆论的影响下,大约有三分之一的人会做出由衷的认同。

(二)暗示方法

暗示是指在无对抗的条件下,用含蓄、间接的方式对人们的心理和行为产生影响的方法。暗示的形式有语言暗示和非语言暗示;有意暗示和无意暗示;外界暗示和自我暗示等。暗示的功效在于对公众产生启迪思考、批评教育、缓解气氛、调节情绪等功效。比如,就启迪思考功效而言,传说孔子拜访老子,问老子身体如何。老子先问孔子"我牙齿如何",又问"我舌头如何",孔子答"牙齿都掉了""舌头很好",说完孔子马上告辞。孔子的学生不解,孔子告诉学生:"老子已给我上了一课,他告诉我柔弱胜过刚强。"孔子从老子那里获得了暗示,也获得了启迪。在公共关系活动中,公关人员运用暗示方法时,要注意暗示技巧,要自觉遵循和运用暗示规律,暗示规律和人的感知规律是一致的。

1. 强度

暗示信息要有一定的刺激强度才能被暗示对象感知。强度过小容易被忽略,强度过大可能引起反感。比如有的人习惯把领导的每句话都当作指令来狐假虎威,对此群众形容其"拿着鸡毛当令箭",这说明狐假虎威的暗示是令人反感的。过分追求暗示的身份、地位只能使暗示的结果适得其反。所以,公关人员在公共关系活动中应巧用暗示,必须通过分析暗示信息的性质、被暗示对象的心理状态和心理特征,恰当地选择暗示的方式。

2. 对比

暗示有效与否,关键要有一定的对比度,对比度太小暗示不清晰,对比度过大会产生副作用。例如,战国时期的魏文侯有一次问众臣,他是怎样的一位君主,众臣都答,"君王是仁君",只有一个叫任座的大臣说,"君王得了中山,不用来封自己的弟弟,却用来封自己的儿子,这不是仁君所为"。魏文侯听后大怒。这时另一位叫翟璜的大臣赶紧奏言:"君主是仁君。任座敢于直言,正说明君王是仁君。"魏文侯听了转怒为喜,既褒奖了任座,又改变了册封。这里,魏文侯的情绪转变是因翟璜巧妙地运用了反话正说的暗示。翟璜的暗示之所以有效,是因为他的暗示内容和其他大臣的言论形成了适度的对比。对比方式有颜色对比、声音对比、图像对比等。公关人员在公共关系活动中应恰当运用这些对比。

3. 协同

暗示要和被暗示对象的各种感觉器官感知到的信息相协同才能产生效用。否则,就会受到被暗示对象的抵制或拒绝。比如某企业向社会公开招聘翻译人才,似有"尊重知识,尊重人才"的暗示。但是,经过严格考核被录用的竞争者发现平时辅导他们外语的老师就在这家企业看仓库。这种"尊重知识,尊重人才"的暗示显然和竞争者的发现是相抵触的。由此可见,只有遵循人的感知规律的暗示才能引起注意,获得暗示对象的认同。

（三）感染方法

感染方法是以一定的方式引起人们和自己相同或相似的情绪反应和情感共鸣的方法。感染方法与暗示方法的不同之处在于感染是以感情的传递为特征的。感染的基本方法主要有间接感染和直接感染。

1. 间接感染

间接感染是指通过影视戏剧、文学作品、演讲报告等形式引起公众的情感体验。这种感染的特点,一是感染者和被感染者无须直接见面交流,而是通过一定的中间媒介形成的感染。如感染者的介绍、渲染,或典型人物的感情魅力打动人心。二是间接感染影响面广,如一首好歌、一部电影、一个英雄模范人物的先进事迹,其感染力不仅能广泛地震撼人心,而且还能使几代人受到启迪。

2. 直接感染

直接感染是通过感染者自身的语言、表情、动作、行为所显示的情绪和情感,在无压力的条件下影响公众产生类似情感的方法。直接感染的特点有以下三点：一是即时性,即这种感染的时间较短,带有冲动的色彩,随即进入平静状态。二是情境性,即这种感染的发生受到特定时间和环境的影响。比如某单位有人突遭横祸,立即发起募捐要比过一段时间再发起募捐更有感染力。三是互动性,这是指感染往往使在场者相互模仿、相互作用,比如在足球比赛现场,有些观众情绪激动,也会感染周围其他观众乃至全场观众狂呼或者引发骚乱。

在公共关系活动中,公关人员运用感染法增强感染力量,不仅要提高感染者自身素质,使感染者以渊博的知识、出众的才能、优良的品行感染公众,而且还要注意寻求组织态度与公众态度的相似性,全面认识公众的心理特征和倾向,正确处理好感染者与被感染者的关系。只有这样,才能真正使感染者产生"以情感人"的效应。

（四）吸引方法

公共关系工作是争取公众的艺术,吸引公众的方法主要有以下几种。

1. 利益吸引

公共关系工作要以公众利益为出发点,把公众利益放在第一位。组织如果只顾自己的利益,不顾公众的利益,自己的利益最终也会得不到保障。只有激发公众和组织共同获利的需要,才能更好地发展组织与公众的关系。

2. 形象吸引

组织形象关系到组织的生存与发展。良好的组织形象、产品形象和服务形象,对公众具有强大的吸引力,是争取公众的法宝。随着我国市场经济的发展,越来越多的组织注重自身形象塑造。近几年来一些企业 CI 战略(企业识别战略)取得了良好的效果。

3. 信息吸引

在当今信息社会里,组织的生存与发展需要及时接受和传播自己的信息,以此吸引公众。实践表明,公众总是选择接收那些与自己观念一致或与自己需求相关的信息,拒绝或回避那些与自己认知抵触或不感兴趣的信息。因此,公关人员应注意了解组织的公众需求,分析其心理,一方面力求传播出去的信息为更多的公众所接受,另一方面及时地收集有关公众的信息。

4. 示范吸引

示范吸引就是用直观的、可学习模仿的行为来吸引公众。例如,企业有意识地举办展销会,对产品进行操作演示,提供免费品尝,然后征询公众意见,这样可以引发公众兴趣,激发他们的购买欲望。

5. 目标吸引

组织目标是组织未来所要达到的状态或事实。鲜明的组织目标会增强对公众的吸引力,并得到公众的理解与支持。例如,IBM 公司以"IBM 意味着服务"的组织目标理念,吸引了世界各国公众,占领了世界 40% 以上的电脑市场。公关人员在公共关系活动中还可把组织目标贴附在公众关注的热点事件上,以此来吸引公众。

本章小结

公众是公共关系学中的一个重要概念,是公共关系对象的总称。旅游公众是与旅游组织相互联系、相互作用的个人、群体和组织的总称。旅游公众是旅游公共关系的对象,即旅游公共关系的客体。在市场经济条件下,旅游组织必须重视公众利益、了解公众意见、满足公众需求,树立公众意识。旅游组织公众对象的构成非常复杂,公共关系工作的首要任务是要区分公众类别,明确目标公众,在此基础上制定组织的公共关系策略和方法。旅游公共关系目标公众可以分为内部公众和外部公众。内部公众主要包括员工、股东和家属。外部公众主要包括顾客公众、媒介公众、同行公众、政府公众、社区公众、名流公众和国际公众等。这些目标公众各有特点、各有作用,旅游组织只有协调好与各类目标公众之间的关系,才能赢得组织生存、发展和壮大的良好空间。

核心关键词

旅游公众　内部公众　外部公众　公众心理定势

思考与练习

1. 简要阐述旅游公众常见的分类方法及内容。
2. 内部公众主要有哪些特点？
3. 外部公众主要有哪些特点？
4. 旅游组织应该如何处理好与政府公众的关系？
5. 公众心理定势的构成内容是什么？
6. 以当地某旅游企业为例，分析该企业有哪些社区公众，写一份如何处理好与这些社区公众关系的建议书。
7. 假如你是某旅游景区的公关人员，要联系当地一家知名报社报道企业本季度主打的旅游产品，你将做哪些准备工作，和对方如何打交道？你希望报社报道的内容、形式是怎样的？

案例分析

重庆市政府的公共关系举措

自从重庆成了"网红城市"之后，它的人气就一直居高不下。2019年国庆节期间，重庆各个著名旅游景点人气爆棚。仅国庆假期首日，解放碑区域人流量就达到40万人次，洪崖洞游客接待量达到14万人次。

为了缓解客流压力和保障秩序稳定和游客安全，重庆相关部门使用了各式操作，包括分层控制、进出分流、外围疏导等，重庆渝中区千厮门大桥实施交通管制，禁止车辆通行，让游客可以步行游玩。尽管多管齐下，但不断飙升的客流量仍使疏导压力急剧增加。

为保障外地游客的旅游质量和人身安全，重庆市公安局、文化和旅游发展委员会从2019年10月3日开始化身"复读机"，连续不断地向持有重庆手机号的用户群发短信，呼吁市民错峰出行，为游客游览提供方便，展示本市市民良好形象。重庆市民都收到了一条这样的短信："国庆假日期间，渝中解放碑、洪崖洞、朝天门、大剧院、长嘉汇等旅游景点，人员密集，请本市市民错峰出行，为市外游客提供游览方便，展示重庆市民良好形象。"短短的几行字尽显重庆人民对外来游客的谦让。

2019年10月8日上午,不少市民又收到了一条感谢短信。这条来自重庆市公安局的感谢短信,又在重庆市民中引起热烈反响,不少市民甚至对着短信直接回复这样的内容:"不用谢,这是我们重庆市民应该做的。"

(资料来源:根据相关资料整理。)

问题:

1. 谈谈重庆市政府的公共关系举措带来的影响。
2. 结合本地现状,谈谈旅游组织如何与政府公众处理好关系。

第四章

旅游公共关系传播

学习目标

通过本章的学习,同学们需要掌握传播的含义、模式和类型,并能有效了解不同传播媒介的特点,清楚认知有效传播要达到的基本效果,了解旅游公共关系传播的影响因素,并通过掌握旅游公共关系的传播技巧来达到组织自身目的。

案例导入 "广之旅东峻旅游文化广场"的成功经验

时下在广州,翻开报纸,打开电视机,或者听听广播,旅游广告铺天盖地。但对于旅游这一行业而言,仅仅靠各种报纸广告、宣传单、各式灯饰海报、礼品包装的宣传推广方式,旅游广告难以在广告海洋里脱颖而出,难以形成一种立体式的概念,难以深化旅游企业与受众之间的认识并在受众心里产生共鸣。而"广之旅东峻旅游文化广场"的成功,则引起了业界的注意。

当地旅游协会发动众多旅行社成立了"广之旅东峻旅游文化广场",这是旅游业人士的一次大胆尝试。据介绍,之前"广之旅"曾在东峻广场与宏城广场分别举办"潮汕旅游宣传周"和"西藏丝路传奇"自行车线路推介,得到市民的普遍认同。特别是"西藏丝路传奇"吸引了大量市民,原定一周的活动延长了半个月。这一成功增强了"广之旅"创办旅游文化广场的信心,"广之旅东峻旅游文化广场"也在此基础上顺利诞生。

短短几个月,该旅游文化广场已成功举办了"清远旅游宣传周""韩国旅游宣传周""新加坡旅游宣传周"等活动。每次活动期间,广场以图片展览及户外大屏幕播放风光片的形式,向游客介绍当地的风光、民俗、古迹等,并设线路咨询、有奖问答、现场报名等,同时在各大报纸上刊登大幅广告及专版文章。电台、电视台的旅游专

栏也播出当地的风光节目,关于旅游周的新闻报道更是见诸广州各家大小传媒。这种以旅游文化广场为中心、以多项配套公关宣传方式为辅助的强大宣传攻势,在受众中产生了较强的心理冲击力。这为旅游目的地提供了一个直接与游客面对面的机会,并增强了旅行社与游客之间的交流与沟通。

实践证明,几次旅游宣传周均是非常成功的。其中"韩国旅游宣传周"开幕后20天里,就有超过500人到"广之旅"报名,仅8月底出发的"韩国首旅团"就有300名以上的团员,几乎垄断了广州的韩国旅游市场,而在"广之旅"东峻营业处报名的就超过70人。该营业处营业人员称,许多游客是在广场上观看了有关韩国游的信息之后,才转移目标参加韩国游的。

"广之旅东峻旅游文化广场"的建立及成功经验,在旅游界、传播界与公关界中都引起了较大的震动。有关人士分析,在当代商品经济发展的社会背景下,广告不应仅仅局限于促销,更重要的是在受众与企业之间形成沟通,有效地实现促销,有效地提高受众对企业形象与产品品牌的认知度。在广州,新建的各大商场,如天河城、宏城均留下一定的空间,供企业在此进行不定期的传播活动,被传播界称为"文化广场"现象,但专一主题的文化广场仅有"广之旅东峻旅游文化广场"一家。该旅游文化广场负责人称,旅游文化广场这一新兴的传播方式已引起旅游界的关注,现在国内外已有多个地区的旅游管理部门和景区与广场达成初步协议,将陆续以广场为主场地,开展各地旅游宣传周及以旅游文化为主线的旅游摄影知识展、旅游出版物展等活动。

(资料来源:王湜.旅游公共关系[M].北京:化学工业出版社,2007.)

思考:

结合本章内容和以上案例,分析"广之旅东峻旅游文化广场"的公共关系活动运用了哪些公共关系传播媒介?

分析提示:

"广之旅东峻旅游文化广场"的成功最主要得益于运用多种传播手段,全方位、立体化针对各种不同类型游客进行定制化宣传,深化旅游企业与受众之间的认识并在受众心里产生共鸣。整个传播过程涵盖广告、实地旅游宣传周举办、旅游摄影知识展、旅游出版物展等各种不同类型的传播路径。

第一节 旅游公共关系传播的基本知识

一、传播的基本含义

(一)传播及公共关系传播的定义

"传播"一词来自英语"Communication",意为信息的传递、交流、输送、沟通,同时,它还包含着一个分享信息的含义。信息的范围也很广,涵盖人能感知和传达的一切,包括消息、意见、观念、知识、资料和数据等。传播是随着人类诞生而产生的,是人类社会赖以生存和发展的前提。概括起来,我们认为,传播是指人们运用符号并借助媒介来交流信息的过程。公共关系传播是指一个社会组织为了提高自身的知名度、美誉度,借助传播的方式所开展的传播活动及传播管理。公共关系本质上是一种传播活动。公共关系的过程是组织主体与公众客体之间的一种信息传播活动和信息交流的过程。

传播的含义:第一,信息的传递。即传播者通过一定的方式和工具将传播内容传递给信息的接收者。第二,信息的双向互动。即受传者将收到信息后引起的反应以传播者的角度反馈给对方,以形成下一次传播过程,这样就构成了双向交流、互传信息、相互传递和反馈的循环交流过程。第三,信息的共享。双方的信息沟通使人类在传播的同时在认识、理解上达成一致,从而达成共识、触发行动。

(二)传播的要素

传播的核心是信息,然而在整个传播过程中如果只有信息,那么也无法完成传播。任何一个传播活动的形成,必须具备相应的必要条件,这些构成传播活动的必要条件,我们称之为要素。传播的要素有哪些?古往今来,许多学者对其进行了探索和分析。早在古希腊时期,亚里士多德在其《修辞学》里就通过分析得出了传播的三个要素。他提出,在演讲过程中,离不开三个方面,即演讲人(传播者)、演讲稿(信息)、听讲人(受传者)。1926年,美国政治学家哈罗德·拉斯韦尔在他著名的论文《社会传播的结构与功能》中提出了关于传播的五要素公式,即有名的"拉斯韦尔公式"。这个公式认为任何一个传播过程都可以分解为五个部分,他称这五个部分为五种分析:①针对传播主体的控制分析;②针对传播信息的内容分析;③针对传播媒介的工具分析;④针对传播对象的受众分析;⑤针对传播效果的效果分析。根据以上五种分析,拉斯韦尔得出至今为传播学所公认的传播要素理论——"5W理论"。

(1)谁(Who)——传播主体;
(2)说什么(Say What)——传播内容;
(3)通过什么渠道(In Which Channel)——传播媒介;
(4)对谁说(To Whom)——传播对象;
(5)产生什么效果(With What Effect)——传播效果。

因为这五个要素的英文表述各有一个以W打头的疑问词,所以五要素理论也称为"5W模式"。通俗地讲,我们也可以将这五个W描述如下:

(1)传播主体——信源(传播者);
(2)传播内容——信息(编码);
(3)传播媒介——信道(工具);
(4)传播对象——信宿(受众);
(5)传播效果——反馈(影响)。

上述五个要素属于传播的"硬件",直接关系传播过程能否完成,是传播的基本要素。事实上,传播还离不开一些其他要素,这些要素则直接关系传播效果的好坏,属于传播的"软件",也被称为传播的隐含要素。具体包括以下几个方面。

1. 时空环境

时空环境包括时间和空间两个方面。从时间角度看,真正衡量传播效果的是单位时间内所传播的有效信息量。当然,传播时机(即在何时进行传播)的选择,对传播效果也是有一定影响的。比如谈判,谈判时间适当与否,会对谈判效果产生影响。空间指传播活动所存在的一定的物理环境。传播信息总是在具体的空间环境之中进行,不同的环境条件会使人对信息有不同的感受,并产生不同的传播效果。

2. 心理因素

心理因素主要是指信息接受者的情感心理状态。在不同的情感状态下,人们接受信息的效果是不一样的。心理学原理揭示了这样一条规律:凡是在一定活动中伴随着使人"愉悦"的情绪体验,活动的参与度和效果就会得到强化,而"不满意"的情绪体验,则会使活动受到限制。因此,传播行为的发生、延续和发展都是建立在双方心情愉悦这一基础上的。没有心理上的沟通,是无法获得最佳的传播效果的。

3. 文化背景

传播是一种文化现象。在传播过程中,传受双方的文化差异必然会对传播效果产生影响。不同的经济环境、风俗习惯、民族心理、性格特征、思维方式和价值观念等,使人们对同一信息内容可能产生不同的主观感受。因此,在跨文化传播中,务必了解和尊重受传者的文化习惯,避免产生沟通障碍。

4. 信誉意识

信誉意识包括两个方面:一是指传播内容的可信度;二是指传播者被受传者所信赖的程度。在传播过程中,信息内容权威性越高,受传者对之就越信服;反之,就很难使受传者信服,从而影响传播效果。所以,对新产品的宣传,广告主往往利用用户来信、有关学术权威机构的鉴定、产品获奖的情况等来提高其广告信息的可信度。

(三)传播模式

传播模式主要包括线性传播模式、双向传播模式和公共关系传播的一般模式等。

1. 线性传播模式

线性传播模式由香农和韦弗于1949年提出,其模式如图4-1所示。这种模式是一种单向直线运动过程,信息由信息源传出,经过传播者将其用信号发出,受传者接收到信号再还原成信息,得到结果,在信号传递过程中,还会受到噪声的干扰。这种传播模式在传播学中具有广泛影响,被称为"香农—韦弗模式"。

图 4-1 线性传播模式

由图4-1可知,线性传播模式在阐述人类的社会传播过程中具有明显的缺陷:首先,它容易把传播者和受传者的角色、关系和作用固定化,一方只能是传播者,另一方只能是受传者,不能发生角色的转换;然而在人类的传播活动中,这种转换是常见的,现实生活中的每个人既是传播者,又是受传者。其次,线性传播模式缺乏反馈的要素或环节,不能体现人类传播的互动性质。

2. 双向传播模式

美国学者施拉姆和奥斯古德于1954年提出双向传播模式,其传播过程如图4-2所示。

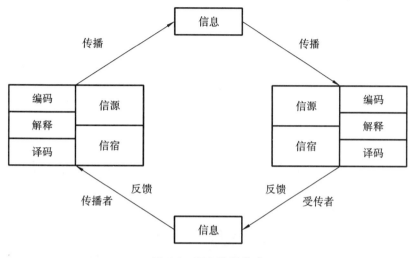

图4-2 双向传播模式

从图4-2可以看出,该模式与线性传播模式有明显的不同。

(1) 这里没有传播者和受传者的概念,传受双方都作为传播行为的主体,处于你来我往的相互作用之中。

(2) 该模式的重点不在于分析传播渠道中的各个环节,而在于解析传播双方的角色功能;参与传播过程的每一方在不同阶段都依次扮演着译码者(执行接收和解读符号的功能)、解释者(执行解释意义的功能)和编码者(执行符号化和传达功能)的角色,并相互交替着这些角色。

(3) 这种模式引入了反馈机制,把传播理解为一种互动的循环往复的过程。在这一循环系统中,反馈还对传播系统及其过程构成一种自我调节和控制。

3. 公共关系传播的一般模式

公共关系传播的一般模式是根据双向传播模式理论,并内在地包含了拉斯韦尔"5W模式"的基本要素,结合公共关系的特点而形成的。传播的一般模式如图4-3所示。

公共关系传播模式表明,信息来源是社会组织,传播的内容是与组织及公众相关的信息,传播渠道是人际传播、大众传播等媒介,传播对象是组织所面临的各类公众,根据反馈信息不断调整、修改下一步传播策略,进而开始更新、更好的传播。

(四) 传播的类型

根据人类传播的发展过程,一般可将传播分为四种类型:自身传播、人际传播、组织传播和大众传播。

1. 自身传播

自身传播也称为人的内向交流,即传播的"双方"集于一身,本身内部进行交流。其表现形式是人的自言自语、自问自答、自我发泄、自我陶醉、自我反省和沉思默想等。这种传播的

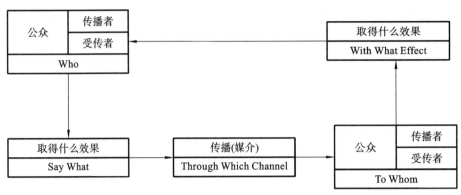

图 4-3 传播的一般模式

特点是"主我"(I)和"宾我"(Me)之间的内向沟通。因此,从严格意义上讲,它是个人内心的思维活动。从传播学角度看,它是人类传播的基本单位。

2. 人际传播

人际传播指的是个体与个体之间的沟通交流。它是最常见、最广泛的一种传播方式,其表现形式分为面对面传播和非面对面传播两种。前者一般通过语言、动作和表情等媒介进行交流;后者则通过电话、电报和书信等媒介进行交流。

这种传播的特点是个性化、私人性和信息反馈的及时性。因此,在传播过程中,双方不断地相互调整、相互适应,传播效果也易于显现。

3. 组织传播

组织传播指的是组织和其成员、组织和其所处环境之间的沟通与交流。组织和其成员之间的传播有两种形式:一种是职能传播,如厂长与车间主任、经理与员工之间的角色沟通,其沟通方向一般为下行和上行的垂直传播;另一种是非职能传播,如员工与员工、校长与师生之间的感情沟通,其沟通方向一般为平行的横向传播。

组织和其所处环境之间的沟通与交流,就是组织和其外部各类公众的沟通与交流。其特点是:传播的主体是组织,传播的对象十分广泛、复杂,传播具有明确的目的性和可控性。

4. 大众传播

大众传播指的是职业传播者通过大众传播媒介(报纸、杂志、广播和电视等),将大量复制的信息传递给分散的公众的一种传播活动。从媒介角度看,它有两大类型:一种是印刷类的大众传播媒介;另一种是电子类的大众传播媒介。这种传播的特点是:传播主体的高度组织化、专业化,传播手段的现代化、技术化,传播对象众多,覆盖面极广,传播者和受传者之间的"人际关系"不复存在,信息反馈比较缓慢、间接等。

传播的四种基本类型,既自成体系,具有独特的结构、要素、形式和功能,同时又相互联系、逐次包容、互为补充,四种传播类型的关系如图 4-4 所示。

从这个树状的层级系统中,自身传播位于最底部,并与其他传播形式重合,成了一切传播形式的基础;而大众传播则处于该系统的顶端,具有最大的传播规模和包容能力。在这个系统中,由下往上,传播形式出现了四个变化:第一,受众面越来越大;第二,传播者与受传者双方在距离和感情上越来越远;第三,信息的个性化越来越淡;第四,组织系统和传播技术越

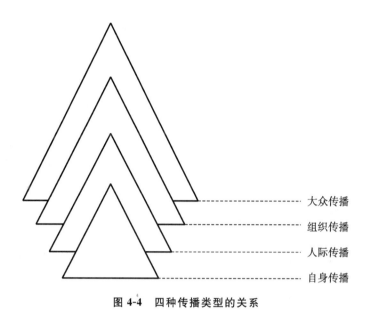

图 4-4 四种传播类型的关系

来越复杂。

二、旅游公共关系传播的基本要素

旅游公共关系传播的基本要素特指旅游组织在传播过程的基本要素。主要包括以下几个方面。

（一）旅游组织

旅游公共关系传播的主体是旅游组织，是信息的发出者，包括旅游饭店、旅行社、旅游景区、旅游交通部门等。旅游组织必须经常向那些与本组织的发展有某些直接或间接利害关系的人和组织发布信息，主要目的是影响或改变公众的态度，有利于公众了解本组织的政策、目标和行为。

（二）目标公众

旅游公共关系传播的对象包括内部公众和外部公众。内部公众是指与旅游组织具有最直接、最密切的利益关系的内部成员，一般包括组织的投资者、经营者、管理者和基层员工等所有从业人员。内部公众是旅游组织赖以生存和发展的基石，是旅游公共关系工作中最基本、最主要的公众。外部公众是指与旅游组织不存在归属关系，但有着密切联系和一定利益关系的个人、团体和组织，主要包括顾客群体、客源机构、社区、新闻媒介、政府部门、同行单位、金融界等。旅游组织的生存和发展受外部公众环境的影响，因此，外部公众也是旅游公共关系的重要目标公众。

（三）组织信息

组织信息是旅游公共关系传播的内容。旅游组织收集信息、处理信息，向公众发出信息，是旅游公共关系传播活动的主要工作。正确的信息、明确的表达以及适时的发出均体现了公共关系操作的高超艺术性。

（四）传播渠道

旅游公共关系有着丰富的传播渠道，既包括人际传播、组织传播，还包括大众传播等。旅游组织可以根据传播对象的特点、公共关系目标的要求以及旅游组织的经济实力，有针对性地选择传播渠道。

（五）反馈

旅游公共关系传播要与公众实现双向互动交流，对于旅游组织来说，公众的反馈是其继续传播的依据，公众对其服务提出的意见和展现的态度是其今后改进工作的方向和动力。同时，公众的需求也在不断发生着变化，要求旅游组织随时了解他们的心理需求，运用双向沟通的方式展开公共关系调查。

第二节　旅游公共关系传播媒介

传播往往只有通过媒介才能进行，在大众传播中，媒介更是必不可少。掌握传播媒介的特点和使用规律，对于旅游公共关系工作具有重要的意义。

一、传播媒介综述

传播媒介，也可称为传播渠道、传播信道、传播工具等，是传播内容的载体。没有传播媒介，信息就无法实现传播。

传播媒介有两层含义：一是指传递信息的工具和手段，如电话、计算机及网络、报纸、广播、电视等与传播技术有关的媒介；二是指从事信息的采集、选择、加工、制作和传输的组织或机构，如报社、电台和电视台等。一方面，作为技术手段的传播媒介的发达程度决定着社会传播的速度、范围和效率；另一方面，作为组织机构的传播媒介的制度、所有制关系、意识形态和文化背景决定着社会传播的内容和倾向性。本节所讲述的旅游公共关系选择的传播媒介是指传递信息的工具和手段。

二、传播媒介的分类

（一）按传播媒介的物质形式划分

1. 符号媒介

语言、文字、图像、声音等在传播学中被称为符号，将它们组成特定的编码系统，则是符号媒介，包括语言媒介、文字媒介和技术媒介三种。符号媒介是现代社会运用最广泛的传播媒介，也是公共关系工作中最重要的媒介。因此，公关人员必须具备一定的符号编码技术，如懂写作、设计等。

2. 实物媒介

实物本身就是传递信息的载体。实物媒介指实物中包含的信息，包括产品、公共关系礼品、象征物（吉祥物）等。实物媒介具有较强的可视性、可信性，但传播范围较小。

3. 人体媒介

人的谈吐、行为、服饰等都可以传递一定的信息。人体媒介是一种特殊的传播媒介,易于建立双方情感,树立组织形象。

(二)按传播媒介的社会属性划分

1. 大众传播媒介

大众传播媒介指在社会分工中,专门负责向社会传播公共信息的各种媒介,如新闻媒介、政府有关统计公报等。

2. 自控传播媒介

自控传播媒介指社会组织自己控制和掌握的媒介,如内部报刊、电视、广播、黑板报、宣传橱窗等。

3. 人体传播媒介

人体传播媒介是指将人的语言行为、外在形象(表情、服饰、举止)、内在素质和社会影响作为信息传递的载体,如旅游形象大使、形象代言人、饭店"金钥匙"代表等。

三、旅游公共关系与传播媒介

旅游公共关系传播是信息交流的过程,也是旅游组织开展公共关系工作的重要手段。旅游组织是旅游公共关系工作的主体,旅游公众是旅游公共关系工作的客体,传播就是两者之间相互联系的纽带和桥梁。旅游离不开传播,离开了传播,公众无从了解旅游目的地、旅游景区、旅游组织形象,旅游目的地、旅游景区也无法吸引公众旅游。旅游作为一种与信息传播活动密切联系的产业和活动,对信息有着天然的和密切的依赖性,尤其是在现代社会,更是离不开无处不在的大众传播媒介。

传播媒介对旅游公共关系的作用是双重的,传播媒介不仅是旅游公共关系的重要手段,也是旅游公共关系的主要目标。一方面旅游公共关系活动要借助传播媒介来推广和造势,另一方面传播媒介又是旅游公共关系的对象和任务。旅游组织只有恰当地选好传播媒介,利用传播手段开展公共关系活动,才能赢得公众的好感和舆论的支持,才能提升知名度、美誉度,进而获得良好的经济效益和社会效益。信息传播不到位或者错误的信息传播都会给公众带来不良导向,从而降低旅游公共关系活动的效果,影响旅游组织形象。

四、常见的旅游公共关系传播媒介

(一)印刷媒介

印刷媒介是指将文字、图片等书面语言、符号印刷在纸张等介质上以传播信息的大众传播媒介。如报纸、杂志、宣传册和传单等。印刷媒介的信息量大,可对信息做较详尽的表述和表现。它的优点是易于保存及重复阅读,成本低廉,篇幅也不受限制;缺点是传播信息时效性较差,不如广播、电视迅速及时,同时不够形象生动,并要求读者具有一定的文化水平和阅读能力,从而在一定程度上限制了其受众面。

(二)电子媒介

电子媒介主要是指广播、电视、幻灯片、录像等以电波的形式传输声音、文字、图像的传

播工具。电子媒介如广播、电视等,具有传播速度快、覆盖面广、适合不同文化程度的广大受众的优点。特别是电视,能同时传播音像、色彩文字信息,综合了人的听觉和视觉效果,声情并茂,能引起观众的兴趣,但缺点是限于特定的时间内,信息稍纵即逝且制作成本高。

（三）新媒介

新媒介又可分为网络媒介和手机媒介,两类新媒介既有共性,又有区别。

1. 网络媒介

网络媒介作为一种新型媒介,结合了印刷媒介和电子媒介的优点,又克服了它们的弊端。网络的出现,改变了人类的传播意识、传播行为和传播方式,并影响着人类社会生活的方方面面。网络媒介代表了现代传播科技的最高水平,是人类传播史上的又一个里程碑。

网络媒介的优点:第一,超越时空,范围广泛。信息传播空间在电子空间进行,全天候开放,可以同步传播,也可以非同步传播,突破了时空障碍。第二,高度开放,尽显个性。信息量巨大、费用低廉,不分国界、不分民族和种族,任何人都可以利用网络平等地获取信息和传递信息。论坛、博客、微博的出现,使网络媒介成为一个平民化的大众传播媒介,传播的主动权不再为编辑和记者独有。旅游组织可以通过电子邮件、新闻讨论、博客或微博与公众进行讨论,并根据反馈优化传播内容。第三,综合媒体,双向互动。网络媒介兼有大众传播和人际传播的优势,可以在大范围和远距离进行双向互动,增加了传播中的反馈。

网络媒介的缺点:网络媒介也有很多弊端,例如,虚拟社会信息真实性得不到保证,信息过度泛滥,有用和无用的信息充斥在一起,存在个人信息安全问题等。

2. 手机媒介

手机媒介是以手机为视听终端、以手机上网为平台的个性化信息传播载体,常见的形式有手机短信、手机报、手机网站、手机音频广播、手机视频、手机电视、手机小说、手机微信和手机微博等。它是以大众为传播目标,以定向为传播效果,以互动为传播应用的大众传播媒介,被公众认为是继报刊、广播、电视和互联网之后的"第五媒介"。手机媒介是目前为止所有媒介形式中最普及、最快捷、最方便,且具有一定强制性的媒介平台。

手机媒介的基本特征:第一,多媒介融合。手机媒介融合了报纸、杂志、电视、广播、网络等所有媒介的内容和形式,成为一种新的媒介。手机媒介的传播方式也融合了大众传播和人际传播,单向传播和双向传播,一对一和一对多、多对多等多种形式,形成了一张相对复杂的传播网。与此同时,手机还可以与报纸、电视、广播、网络等媒介进行互动,利用媒介组合发挥作用,实现"全媒介"传播的新局面。第二,移动性与便携性。手机最大的优势是携带和使用方便。手机的便携性也使得信息的送达率达到最高。第三,传播范围广、速度快。手机媒介作为网络媒介的延伸,具有网络媒介互动性强、获取快、传播快、更新快及跨地域传播等特性。同步和异步传播有机统一,其传播受众极其丰富。第四,信息传播的即时性与互动性。手机媒介可以随时随地发出和接收信息,不仅可以进行个体间联络,还可以进行群体间联络,用户既是受众,又是内容生产者,具有传播者和受众高度融合的优势。第五,私密性与个体性。手机是"带着体温的媒介",具有私密的特点,并且个体对手机媒介的信赖程度较高。同时,手机媒介消除了大众传播与人际传播的主从关系,使新闻传播更多地表现为个体行为。在新闻传播的速度和广度上,手机用户之间的人际传播已经不亚于大众传播,特别是对于社会性突发事件和地震、海啸、疫病等灾害事件,手机用户进行人际传播常常比大众传播更迅速而广泛。

手机作为公共关系宣传的媒介也有明显的不足,例如,存在虚假不良信息的传播、侵犯个人隐私、垃圾信息和信息安全等问题。随着5G时代的到来,旅游公共关系利用手机媒介进行旅游传播大有发展空间。

五、选择旅游公共关系传播媒介的原则

(一)以实现公共关系传播目标为前提

在不同社会组织、不同历史时期,传播目标具有很大的差异性,在选择传播媒介时,不能千篇一律,一定要从实际出发。

(二)以满足传播内容为依据

不同的传播内容要选择不同的传播媒介。浅显的内容可选择电子媒介进行传播,反之则选择印刷媒介。内容侧重于声音,可选择广播;内容侧重于画面的呈现,可选择电视;内容比较专业,可选择杂志或书籍等;内容有一定的隐私性,可选择电话、书信、邮件或内部书刊;内容保密性弱,需广泛宣传,可选择互联网、电视或报纸。

(三)以传播对象实际情况为条件

公共关系传播对象具有差异性特点,传播对象的实际情况,比如文化层次、生活习惯、自然环境等都会影响传播媒介的选择。传播对象的文化水平较低,可选择广播或电视;传播对象的文化水平较高,且传播的内容比较专业,可选择杂志或书籍;传播对象的人数极少,则没有必要使用媒介来传播,以免浪费;如传播对象属于流动作业者,广播是最合适的媒介。

(四)以自身经济实力为支撑

充分考虑自身的经济实力,量力而为。不能因为传播媒介选择问题而影响组织其他工作的日常运行。一般情况下,电视所需费用最高,报纸次之,广播最便宜。

第三节 旅游公共关系传播效果

传播效果是传播过程的最终结果,也是对任何传播过程的总体评价。古人云:"良言一句三冬暖,恶语伤人六月寒。"这句话从一定意义上说明了传播的效果。旅游公共关系工作其实就是一种传播沟通行为,其传播的目的是向公众传递信息,沟通感情,影响公众的态度和行为,最终顺应旅游组织的期望。因此,旅游公共关系传播的有效性,是以公众按照旅游组织意欲达成的结果而产生的情感、思想、态度和行为方面的变化为依据的。

一、旅游公共关系传播的层次

在旅游公共活动中,旅游组织通过传播与公众沟通,希望能最终获得理想的效果,传播效果一般可以表现为传递信息、联络感情、改变态度、引发行为四个层次。

（一）信息层次——传递信息

信息层次是公共关系传播最基本的层次。旅游组织通过各种传播媒介，将组织的信息传播给公众，让公众更多地了解组织，成为组织的知晓公众。

首先，信息传播的首要任务就是提高旅游组织的知名度和美誉度，因此，在信息传播时必须客观真实，只有客观真实的信息，才能使公众更准确地了解和认识旅游组织，并对组织产生信任和好感。其次，要尽量加大信息传播的频率和强度，让更多的公众接收到组织的信息，从而受到强烈的信息刺激，形成深刻印象。

（二）情感层次——联络感情

情感层次主要是针对知晓公众进行传播。旅游组织与公众之间的情感交流和沟通，使公众了解旅游组织，且对其产生依赖感和信任感，还使旅游组织对内部公众产生向心力和凝聚力，对外部公众产生吸引力和感召力。

情感层次是传播的中间层次，也是最复杂的传播层次。首先，要善于借助新闻媒介的作用。作为大众传播媒介，新闻媒介容易使公众对旅游组织产生信任，影响力和感染力大。其次，要加强即时沟通和情感交流，例如，一封感人肺腑的信函、一段情真意切的欢迎词、一场热闹非凡的联欢会、一次盛情难却的答谢宴会都能够与公众更好地联络感情，达到以情动人、以诚动人的良好效果。最后，掌握高超的传播技巧，运用专业的传播手段，以提高传播的效率，达到良好的传播效果。

（三）态度层次——改变态度

态度决定一切。公众是旅游组织的支持者还是反对者，主要取决于公众对旅游组织所持的态度。公众在了解旅游组织的信息后，便形成了对旅游组织的态度或看法，这种态度或看法可能具有两种相反的趋向。人的态度一旦形成就具有相对稳定性，从而转化为心理定势，难以改变。因此，公共关系工作的任务就是要通过传播，使公众对旅游组织的态度产生正态趋向。

（四）行为层次——引发行为

行为层次是传播的最高层次，公众对旅游组织形成了态度后必定产生相应的行为。当旅游组织形象良好，公众对旅游组织的态度积极且友善时，要通过传播使公众对旅游组织产生积极的行为，如拥护旅游组织决定、购买旅游组织产品等。当旅游组织形象不佳，公众对旅游组织的态度消极且抵触时，要通过传播改善公众对旅游组织的态度，抑制消极的行为发生，如员工消极怠工、旅游者向新闻媒介投诉等。

行为层次的传播要求目的性强、信息明确，便于公众采取行动，同时，还要加强信息传播的即时性，要在公众行动前传播相关信息。

以上四个层次相互联系。信息层次是其他层次的基础，公众只有了解了旅游组织的信息后才能产生情感，进而形成态度，而态度又是行为的先导，不同的态度会引发不同的行为，因此必须做好每一个层次的传播。

二、影响旅游公共关系传播的因素

公共关系传播的目的就是促使人们的态度发生改变，对传播的信息产生认同感。改变人的态度总是与劝导者、传播的信息和被劝导者有关,因此,要想提高传播的效果,就要从传播者传播的信息和传播媒介、传播对象等方面入手。

(一) 传播者

传播者是信息传播的起点,是实现有效传播的首要因素。

1. 传播者的权威性

传播者的权威性对于传播的效果有着重要的影响。影响传播者权威性的因素包括其专业性、社会地位、职业、年龄等,例如,专业的机构和专业人士传播的信息更容易被接受,也更容易改变人们的态度和看法。因此,在旅游公共关系传播时,应尽量请权威机构和专家学者发表意见或者进行代言以增加公众的信任度。另外,传播者的知名度和社会影响力也会对传播产生重要影响,社会知名人士如体育名人、影视明星、社会名流等对传播都会产生巨大的影响力。

2. 传播者的客观性

传播者的立场和观点越客观、公正,越能够得到受众的认可。因此,旅游公共关系传播尽量选择持客观立场和观点的公信力强的传播者,如新闻媒体公证机构等。

3. 传播者的亲和力

要想吸引人们的眼球,就必须选择那些亲和力强、受公众欢迎的人来进行宣传。传播者的亲和力强、受公众欢迎程度高,传播效果就好;相反传播者亲和力差、不受公众欢迎,则传播效果也不佳。因此,在选择传播者时,一定要考虑其亲和力和受公众欢迎的程度,尽量选择品德优秀、公众形象好的传播者。

(二) 传播信息的可信度

在传播过程中,如果传播对象对传播者及信息的内容不信任,将严重影响传播的效果。一般来说,信息内容权威性越高,传播对象对之就越信服。旅游组织在进行宣传时,都要利用其被文化和旅游部评定的星级(等级)等来提高其信息的可信度。

(三) 传播媒介

传播媒介是信息的载体,也是影响传播有效性的重要因素。因此,旅游公关人员要先了解和掌握各种传播媒介的特征,如性质、传播范围、公众的认可度等,并根据旅游公共关系传播的需要选择恰当的传播媒介。

(四) 传播对象

1. 研究传播对象的需求

旅游组织所面对的公众范围十分广泛,其内在需求也是千差万别,为了提高传播的效果,必须要对传播对象的特点有全面的了解,只有这样才能够做到有的放矢。

2. 了解传播对象的接受能力

传播对象的教育背景、年龄和所处的社会文化背景等都会影响其对信息的接受能力。旅游组织要根据传播对象的实际情况来选择合适的传播媒介,同时还要兼顾传播对象对信息的接收习惯。

(五)时空环境

1. 时空因素

从时间的角度分析,真正衡量传播效果的是单位时间内所传播的有效信息量。要想实现有效传播,传播者首先要遵时守信,尤其是在人际传播过程中,姗姗来迟或者无故失约都会在公众的心理和情感上产生负面影响,影响传播效果。其次要在有限的时间内把更多的信息传播给公众,这要求传播者具有较强的信息加工能力和表达能力。最后要掌握传播的时机。传播时机对传播效果也有一定的影响,应避免在人们连续紧张工作后或体力、情绪不佳时进行传播,因为这时人们的思绪比较混乱,难以有效接受信息。

2. 空间环境

从空间的角度看,传播信息总是在具体的物理空间环境之中进行,不同的空间环境会使人对信息有不同的感受,并产生不同的传播效果。如传播双方的距离、空间、氛围等都会影响传播的效果,因此,传播双方要保持一定的距离,要创造良好的交流氛围。

三、旅游公共关系有效传播的方法

改善传播效果的方法和技巧主要有以下几种。

(一)美化

美化就是给人物或事物加上些美好的评价或修饰,使人对其产生一个美好的印象,从而无须验证就予以接受或赞赏。在政治宣传、文艺广告和商业广告中,常常会运用到这种方法。

运用美化的基本条件如下。

(1) 美化对象要可信,即具有被美化的条件。

(2) 美化要适度,用词要慎重。过分美化或远离实际的胡乱吹捧是对传播对象的欺骗和耍弄,将导致传播的最终失败,从而使传播对象对传播者及其传播内容产生不信任感和逆反心理。

(二)典型示范

典型示范是指请具有一定声望、名誉或经验丰富的人对传播对象现身说法,来证明和评价人物、事物及观点。在各种广告中,我们常可以看到一些名人、歌星、影星、运动员在使用某种食品、药品及其他生活用品后,表达自己的感受来宣传这些东西"味道(效果)好极了",其目的是利用"名人效应"来吸引和说服传播对象。

(三)引证

引证是指有选择、有针对性地引用名人、名家的名言、名句,或是列举已有公论的经典事例或理论,即在公共关系传播中说服对方、增强传播力量的一种有效方法。这种方法是有目的、有倾向性地引用一些对自己有利的事实、论点来证明自己的观点、方案或产品,无疑会产生一定的引导效应,让公众相信和接受传播信息。例如,在广告传播中大量引用权威部门或权威人士的鉴定意见,或引用大量数据,抛弃那些于己不利的意见和数据,即引证的具体运用。

(四)重复与强调

重复就是让传播信息多次反复地出现,从而让公众记忆和接受。当一个观念被传播者不厌其烦地向传播对象多次灌输后,就会使对方产生条件反射,产生"不用想起,不会忘记"的效应。但要注意在一定时间段内,重复的次数不能太多、频率不能太高,否则,可能招致传播对象的反感甚至厌恶。

强调则是从加强信息的对比度和新鲜度的角度入手,增加信息刺激的强度,以引起人们的选择性注意。例如,报纸上粗大的套红标题、高层建筑物上竖起的巨幅广告等。

(五)经验说明

事物发展的"前车之辙"总是"后车之鉴"。经验说明的方法就是让事实说话,在公共关系传播中,采用历史法、经验法、教训法、事实法和现身说法等方法,是效果最直接、可信度最强的。一般来说,只要有事实印证,就要把其他方法放在次要位置,因为用事实说话最有力。这也是最受传播对象欢迎的一种方法。

总之,恰当地运用一定的传播方法,能够帮助我们克服各种传播障碍,准确、顺利地完成信息传递,获得理想的传播效果,实现公共关系计划,达到组织的目标。

四、传播效果的评价

传播效果是指传播者所发出的信息对传播对象的影响和传播对象对传播内容的反应;而传播效果的评价,就是指对传播对象受影响的范围和程度进行分析与衡量。对传播效果的评价可采取以下两种方法来进行。

(一)传播前评价法

这种方法是在传播前进行的一种事先评价法。公共关系信息都有一个特定的传播目标,传播前可根据这个既定的传播目标进行直接评价,即邀请部分受众对准备好的几种传播方案(包括传播方式、媒体选择、传播内容、传播时间等)进行直接评价,比较哪一种传播方案与传播目标最为接近,各种传播方案的"形象差距"有多大,据此改进,最后确定实施最佳传播方案。

(二)传播后评价法

具体做法有两种:一是收集反馈意见,检查传播对象的接受程度,以评价传播效果。二是进行认识程度测试,抽样调查传播对象,让他们回忆信息的中心内容以测定传播对象对公共关系信息的认识程度,找出传播目标的形象与公众认识形象的差距,以此来评价传播效果。

传播效果在很大程度上受到传播要素的影响制约,任何一个传播要素不能正常发挥功能,都会导致传播效果的失衡。因此,在评价传播效果时,应对传播的诸要素的功能进行检测并做出综合性分析,以提高传播效果。

第四节 旅游公共关系传播技巧

一、旅游公共关系新闻稿的撰写

(一)旅游公共关系新闻稿的撰写技巧

在市场竞争中,旅游组织一定希望新闻媒介能经常播放或刊登有关本组织的报道,而新闻媒介也把旅游组织看成获取新闻资料的重要场所。因此,旅游组织要与新闻媒介建立良好的关系,要想经常被媒介关注,就必须主动向新闻媒介提供有新闻价值的稿件或素材。

旅游组织可提供的新闻素材包括:新的旅游产品的开发、问世;旅游组织新设施、新工艺的使用;旅游组织经营方式的重大改变;旅游组织在提高服务方面的新举措;旅游组织首脑或高级管理人员的更换;旅游组织的开业、扩建、合并及周年纪念等。

旅游组织撰写新闻稿就是运用相关信息和传播技巧来刺激公众,以期引起公众的注意。所以,新闻稿件的撰写人应熟知新闻传播的一般技巧。

1. 注重文字内容的刺激性

一般而言,文字表述越浓缩、越新鲜,便越容易引起受众的注意。新闻的标题是新闻写作的"点睛"之笔,新闻内容能否引起受众的注意,标题的好坏能起决定性的作用。

2. 注重文字形式的对比度

文字总是通过一定的排列形式出现的,这种排列形式对受众注意力的影响也是至关重要的。如加框加边,不同的颜色、字体、字号的变换等都会影响受众的注意。

3. 注重文字出现的频率

当同一内容以同一形式或不同形式反复出现时,总会引起人们的注意,但一定要注意再现的频率如果无休止地重复则会引起受众的反感而产生负面效果。因此,重复应有限度,这种限度应以传播是否已经引起人们的注意为准。

4. 注重文字结构的变换

撰写新闻稿件时,同一内容可以用不同的文字结构来表述,而不同的文字结构会产生不同的文字传播效果。所以,有时要变换文字结构才能取得好的传播效果。

5. 注重文字的语言声调

由于汉字具有音乐性,比较适合朗读,因此,在文字传播中它具有其他文字不具备的优点。稿件书写出来,固然是供人看的,但也是让人读的。一篇朗朗上口、抑扬顿挫的文稿常常令人回味无穷、难以忘怀。

6. 注重文字的通俗性

汉字数量众多,这既增加了其表达功能,但同时又造成了难读难认的问题。因此,通俗易懂、言简意赅是撰写稿件的一个要领。

7. 注重创造信息的意境

汉字的丰富表现力使人们能够通过文字本身再现客观对象的声音、色彩、形状,甚至人们身临其境时的味觉、嗅觉、触觉等。因为受众在接受文字传播的信息时具有双重性,一是直接获知信息本身的内容,二是间接感知传播者的学识修养、人品人格。当二者交互共鸣时,文字传播才会产生最佳效果。

除此之外,文字的精练、准确、实用,语句的对仗、排比等具有艺术感染力的修辞手法都是新闻稿件中文字传播的技巧。

(二)旅游公关新闻稿的撰写方法

通常来说,新闻稿的撰写一般包括六个步骤,新闻稿写作流程如图4-5所示。

图4-5　新闻稿写作流程

1. 提炼主题

新闻主题是指新闻事实所体现的中心思想或基本观点,是作者通过客观事实所要表现的主观意图,也是写作过程中不可偏离的核心。因此,主题是一种思想观点,是主观的东西,在以客观报道为基本特征的新闻报道中,主题不可能脱离客观事实而单独存在。它是隐藏在事实背后的一种无形的意见,是贯穿新闻全篇的一根红线,是新闻的灵魂和统帅。

(1)选择主题的原则。

①思想性。新闻的主题必须要具有较高的思想性,即选择那些符合事物发展方向、对社会有影响、对实际工作和社会生活具有普遍指导意义的主题。新闻主题要符合党和国家的大政方针,符合法律道德的标准,并能在公众中间产生积极的影响。

②时代性。新闻的主题要符合时代发展的要求,紧紧把握时代的脉搏,反映社会现实和人们普遍关注的焦点和热门话题,展现时代精神风貌。

(2)提炼主题的要求。

①主题明确。主题明确是指作者对新闻所报道的人或事,要有鲜明的态度,即提倡什么、反对什么、赞成什么、批评什么,应当清清楚楚、毫不含糊。否则下笔千言、主题模糊,结果使读者不知所云。

②主题集中。主题集中是指新闻主题要单一,抓住要点,把中心思想写深、写透,切忌贪大求全。一则新闻只能有一个主题,写作时要始终围绕一个中心展开思路,把好钢用在刀刃上。所谓"开口要小、挖掘要深、小题大做",都说明了这个道理。否则什么都想报道,结果什么也讲不清楚。

③主题深刻。主题的提炼过程,实际上是作者对新闻事实的认识由感性上升为理性的一个飞跃的过程。如果准确地达到了对新闻事实全体的、内部规律的、完整的认识,抓住了事物的本质,那么这个主题就深刻了。如果只停留在事物的表面现象上,那就只能就事论事,束缚于这样或那样的局限性之内,而看不出其真正价值和普遍意义。

(3)提炼主题的方法。

①切合受众需要。如果提炼的主题离实际很遥远,曲高和寡,阳春白雪,这样的提炼肯定有问题。提炼主题时一定要摆正主题与事实的关系,坚持实事求是,一切从实际出发。因

此，认真仔细地研究受众的客观需要，找到能令绝大多数读者感兴趣的"兴奋点"，是提炼主题的第一步。

②把握事物特征。主题是寓于具体的新闻事实之中的，要提炼一个好的主题，就必须对所报道的事实进行一番周密细致的分析研究，找出其鲜明的个性特征。否则，作者只能一味地重复那些虽然没错但人所皆知的"现成话""老套话"，提炼的只能是没有个性、没有特点和新意的"老主题"，所写的也只能是"有你不多，没你不少"的陈词滥调。

③融入时代背景。任何新闻报道，总是离不开一定的时代。如果一则新闻主题虽然符合受众的需要，也具有题材特有的新鲜性，却与时代不契合，那么可以说，对这个主题的提炼是失败的。因此，作者必须把报道的题材融入广阔的时代背景之中，在广阔的时代背景中给新闻事件找到合适的位置。

2. 拟定标题

一则新闻能否吸引眼球，打动读者，标题往往起着很大的作用。俗话说"题好文一半"，一个好标题，常常会为一则新闻增色添彩，达到画龙点睛的效果。

（1）标题的构成。

一般而言，新闻的标题由主题和辅题两部分构成。

①主题。主题也称为正题或大标题，是标题中最引人注意的部分。它既是新闻主题思想、中心内容的表达，也是标题的核心和骨干。

②辅题。辅题主要用来辅助主题，起到引导、补充、说明、解释主题的作用。辅题不能脱离主题而独立存在，一般字号比主题小。辅题又包括引题和副题两部分。

引题又称肩题、眉题或上辅题。其位置在主题之前，用以交代背景和原因，或者用以说明主题的意义，或者以渲染、鼓动、含蓄、抒情、讽刺等手法，加强主题的气氛和力量。文字要少于副题，宜简短，以一行为宜，常用对联式。

副题，又叫次题、子题或下辅题。其位置在主题之后，常用来进一步说明、补充、解释主题，用的是次重要事实，或者需要强调的观点，使主题更加完整。

（2）标题的分类。

在新闻写作中经常使用的标题有以下三类。

①多行标题。即标题在三行或三行以上，一般引题、主题和副题齐全，表明新闻内容较重要。使用多行标题要注意，主题和辅题之间必须体现内在的逻辑关系，形成一个有机整体，而且引题、主题、副题三者各司其职，避免各自的功能"串位"。

②双行标题。双行标题指引题和主题兼用，或主题和副题兼用，不包括双行主题。

③单行标题。单行标题指只有一条主题。它简洁地反映了新闻的中心内容，要求具体、鲜明、醒目、易记。

3. 写导语

导语是指以简练而生动的文字表述新闻最重要的内容，具有启发性或诱引力的开头部分。在新闻写作中人们常把"5W1H"（何时、何地、何事、何人、为何及如何）作为新闻六要素，缺一不可，因此，"5W1H"也成了设计导语所选用的基本材料，以呈现新闻内容之梗概。早期的导语写作是六要素俱全，但不免文字多，句子长，重点难以突出。现代的导语写作不再硬性规定把六个新闻要素统统塞进导语中，而应该根据每则新闻的特点，从六要素中挑选一两个最重要的、最能激发人们兴趣的要素,突出地写入导语,其余的要素可以放到后面各个段落分别叙述。

4. 展开主体

导语之后便是主体。主体是由导语引出来的,是紧承导语之后被展开的新闻主要段落。有了它新闻才显得完整和充实,主题才有可能得到具体的揭示和深化。主体展开的常见结构方式有以下几种。

(1) 以事实的重要程度为顺序展开。这种结构方式是指将重要、新鲜的事实安排在主体的最前面,次重要的事实放在稍后段落里,最次要的事实放到最后,依次形成一个"倒金字塔"的结构形式。

(2) 按时间顺序展开。这种结构方式是指新闻主体按事物的自然发展、时间先后来安排材料。其一般是导语部分就简要交代了事实梗概或结果,主体部分则按照事件发展的先后顺序展开,层层推进、脉络清晰,能比较清楚地反映出新闻事实的始末。

(3) 按空间顺序展开。这种结构方式是指将发生在一定时间内、不同地点的新闻事实,按横向空间顺序展开,就像电视镜头一个画面接一个画面地"扫描"过来。

(4) 按逻辑顺序展开。这种结构方式是指按事物的内在联系和规律来组合材料,展开主体。事物发展都有其内在的逻辑,材料与材料之间或是因果关系,或是并列关系,或是递进关系,主体结构便按这些逻辑脉络展开。

5. 穿插背景

新闻背景是对新闻事件发生的历史、环境及原因的说明,解释事件发生或人物成长的主客观条件及其实际意义,为烘托和发挥新闻主题服务。常见的背景材料可分为以下六类。

(1) 历史背景。历史背景是指与新闻事实相关的历史事实、历史观点或与新闻事件相关的历史状况、新闻事件发展变化的过程等。如果说新闻事实是"后果",那么历史背景便是"前因"。在背景材料中,这一类背景最常见。

(2) 社会背景。社会背景是与新闻事实有关的社会环境的材料,是用以挖掘和交代新闻事实与其他事实的联系,渲染一定的社会环境。许多事物的新闻价值往往在与同类事物的比较中显现出来,或在一定的社会环境中,才体现出它的真正价值。

(3) 人物背景。新闻报道往往不能脱离人物的活动,当新闻中出现读者不熟悉的新人物,或者出现过去熟悉、由于时间久了印象不深、近况不明的人物时,就需要用到人物背景。人物背景主要介绍人物的概况,包括主要经历、社会关系等。

(4) 事物背景。事物背景是指着眼于对新闻事物本身的说明。

(5) 知识背景。知识背景是指与新闻事实有关的,主要用以开拓读者视野、增长见识的资料,一般对事实的展开和主题的表达起到补充和辅助作用。

(6) 地理背景。地理背景是对与新闻事实有关的某一处地理位置和地理环境的介绍,常在风光旅游等新闻报道中使用。

6. 安排结尾

新闻的结尾是指新闻的最后一个段落或最后一句,它也是新闻结构布局中颇为重要的组成部分。新闻结尾的表现形式多种多样,下面提供几种常见的结尾形式。

(1) 总结式。

总结式是指在结尾处对新闻的内容加以小结,点明事实的意义,加深读者印象。写作方法上,既可以单纯对新闻事实进行归结,也可以对事实进行适当评论。

(2) 提问式。

提问式是指对新闻的事实加以延伸或"借题发挥",在结尾提出值得深思的问题,让人掩卷长思。一般都采用反问的手法,强化问题的力度。

(3) 背景式。

背景式是指在新闻结尾叙述一些与新闻事实相关的另外的背景事实,目的是增加新闻的信息量,或让背景事实与主体事实形成对比。

(4) 描写式。

描写式是指在结尾时用描写手法,呈现一个场景或一幅画面,使读者读完新闻留下鲜明的印象,难以忘怀。

(5) 呼吁式。

呼吁式是指针对报道的事实,在新闻结尾提出呼吁,目的是引起读者和社会的重视,使问题得到解决。

(6) 引语式。

引语式是指结尾引用人物精辟的话语,既总结全篇、点出主题,又可增强现场感和可读性。

(7) 预见式。

当一件复杂的事情刚发生时,许多读者往往不太了解其背后蕴含着什么或预示着什么。预见式是指新闻主体叙述完此事,并在结尾中指出事物的内在联系,预见事物的发展趋势,可以帮助读者理解新闻事实。

 崂山旅游景区的推广方式

二、旅游组织内刊的编写

(一) 组织内部刊物的种类

所谓内部刊物是指组织自身创办以内部成员为对象,不向社会公开发行的定期刊物。具体包括以下几种。

1. 内部通讯

内部通讯主要传递组织内部政策、经营管理情况、各种动态、好人好事等,旨在与各成员交流信息,增进成员对组织的了解,激励员工做好本职工作。

2. 专业性杂志

这种专门性刊物主要刊登特写文章、专论,以业务方面内容为主,供组织内各专业人员

阅读。目的是加强业务人员的交流,互通信息,共同提高业务水平。

3. 报纸或简报

它们主要发表新闻、短篇文章、图片、组织的最新动态及通告等内容,周期短、反应快,常以周报、双周报、月报等形式出现。报纸在式样上是按照正规报纸的模式办的,除没有正式的刊号不能公开发行销售,印刷周期也不太固定外,在内容和编排格式上几乎没有什么不同。报纸一般采用小报规格,即4开对折。选择4版还是8版视稿件多少而定。主要注意以下几个内容。

(1) 报头。

报头由报纸名称、日期、编号、主办者四部分组成。报纸名称一般是旅游组织名称缩写后加一个"报"字,也有用产品品牌替代组织名称的。

(2) 版面内容。

第一版以新闻为主,刊登本组织新闻及行业动态,兼发评论。其他各版,除了某些重要栏目如"员工心声""新人新作"等相对固定外,其他内容可以比较灵活。

(3) 周期。

尽管由于稿源、经费等方面的限制,报纸很少定期或短期出刊,但为了报纸的正式性,办报人应该尽可能缩短办报周期,至少办成月报。

4. 销售简报

为把握销售动态,销售经理与营销人员之间常以销售简报的形式定期交流,一般一周一期,除此之外,销售简报还可向组织其他部门及其有关成员分送,供其了解组织经营管理状况。

(二) 组织内部刊物的作用

1. 内刊是组织树立形象的旗帜

组织内刊面向组织内部发行以及对外赠阅发行,作为展示组织自身形象、组织文化及对外沟通交流的平台,组织内刊可对外树立良好的组织形象,提升组织知名度,提升组织品位和品牌,获取可观的社会效益。

2. 内刊是组织团结、教育、激励员工的有效手段

内刊使组织决策更加透明、吸引员工参与组织管理;内刊是一个培训课堂,把来自内外、上下的信息与知识汇集起来,传播给全体员工;内刊是一个表现员工思想和才华的舞台,发现先进人物、典型经验,并在组织中宣传与推广;内刊是全体员工的精神园地,可丰富员工生活,激发员工工作热情。

3. 内刊是组织文化的有效载体

组织内部的报纸或杂志以它特有的方式把那些组织文化的符号,比如组织精神口号、行业规范条文,融入人们喜闻乐见的文字段落中,时间长了,就在不知不觉中化为员工的力量,组织文化的魅力也就显现出来了。

(三) 内部刊物的编写与发行

1. 内部刊物的编写

(1) 人员。

按工作职责划分,要维持一个内部刊物的正常运转,需要有文字编辑、美术编辑、记者、

通讯员四类人员。与此同时,要成立一个由秘书、公关人员、营销人员等3—5人组成的兼职编委会,外加一支人数众多、分布在各部门的通讯员队伍。

(2) 内容。

可以参照板报和宣传栏的内容,适当增加其他内容。在突出主题的基础上,可以考虑根据不同文化层次的读者的需要,尽量用读者喜闻乐见的形式多刊登一些轻松、富有知识性的内容,以提高内部刊物的可读性。

(3) 读者联系。

应该建立"读者信箱",通过激励措施引导员工积极投稿,反映对改进内部刊物的建议,反馈对新闻报道的意见。

(4) 编写程序。

一期报纸或者杂志,从酝酿到印制出来,需要经过以下几个环节:召开编委会、确定主题、安排组稿任务、通讯员采写、催稿、汇总,对选用稿件进行审稿、核实材料、排版、校对、印刷。

2. 内部刊物的发行

在内部刊物传播范围的问题上,可能会有人认为既然是内部刊物,就不适宜对外发行。这实际上是认识上的一种偏差。这里的"内部"指的是未经注册登记的"非正式出版的",而不是"不能对外发行"的同义语。内部刊物的发行对象包括员工、股东、客户、上级部门及对外免费赠阅对象等。

(四) 旅游公共关系对内部刊物的要求

1. 与员工之间的"双向沟通"

内部刊物既要明确它的编辑方针,确立为全体内部员工服务的意识,及时地将重要的组织内部情况向全体内部员工通报。同时,又要及时有针对性地反馈员工的各种思想、情感以及他们的诉求。

2. 以"全员公关"的思想去办内刊

内部刊物不是针对少数员工或者个别部门的刊物,而应面对全体员工。要尽可能地动员全体员工来关心和支持自己的刊物。

总之,组织内部刊物对实现有效沟通和协调员工关系起着重要作用,它是内部公共关系的重要媒介。广州白天鹅宾馆的《白天鹅之家》、花园酒店的《花园之声》都是很好的内部刊物。

三、旅游公共关系广告的设计

(一) 旅游公共关系广告的含义

旅游公共关系广告是以增进公众对旅游组织的整体了解,扩大知名度,树立良好形象为目的的广告形式和活动。通俗地讲,其是公共关系和广告的结合,以广告的形式而开展公共关系工作的一种方式、方法。广告本身是一种传播活动,即广告具有公共关系的性质,那么在广告中有意识地引入公共关系就形成了公共关系广告。比如下列一些广告词:

美好的明天,从今晚长城开始。(长城宾馆)

千帆竞发扬子江,万冠云集新世界!(新世界酒店)
挽卿手、共白头、阳光酒店誓千秋!(阳光酒店)
成都,一座来了就不想离开的城市。
大山大水不夜城,重情重义重庆人。
千年皖韵,万里徽风。
康养胜地,中国凉都。

这些广告犹如一阵清风,给人耳目一新的感觉,它不以创造商业利润为目的,而是通过间接的方式提高旅游组织知名度,树立旅游组织良好形象,为旅游组织带来更长久深远的影响,这类广告就是旅游公共关系广告。

(二)旅游公共关系广告的作用

1. 塑造旅游组织形象

这是旅游公共关系广告最基本的作用,通过公共关系广告使公众对旅游组织产生好感。

2. 强化旅游组织品牌

旅游公共关系广告着重宣传旅游组织的品牌,使品牌以同一形象在相当长的跨度内重复出现,给公众留下深刻印象。

3. 体现旅游组织宗旨

旅游公共关系广告通过宣传旅游组织的精神理念、组织文化、服务宗旨和公众态度等,加深公众对旅游组织的了解。

(三)旅游公共关系广告的类型

旅游公共关系广告的具体类型较多,我们按照与旅游组织是否有直接的联系为标准,将旅游公共关系广告分为与旅游组织有直接联系的公共关系广告和与旅游组织本身没有直接联系的公共关系广告两大类。

1. 与旅游组织有直接联系的公共关系广告

(1) 组织广告。

组织广告主要是向公众全面介绍旅游组织的价值观念、企业文化、管理哲学、政策方针和企业精神等,其对内产生凝聚力,对外产生号召力,使旅游组织形象连同它的观念、口号深入人心,目的在于增进与公众之间的感情,树立起良好的组织形象,其特点是总体性、概括性和全面性。

(2) 解释广告。

解释广告是就旅游组织某一问题说明事实、消除误解、表明态度的公共关系广告。

(3) 实力广告。

实力广告大多以介绍社会组织的规模、实力为主,具体内容包括组织的规模、员工人数、利润及纳税额、获奖情况等,并配置以旅游组织的标志。

(4) 祝贺广告。

旅游组织对新开业或举行庆典的单位,以同行的身份刊登广告以示祝贺,体现旅游组织欢迎竞争、广结良缘的胸怀,以及与受贺单位携手合作、共同繁荣的愿望。祝贺广告的做法通常是向受贺单位赞助广告费,并在该单位庆典广告上署名祝贺。

2. 与旅游组织本身没有直接联系的公共关系广告

（1）公益广告。

公益广告是以倡导和维护公共生活秩序和公共道德准则为内容的公共关系广告。其体现旅游组织为社会公众服务、为社会尽责的意识。

（2）响应广告。

响应广告是旅游组织为寻求公众的理解和支持而对政府的某一措施或社会上某一重大活动表示响应的公共关系广告。其表明了旅游组织善于从全局的角度考虑问题。

（3）赞助广告。

赞助广告是旅游组织凭借自己的实力，积极参与社会活动、推进社会公益事业发展的公共关系广告。旅游组织可赞助文化、体育、教育、社会福利、公益事业等。

（4）致歉广告。

致歉广告用于旅游组织的行为出现一定失误时，公开向公众承认错误，表示歉意。组织在社会活动中发生失误，应该主动地向公众陈述事实真相，不隐瞒真相，不推卸责任，明确表示敢于承担社会责任，并提出改进措施，这样才能得到公众的支持与谅解，才会获得公众更大的认可与支持。

（5）深度广告。

深度广告的版面是以新闻通讯、报告文学的形式出现，以第三者的角度对组织发展的历程、科学的决策、雄厚的实力、取得的成绩、对社会的贡献等进行深度的报道。此类广告的可读性强，以事实和情感打动公众，可以给公众留下深刻的印象，故所取得的效果相当理想。

（四）公共关系广告文案

广告文案是广告的一个有机组成部分，其设计水平对旅游组织公共关系活动的开展起到举足轻重的作用。广告文案属于文字传播，其最大特点在于它的简短，通常只有一个标题或一句话。公共关系广告的目的不是向公众推销其产品或服务，而是唤起公众对组织的兴趣、树立组织形象，从而使公众与组织合作，因此，广告文案设计的主旨要符合以下几个标准。

1. 准确规范、点明主题

准确规范是广告文案中最基本的要求。要实现对广告主题和广告创意的有效表现和对广告信息的有效传播，首先，要求广告文案中语言表达规范、完整，避免语法错误或表达残缺。其次，广告文案中所使用的语言要准确无误，避免产生歧义或误解。再次，广告文案中的语言要符合语言表达习惯，不可生搬硬套，自己创造众所不知的词汇。最后，广告文案中的语言要尽量通俗化、大众化，避免使用生僻以及过于专业化的词语。

2. 简明扼要、言简意赅

广告文案在文字语言的使用上，要简明扼要、精练概括。首先，要以尽可能少的语言和文字表达出广告产品的精髓，实现有效的广告信息传播。其次，简明精练的广告文案有助于吸引广告受众的注意力和迅速记下广告内容。最后，要尽量使用简短的句子，以防公众因冗长语句而产生的反感。

3. 生动形象、表明创意

广告文案中的生动形象能够吸引受众的注意，激发他们的兴趣。有关资料表明：文字和图像能引起人们的注意的百分比分别是22%和78%;能够唤起记忆的百分比,文字是65%,图像是35%。这就要求在进行文案创作时,采用生动活泼、新颖独特的语言的同时,要附以一定的图像来配合。

4. 动听流畅、上口易记

广告文案是广告的整体构思,针对文案中诉之于听觉的广告语言,要注意优美、流畅和动听,使其易识别、易记忆和易传播,从而突出广告定位,很好地表现广告主题和广告创意,产生良好的广告效果。同时,也要避免过分追求语言和音韵美,而忽视广告主题,生搬硬套,牵强附会,因文害意。

5. 形式不拘、生动有趣

广告文案的语体样式可以是多样的,诗歌、快板、对联、顺口溜甚至是谜语等形式都可以。

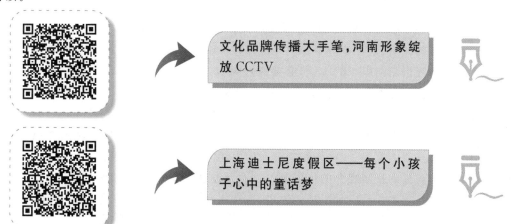

四、旅游组织制造新闻

(一)制造新闻的含义和特点

制造新闻又称"策划新闻""媒介事件",是旅游组织为达到公共关系目标,通过巧妙的策划与安排,由人为引发的可引起戏剧性或轰动效应的事件,并有意引起舆论和新闻媒介的关注与报道的公共关系活动,是一种无偿利用大众传媒进行公共关系宣传的活动方式,具有较高的新闻价值。一位记者曾说:"狗咬人不是新闻,人咬狗才是新闻。"这道出了新闻的特点,而制造新闻更是如此,让人在"无意"中感觉"自己连想都没有想到,而现在有人做到了"。所以,制造新闻一直是公共关系与营销界所推崇的传播方法之一。

与一般新闻比较,制造新闻具有以下特点。

1. 表面的偶然性

制造新闻不是自发的、偶然产生的,而是经过公关人员精心策划安排的。一般性新闻是在事物发展变化中自然而然发生的,而制造的新闻是经过公关人员精心策划出来的。一般而言,新闻传播的主动权不在公关人员方面,而在新闻界人士方面,公关人员精心策划出来的新闻事件,因为奇特、有趣,具有较高的新闻价值,同样能引起新闻界人士的兴趣和跟踪,

并加以报道,达到提高组织知名度的目的。

2. 极强的迎合性

制造新闻比一般新闻更富有戏剧性,更能迎合新闻界及公众的兴趣。要成功地制造新闻事件,吸引新闻界人士的注意和兴趣,就要使新闻事件更具有戏剧性,更具有"新、奇、特"的特点,要求公关人员独具匠心,富于创造。

3. 极高的性价比

制造新闻因其具有极强的新闻性,可以吸引媒体广泛的主动传播与转载,所以,这样就可以减少许多广告与营销费用,即以较低的成本明显提高组织的社会知名度和美誉度,表现出极高的投入与产出比。

(二)制造新闻应遵循的原则

新闻媒介的新闻宣传所具有的权威性、广泛性是任何社会组织在公共关系活动中不可忽视的。这是一种不必支付费用的宣传,其形式最易为公众及组织本身所接受,如新闻报道、专题通讯、经验介绍、记者专访等。但是这种宣传难度较大,并且有很大的局限性。它要求公关人员具备吸引新闻媒介的本领,必要时还可以"制造"一些新闻,以供新闻界报道,这里所设的"制造新闻"并不是说要公关人员凭空捏造一些新闻来欺骗公众,而是要遵循新闻报道工作的客观规律,寻找公众关注的"热点",使社会组织的活动与公众最为关心的事物相结合,产生新闻价值,吸引新闻媒介前来报道。比如近几年河南有关媒体对河南省焦作旅游资源的频频报道在业内掀起了"焦作现象""云台山现象"等热门话题,可以说,当地旅游形象的迅速崛起无不与借助新闻媒介的传播有关。而且经过精心策划制造出的新闻更具影响力和轰动效应,因此,公关人员应善于把握时机,有计划有组织地策划公关事件或推动、引导事件的发展使其具有新闻价值。"制造新闻"在实际操作中应遵循以下原则。

1. 以事实为基础的原则

策划新闻虽然带有浓厚的人为色彩,但它却并不是旅游组织无中生有、无事生非、编造事实、欺骗大众,而是旅游组织真实地去做某一件事情,真的"制造"出来,并从中挖掘出新闻价值点,然后吸引新闻媒介和公众的注意和兴趣,争取新闻媒介的广泛报道。

2. 遵循新闻要素的原则

策划新闻必须突出事件的新闻价值,只有具有新闻价值的事件才可能被新闻媒介所关注和报道。一般来说,一个人或一件事只要具备了"新、奇、特"三个新闻要素,就很有可能成为新闻事件,并被新闻媒介所捕捉。

3. 巧选时机的原则

策划新闻必须巧妙选择时机,旅游组织策划新闻要产生良好的社会效果,就要善于把握好新闻发布的时机,争取最大限度地提高和发挥新闻的社会影响力。

(三)旅游组织策划新闻事件的常用方法

策划新闻是旅游组织相对比较经济、有效地扩大组织影响的公共关系活动,是一种运用智力进行的创造性劳动,它必须依靠旅游组织公关人员广博的知识、丰富的想象力和敏锐的洞察力,其常用方法可归纳如下。

1. 结合社会政治、经济、文化生活中的重大活动去制造新闻

一般来说,各个特别时期的重大活动,是公众普遍关心的问题,最容易引起公众的兴趣,借此机会制造新闻能够产生广泛而深刻的影响。如在北京申办奥运会期间,组织与申办奥运会有关的活动就会引起公众与新闻媒介的注意。当时,我国的许多旅行社都推出了"我到北京看奥运"的旅游线路,不仅扩大了其知名度,其产品在市场中的占有率也大幅提升。

2. 与盛大节日或纪念、庆典活动相联系制造新闻

旅游组织可以在元旦、春节等传统节日期间举办具有新闻价值的公益活动,也可以利用开业或获得荣誉等纪念日策划公共关系事件进行新闻宣传,还可以利用教师节、重阳节、护士节等有深刻意义的节日制造新闻。

3. 与权威人士或社会名流相联系制造新闻

组织不妨借名人之"势"来制造新闻,开展公共关系活动,开拓广阔市场。旅游组织在策划公共关系活动时,可借助名人的社会地位和影响来提高活动的新闻价值,从而起到事半功倍的效果。如北京长城饭店策划的里根访华答谢宴会的新闻事件,无形中大大提高了长城饭店的知名度和美誉度。通常,我们可借助那些人们普遍崇拜的人物或社会名流,以及"追星族"们追逐的各类明星等,通过邀请其参加活动给予荣誉头衔等手段,来扩大旅游组织的社会影响力,提高知名度和美誉度,从而使旅游组织与明星同辉。比如一家饭店的周年庆典,既可以成为新闻,也可能办得默默无闻,如果饭店能邀请到知名人士参加,同时举行记者招待会,发布饭店已取得的成果及为社会所做的贡献,那么这个庆典就有可能成为新闻。

4. 抓住"新、奇、特"来制造新闻

旅游组织要想宣传自己,引起社会公众的注意,树立形象,只被动地等待新闻媒介报道,是远远不够的。并且一些平平淡淡的事情也难以引起新闻界的兴趣。只有匠心独具地抓住那些有新意、奇特的活动和事件,赋予普通事件以奇特的色彩,才能引起新闻界和社会公众的注意。

5. 与媒体合作举办活动,提高在媒介中出现的频率

旅游组织要经常与电视台、广播电台、报社、杂志社等新闻部门联合举办各种活动,提高组织在新闻媒介中出现的频率。特别值得一提的是,公关人员要与新闻界人士交朋友,尊重他们的职业习惯和职业尊严,对新闻界朋友不论其单位、个人名气大小,一律热情接待,不能因是小报记者就冷落对方,一名旅游公关人员与新闻界人士交恶是不明智的。一个得不到新闻界人士信任和好感的公关人员,对组织是毫无用处,甚至是有害的。如果能够得到记者、编辑的信赖,这将是一个公关人员所拥有的最重要的财富,因为只有良好的新闻界关系,才会给旅游组织带来大众传播的机会和好处。

(四)制造新闻的策划步骤

1. 市场分析

要做一场新闻策划,必须先对策划对象所在行业及相关情况有深入的了解。比如,行业的历史、行业的现状、行业发展的新特点、相关的法律配套等。了解得越详细,掌握的信息越多,就越有可能从中挖掘出有价值的新闻点。

2. 确定宣传目标

对新闻策划来说，主要需要确定的是宣传的范围和宣传的目标人群，宣传目标影响着后面的新闻点的策划、媒体的选择和预算的编制等步骤。如果宣传范围只是地域性的，那么媒体只需选择地方性媒体即可，预算也会比做全国性宣传低得多。如果宣传范围是针对年轻白领的，那么策划的新闻事件必须能引起他们的关注。

3. 策划"新闻点"

这一步，需要策划出能达到宣传目标的"新闻点"。策划"新闻点"一般可以运用"借势"和"造势"两大基本方法。

借势，即借助外部的条件和环境进行策划，如借助比组织更受人们关注的各种事物，与即将进行的公共关系营销活动结合起来，从而把新闻界及公众的关注点转移到本组织方面，达到良好的效果。

造势，是指组织新闻策划者通过巧妙思维，利用某个看来微不足道的契机，为组织与公众间关系的建立与发展制造出一个有利的势头。

4. 选择媒体

新闻策划是通过媒体的传播来完成的，因此，媒体的选择非常重要。一般根据产品的特性和宣传目标来选择媒体。

5. 编制预算

做宣传要衡量投入产出比，对预算做到心中有数。制造新闻时，每个个案的实施费用往往会根据具体的策划而有所不同，所以要采用"目标任务法"做预算，先确定一个制造新闻的目标，然后估算出要达到这一目标所需要的费用，包括新闻事件实施费用和新闻发布费用，这两项费用相加就是一次新闻策划的总费用。

6. 策划的实施与控制

策划好新闻点之后，面临的是如何实施与控制，使策划效果充分展现出来。当然这需要公关人员具有较强的媒体运作和控制能力。

7. 策划效果衡量

一般来说，新闻策划的效果可以通过以下几个标准来衡量。

（1）刊登播出数量。在策划实施后统计媒体刊登播出的新闻数量，衡量是否达到原先设定的目标。

（2）刊登播出质量。刊登播出质量主要指篇幅、字数、播出时间长度、刊登的版面、播出的时间段、企业和产品的名称是否出现、产品性能是否有介绍等事先设定的目标。

（3）市场反应。市场反应包括两个方面：一是销售业绩，只需将策划实施前后实际的市场销售情况进行比较就可以分析出策划是否推动了销售；二是看企业或产品的知名度是否得到提高，这需要在策划前后各做一次问卷调查。

（4）采用比较法。比较法就是将本产品与其他竞争产品的市场表现进行比较，从而对新闻策划的效果进行评估。

 沙坡头为景区吉祥物骆驼征集全新卡通形象和艺名

 本章小结

本章着重介绍了传播的基本知识、传播媒介和传播效果等内容。传播是公共关系主体与客体联系的纽带和媒介，也是开展公共关系活动的基本手段。离开了传播，也就不会有公共关系活动的存在。因此，旅游组织的公关人员要了解和掌握传播的要素，了解各种传播媒介的特点，掌握各种传播的方法和技巧，使旅游组织的信息得到有效的传播，实现旅游组织的公共关系目标。

 核心关键词

传播　公共关系传播　旅游公共关系传播　　传播媒介　制造新闻

 思考与练习

1. 影响旅游公共关系传播的因素有哪些？
2. 旅游公共关系传播的层次有哪些？
3. 公共关系传播的基本类型有哪些？
4. 制造新闻的基本流程是什么？
5. 公共关系广告的特点有哪些？
6. 旅游公共关系新闻稿的撰写技巧有哪些？
7. 通过网络了解一下近三个月来媒体所关注的旅游行业新闻，选择两条进行分析，看看它们采用了哪些有效的传播方法？
8. 为某旅游组织设计一则公共关系广告。

案例分析

黑龙江——故事带入和活力创新的艺术

黑龙江省文化和旅游厅在自媒体的广告首秀"这里不仅有冰天雪地",并没有主推冰雪风景,而是运用了"温情讲故事"的情感套路。这条旅游营销界的第一个"讲故事"的朋友圈广告,向全国8个省份的1700万旅游爱好者的微信朋友圈发出,凭借920万次的转发率,迅速席卷旅游圈。"这里不仅有冰天雪地"同名微博话题#听黑龙江讲故事#,也荣登微博热门话题榜第四位。

黑龙江省文化和旅游厅不仅准备了寒冷冬日的温暖情感营销,还让更多的用户主动参与到浓浓的黑龙江人与景的故事中,与消费者拉近了距离的同时也把黑龙江给推介了出去。

一心想走"奇"招的黑龙江省文化和旅游厅,为了吸引年轻人的眼球,抓住年轻人的市场,还在形式、技术、体验感上都做足了文章。先是瞄准了7月的痛点——"热",推出了互动活动"我要25 ℃的夏天",又联合直播平台举办了"万人直播五花山"的营销活动,还携手了网易新闻客户端、百度旅游跨界营销,共同打造"壮游黑龙江,做有态度的年轻人"活动。该互动取得了2万点击量的好成绩,360°航拍直播开创了"所见即所得"体验式传播,跨界营销的年轻人活动使黑龙江作为国内最适宜夏季出游目的地之一走入年轻人的视野。

(资料来源:https://www.sohu.com/a/239544331_146332.)

问题:

1. 材料中黑龙江省文化和旅游厅对黑龙江省所做的宣传推广有哪些特色?对我们有什么启发?

2. 以此为背景,为自己的家乡写一篇符合"新、奇、特"要求的宣传文案。

第五章

旅游公共关系工作程序

学习目标

通过本章学习,同学们需要了解旅游公共关系调查的意义和内容,掌握旅游公共关系策划的程序和方法,了解旅游公共关系实施的步骤,以及熟悉旅游公共关系评估的内容程序和方法。

案例导入 精工表公共关系巧实施 奥运会场展名效果佳

1964年东京奥运会结束后不久,曾有日本人到访罗马。在一家餐厅里,当侍者看到这位日本人手腕上戴的是瑞士表时,竟疑惑地问:"您真的是日本人吗?"日本人竟然没戴在东京奥运会上大放异彩的精工表。侍者的态度不仅反映了公众对精工表的评价,实际上也说明了精工计时公司借助奥运会开展的公共关系活动的成功。从某种意义上讲,这也是对该公司公共关系活动的最好评价。精工计时公司的公共关系计划是如何实施的呢?

一、精心策划,运筹帷幄

功夫不负有心人。精工表饮誉东京奥运会,其公共关系战略要追溯到国际奥委会宣布将在东京举行奥运会的时候。当时日本主办单位决定的第一件事,就是大会的计时装置要使用日本的国产表。而在这之前奥运会所使用的计时装置几乎全部是瑞士产品。当东京奥运会决定首次使用日本表后,奥委会的有些人士曾深感不安,唯恐会发生故障使大会出问题。

日本精工计时公司决心消除人们的种种顾虑,制订了"让全世界的人都了解精工计时拥有世界一流的技术与产品"的公共关系计划,确立"荣获全世界的信赖"为公共关系目标,将"世界的计时——精工表"作为公共关系活动的主题,为此,精工计时公司着手制订并实施了一项长达4年之久的整体计划,开始了一场史无前例

的公共关系活动。

二、巧妙实施,逐层推进

精工计时公司派遣公关人员到罗马奥运会,进行"奥米茄"计时装置的现状设施使用情况的调查。然后根据调查结果,决定产品开发的程序,拟订全盘公共关系计划。同时,各公司也开始进行多种多样的计时装置的开发工作。随着计时装置开发工作的顺利进行,精工计时公司的公共关系计划也已策划完成。待调查研究工作结束后,整个公共关系计划便分为三个阶段实施。

第一阶段主要是全力以赴地开发计时装置技术并同时说服主办单位使用该企业的产品,另外,会场的布置也需征得竞技场和东京政府的认可。精工计时公司一方面积极从事游说工作,另一方面将新开发的计时装置提供给日本国内举办的各种运动会作为实验之用,其目的是向各奥委会委员证明精工技术的可信度。真诚努力终结硕果,奥委会于1963年5月正式决定东京奥运会全部使用精工计时装置。

第二阶段,在改进技术的同时,展开了以"精工的竞技时表将用于东京奥运会"为主题的公共关系活动。为了在世界范围内大造舆论,精工计时公司准备了奥运会预备会上所需的宣传手册,广告宣传也紧锣密鼓地开展。

进入奥运会前的第三阶段,公共关系的各种计划先后付诸实施,报纸、广播、电视等在报道与奥运会有关的消息时,都或多或少地涉及精工表,从而形成了"东京奥运会必须使用精工计时装置"的舆论。

由于精工计时公司与奥运会完美结合,公共关系活动收到了奇效。当东京体育馆室内比赛大厅的竞技计时装置完成后举行盛大的落成典礼时,精工计时公司的技术被夸赞为"日本科学的精华、无与伦比的结晶",终于实现了"精工——世界的计时表"这一目标。

精工计时公司为这次长达数年的公共关系计划所进行的投资包括:85名技术员与890名作业员,以及数亿日元的财富。然而,公共关系成就的最好例证便是开篇的故事,在罗马人眼里,精工表可以和瑞士表媲美。这足以说明精工计时公司此项公共关系活动的效果。

(资料来源:https://max.book118.com/html/2021/0109/7116163136003041.shtm.)

思考:

一个成功的公共关系活动需要经历哪些程序?

分析提示:

美国公共关系学权威斯科特·卡特李普等人在《有效公共关系》一书中,把公共关系的程序分为"四步工作法",即将整个公共关系工作过程划分为四个基本阶段:公共关系调查—公共关系策划—公共关系实施—公共关系评估。以上四个步骤相互衔接,不断循环上升,形成一个动态的环状模式。每一个程序完成以后,接着就要进行下一轮公共关系程序,从而构成公共关系工作过程的连续性,不断把公共关系工作向前推进。

知识链接

公共关系活动过程是各种公共关系职能的整合过程。公共关系活动究竟应包括哪些步骤,各国公共关系专家们众说纷纭,美国著名的公共关系学者爱德华·伯内斯认为可以分为从"确定目标"到"制定预算"八个程序;英国杰出的公共关系专家弗兰克·杰夫金斯提出从"估计形势"到"评价结果"的六点模式;美国公共关系学权威卡特李普和森特则将其表述为调查分析、确定目标—策划对策、拟定计划—策动传播、开展工作—评估分析、检测效果四个环节;马斯顿又把这个过程概括成著名的 RACE 模式,即 Research(研究)—Action(行动)—Communication(传播)—Evaluation(评估)。在众多的公共关系模式中,卡特李普和森特提出的"四步工作法"更具有简洁明了、层次清晰、趋于实际的优点,因此卡特李普和森特的观点被广泛接受。

第一节　旅游公共关系调查

一、旅游公共关系调查的含义

(一) 什么是公共关系调查

公共关系调查是社会调查的一种表现形式,是指社会组织运用科学方法,收集公众对组织主体的评价资料,进而对主体的公共关系状态进行客观分析的一种公共关系实务活动。公共关系调查通过运用定性和定量的研究方法,准确地了解公众对组织的意见、态度和反应,发现影响公众舆论的因素,并从中分析和确定社会环境状况、组织的公共关系状态及其存在的问题,为组织制定切实可行的公共关系策划方案提供客观的依据。

公共关系调查是全部公共关系工作的起点,它为公共关系目标的确立和公共关系计划的制订提供了基本依据,也为公共关系方案的实施提供了根本保证。

公共关系调查与市场调查在调查目的、调查对象和调查内容上有明显的区别,两者不可混淆,具体见表 5-1。

(二) 旅游公共关系调查的概念

旅游公共关系调查是为收集有关旅游组织公共关系状况、公众需要和社会环境等方面的信息而进行的调查。旅游公共关系调查可分为一般性公共关系调查和特殊性公共关系调查。一般性公共关系调查是公共关系工作调查,通过了解情况、掌握资料,来制订公共关系工作计划,目的为发展组织自身;特殊性公共关系调查是公共关系事件调查,目的为解决现

实中存在的问题。

表 5-1　公共关系调查与市场调查的区别

比较项目	调查类型	
	公共关系调查	市场调查
调查目的	了解与组织有关的公众意见、形象评估等，分析、研究公众对组织的整体要求	了解商品形象，分析研究购买者的需求与动机、购买意向与行为及购买后的感受等，以寻求维护和开拓市场的方法
调查对象	组织的相关公众	一般是商品的供求方、竞争者及其他相关部门
调查内容	组织的环境调查、组织知名度和美誉度的调查、公共关系活动调查和社会环境调查等	为达成市场目标所进行的社会环境调查，及包括产品供应、购买需求、产品价格、竞争者状态、销售渠道及促销等的微观市场调查

二、旅游公共关系调查的意义

任何一项重要的工作都离不开调查研究，公共关系工作更是如此，无论是重大发展战略的科学决策，还是日常的公共关系工作，都始终贯穿着细致的公共关系调查。只有通过公共关系调查，才能获得大量丰富的、真实准确的、动态鲜活的信息，才能按照这些信息决定采取什么样的工作方针和决策。

（一）帮助旅游组织进行科学合理的决策

通过旅游公共关系调查，我们能及时掌握目标公众需求的变化特点，为旅游组织制订各项行动计划和进行科学决策提供依据。只有依靠调查研究，才能有效地防止计划的盲目性和决策的任意性，避免主观主义和形而上学，提高旅游组织的公共管理水平。

（二）了解旅游组织在公众心目中的形象地位

有效的旅游公共关系调查可以使旅游组织准确地了解其在公众心目中的形象地位、了解公众对组织的知晓程度以及对组织的评价，从而增强旅游公共关系活动的针对性。

（三）有利于旅游组织及时把握公众舆论

公众舆论是指公众对共同关注的事物所持有的意见或评论，具有强大的影响力，积极的公众舆论有利于组织的发展，消极的舆论有损于组织的形象，甚至会造成组织危机。通过旅游公共关系调查来监测公众舆论，有利于旅游组织及时采取行动，扩大积极舆论，减少消极舆论。

（四）提高旅游组织的公共关系管理水平

旅游公共关系调查能促进旅游组织不断改善管理，提高社会效益和经济效益。通过公共关系调查，我们能够及时了解旅游组织在市场竞争中的地位，并且对比调查所反映出的综合管理水平上的差距，能够为提高旅游组织的竞争能力和管理水平指明方向。

三、旅游公共关系调查的基本内容

公共关系调查的内容包括公共关系的主体——旅游组织的自身状况调查,公共关系的客体——旅游组织的公众舆论调查,以及同主客体密切相关的公共关系的社会环境调查。

（一）旅游组织的自身状况调查

旅游组织的自身状况是公共关系人员的手头必备资料,无论是撰写新闻报道、解答公众提问、编写组织通讯、制作宣传材料,还是举办展览会、记者招待会,都需要随时查阅和引用这些调查资料。旅游组织自身状况的调查包括以下几种。

1. 自然情况调查

自然情况调查包括组织的地理位置、建筑物外观、名称、性质、机构设置、法人代表、员工人数、文化程度、年龄、性别、职务、职称结构等。

2. 组织社会情况调查

组织社会情况调查包括组织的管理模式、业务范围、社会效益、经济效益、内外政策、优势、存在的问题、潜在的危机等。

3. 组织历史情况调查

组织历史情况调查包括组织建立的时间、体制变化、重大事件、有突出贡献的职工及贡献情况、历届领导人情况、人员素质变化、发展阶段等。

4. 组织现实情况调查

组织现实情况调查包括组织的知名度、产品或成果的质量、数量、信誉、生产能力及社会需求等。

5. 组织未来情况调查

组织未来情况调查包括组织的发展前景、近期目标和长远规划等。

6. 组织自身形象调查

所谓组织形象,就是社会公众对组织的全部看法和评价。组织自身形象调查工作必须从三个方面进行:一是组织自我期望形象调查;二是组织实际社会形象调查;三是对前两种形象差距的比较分析。自我期望形象是公共关系所要达到的目标,而实际社会形象则是公共关系工作的出发点。

(1) 组织自我期望形象调查。

自我期望形象是指一个组织自己所期望建立的形象,它是一个组织公共关系工作的内在动力、基本方向和目标。作为动力和方向,自我期望形象的要求越高,组织自觉做出公共关系方面努力的可能性就越大;作为目标,自我期望形象的要求越高,实际成功率也可能越低。自我期望形象调查主要包括两个方面:组织领导层的公共关系目标和要求、组织员工的要求和评价。

(2) 组织实际社会形象调查。

期望形象是组织的理想形象,并非现实状态。了解组织实际的形象,就是运用各种调查方法,了解本组织在公众中享有的知名度和美誉度。具体的实施方法包括以下几个方面。

首先,必须对本组织的公众范围、公众分类、主要目标公众等进行调查分析,通过辨认公

众、甄别对象,确定调查的对象和范围。

其次,在对公众进行网络调查分析的基础上,实施具体调查(如访谈法、问卷法等)。然后,根据知名度和美誉度两项指标,综合分析公众的评价意见,测定组织的实际形象地位。

最后,形象要素分析。组织处于上述某种形象地位,总是由多种因素造成的。要正确评价组织的实际形象,还需要进一步调查分析形成某种形象的具体原因。应调查了解公众对事关组织形象的重要因素,如经营方针、工作效率、服务态度、业务水平等的评价,找出之所以形成某种形象的具体原因,以便有的放矢地制定改善公共关系状态的具体措施。

(3) 形象差距的比较分析。

将组织的实际公众形象与组织的自我期望形象比较,找出两者之间的差距,弥补或缩小这种差距便是下一步设计形象和建构形象要做的工作。

(二) 旅游组织的公众舆论调查

公众舆论调查是公共关系调查的主要内容,其调查结果决定公共关系的效果、对策和发展。公众舆论调查包括组织形象、公众动机、活动效果、传播效果和内部公众舆论等。

1. 组织形象

组织形象是社会公众对一个组织的认识、看法和评价。组织形象一般包括组织成员形象、组织管理形象、组织实力形象、组织产品形象等方面。

2. 公众动机

公众动机是造成公众如何评价组织的主要原因。一般而言,不同的公众,由于动机不同,对组织的评价往往见仁见智。公众动机调查包括公众对组织是否抱有偏见或特殊的喜欢,该组织的工作方式、社会活动、产品服务等方面是否与公众某种成见相冲突,或与公众的某种嗜好相吻合,或与某种社会上流行的东西相一致等。

3. 活动效果

了解公众对企业公共关系专门活动的评价。活动效果的好坏,标志着公共关系活动成功与否。每一位公共关系人员或每一个公共关系组织,每举办一次公共关系活动,都希望取得满意的效果。活动结束后,公众是否满意,满意程度如何,公众如何评价,都需要通过调查得到答案。

4. 传播效果

公共关系的传播效果调查是了解组织通过传播媒介(主要是宣传和新闻媒介)进行内外传播的效果,也就是公众接受传播信息后,在感情、思想、态度和行为等方面所发生的变化。包括调查某种媒介的覆盖面、受众构成、收视(或收听)率,对传播内容的态度和产生的行动等。如某企业要赞助中央电视台举办的青年歌手大赛,就要调查这次大赛的收视率,观众的年龄、职业、消费习惯、分布状况、态度及行为的变化,问卷回收率以及答案正确率等。

5. 内部公众舆论

内部公众舆论调查是组织内部公共关系的主要内容。只有重视内部公众舆论,才能促进组织的合作与团结,才能有助于内部公众人人关心组织发展、人人重视组织利益、人人珍惜组织的信誉和形象,使组织在发展中处于有利地位。内部公众舆论包括对本组织及本组织工作的评价、人际关系评价、领导行为评价、公众需要等。

这里特别要提到的一点是,公众舆论调查过程中要特别注意公众中的意见领袖,他们是公众中颇有影响力的人物,虽然他们不比其同伴更有地位,但却往往消息灵通、足智多谋,或有超人的胆识和品质,或有非凡的经历,赢得公众的信任,逐渐形成了一定的影响力和权威性。他们的处境地位与普通公众基本一致,因此,他们的意见往往能体现广大公众的意志。公共关系组织和人员,要尊重意见领袖,多与意见领袖交朋友,将意见领袖作为自己调查的重点,将意见领袖的意见作为调查内容的主攻方向。

(三)公共关系的社会环境调查

公共关系的社会环境调查是指与组织有关的各类公众和各种社会条件的总和,它影响着组织的生存和发展。公共关系部门和人员进行社会环境调查的目的,就是协调组织和社会环境的关系,使组织适应社会环境的变化,从而使组织得以顺利发展。社会环境调查包括宏观环境调查和微观环境调查两部分。

1. 宏观环境调查

宏观环境调查是对组织所处的政治环境、法律环境、技术环境和社会文化环境的调查。旅游组织在开展公共关系活动前,应对社会、政治、经济形势进行冷静分析,对市场和公众的社会心理进行认真研究。在市场活跃或疲软的不同环境下,公共关系活动的内容和效果是大不一样的。

2. 微观环境调查

微观环境调查是对开展旅游公共关系活动的具体条件进行的调查,包括活动的场地、设备以及有关规定等。公共关系活动的场地分为室内和露天,旅游公关人员事先要调查活动场地的面积、人员数量、食宿场所和流动通道等。对于活动设备的调查,一方面要清楚活动所需家具的数量、档次,另一方面要调查电子设备(电视、音响、扩音器、投影仪、照明设备等)的数量和使用效果。

四、旅游公共关系调查的基本方法

旅游公共关系调查方法,是指为了达到旅游公共关系调查目的而采取的方式、途径、手段、措施以及基本技巧等。科学的旅游公共关系调查方法是进行有效调查的手段。要进行旅游公共关系调查,就必须掌握其调查方法。旅游公共关系调查的方法多种多样,根据不同标准可以划分为不同类别。下面我们介绍一些最为常见的调查方法。

(一)访谈法

访谈法又称访问法、谈话法,是社会调查中古老且常用的方法之一,是调查员根据事先预定的主题和内容,与调查对象进行面对面的访问和交谈的调查方式。

1. 访谈法的分类

(1)个别访谈法。

个别访谈法就是同某些有代表性或者有深刻见解的个人进行交谈,并从中获取信息,一般有两种方式:一是调查员按照事先拟好的调查大纲,逐项发问,让被调查者回答,后期记录整理;二是调查员通过与被调查者的自由交谈,了解所需的信息资料。个别访谈法有两个明显的缺点:一是耗时耗力;二是所获取的信息具有个别性,不能完全代表全体。

(2) 小组访谈法。

小组访谈法一般以6—8人为宜,在进行小组交谈时,要事先拟订交谈计划,要求调查员具有熟练的谈话技巧、善于启发引导、善于综合归纳谈话的内容,同时,又要做到边问边记。小组访谈法具有省力、省时又省钱,小组成员间可相互激发以获得更有价值的材料的优点。缺点是小组谈话容易落入俗套,陷入一种开会式的形式而了解不到真实的、有价值的信息。

2. 访谈提纲的设计

访谈提纲一般包括:访谈调查目的——为何谈,访谈问题设计——应该问什么问题,明确访谈对象——该问谁,确定访问员——由谁去访问,确定访谈时间、地点——何时何地访问,确定访谈记录方式——怎么记,确定访谈报告方式——怎么写。

(二) 观察法

观察法是调查者进入调查现场,用自己的感官及辅助工具,观察和记录被调查对象的表现,从而获得第一手资料的调查方法。俗话说"耳听为虚,眼见为实",观察法是通过调查亲眼所见来获取信息,信息的可信度比较高。

1. 观察法的特点

(1) 制订周密的观察计划。

公共关系调查的观察,作为调查者有目的、有计划的认识活动,与人们日常生活中随意的、无计划的观察活动不同,是在组织的调查目的和假设的指导下进行的,需制订周密的观察计划,对观察的内容、手段、步骤和范围做出具体的规定。

(2) 利用一定的观察工具。

观察法需要利用一定的观察工具。观察者除了通过眼看、耳听、手摸等感性认识活动感知被调查的对象,还要借助观察仪器,如照相机、摄像机、录音机等记录调查的结果。

2. 观察法的实施过程

(1) 制订观察计划与提纲。

(2) 设计观察监测记录表格。

(3) 进入观察现场,做好观察记录。

3. 观察法的优缺点

观察法的优点是直观性、可靠性和灵活性。观察者亲自到调查现场直接与调查对象进行接触,有利于排除各种误会和干扰,从而获得第一手信息资料。观察法的缺点是表面性和偶然性。由于调查面相对狭窄,有时会受到一定客观条件的限制,观察结果可能会出现某些片面性。此外,观察法的人力投入也较大。

(三) 文献调查法

文献调查法是指调查人员通过查阅各种文献,对媒介所传播的有关组织形象或组织发展信息进行调查、统计、分析的一种间接的调查方法。

1. 文献资料的分类

文献资料的类型主要如下。

(1) 书面文献。

书面文献是指用文字或数字记录的资料,包括各种公开或不公开发行的书籍、报纸、杂志、信件、档案、报告、会议文献、统计资料等,是一种最广泛的文献资料的类型。

(2)声像文献。

声像文献是指运用录音、录像和摄影技术直接记录声音与图像的资料,包括电影、电视、录音、录像、照片等媒介形式。

(3)电子文献。

电子文献主要是指用电子计算机阅读和查阅的文件,包括磁盘文献和网络文献。

2. 文献调查法的主要步骤

第一步,建立索引、查阅文献资料。使用文献调查法收集资料,文献就是调查对象,要注明调查对象的地址。在大量收集与调查课题有关的各类文献资料的过程中,要利用检索工具查找资料或者请资料的管理者提供线索。在查阅文献时,要把文献发表的时间、作者情况、出处等记录下来,以备查询。

第二步,鉴定、筛选。文献资料收集好后,不能马上使用,要检查、判断资料的可信程度,从大量的资料中筛选出有价值的资料,进行分类。

第三步,归纳、总结。将分析研究的问题概括为简明的结论,形成较系统的观点,用文字报告的形式总结其成果和理论。

文献调查法是利用手头可以查找到的历年统计资料、档案资料、样本资料乃至报纸、杂志刊登的工商广告之类的第二手资料进行研究分析的调查方法,这种调查方法往往被人们所忽视,但事实上这是一种十分有效的调查方法。

3. 文献调查法的优缺点

文献调查法的优点主要是书面调查获取资料比较方便,比其他调查方法受到外界因素的干扰要小,既省时省力,又节省开支,是比较经济的调查方法。文献调查法的缺点是缺乏具体性、生动性;有些资料会因为当时撰稿人或记录者的倾向性而存在不真实的情况;调查者很难把所需要的资料找齐、找全。

(四)问卷调查法

问卷调查法是指由公共关系调查人员向调查对象提供问卷并请其填写,然后对回答结果进行分析的一种调查方法。问卷是一份精心设计的问题表格,用来调查公众的多种行为、态度和倾向。在旅游公共关系调查中,人们常常采用问卷的形式进行资料的收集和整理工作。

1. 问卷设计原则

不论设计哪类问卷,提问时都要做到以下几点。

(1)问题要具体,不要笼统、抽象。

例如:"您认为中国旅游业的发展前途如何?"此问题就问得太过笼统。

(2)问题用语要简单易懂,尽量不要用专业术语。

例如:"您的旅游动机如何?"此问题过于专业化。

(3)问题要客观中立,避免倾向性。

例如:"你喜欢对人身体有益的旅游娱乐活动吗?"此问题带有一定的倾向性。

(4)问题要单一,不要在一个问题里面问两种事情。

例如:"您的爷爷奶奶是否喜欢外出旅游?"如果爷爷喜欢旅游,奶奶不喜欢旅游,此问题就难以回答。

(5) 问数字要准确,不要交叉。

例如,问年收入时,应列出:"5000 元以下;5001 元—10000 元;10001 元—15000 元;15001 元—20000 元……"不应交叉。

(6) 选择题所列项目要互斥,不要出现包容。

例如:"你认为乡村旅游最适合哪类人群?"A. 青年人   B. 老年人   C. 男人   D. 女人
C、D 选项与 A、B 存在包容的情况。

(7) 不要用形容词、副词,尽量用量词。

例如:"您是否经常乘坐飞机?"对于"经常"这类副词,每个人的理解是不一样的。

(8) 所列项目要穷尽各种可能的情况,不能穷尽的要加一项"其他"。

2. 问卷的基本结构

问卷一般由前言、主体、结语三部分组成。

(1) 前言。

前言是对调查的简要说明,它用于向被调查者解释调查的目的、性质,以及向被调查者做出必要的承诺(如保密等),说明回复答卷的时间和方法;还包括发起者、委托者、填写注意事项等。其主要目的一是引起被调查者的重视和兴趣,使他们愿意回答;二是打消被调查者的顾虑,使他们敢于回答。

(2) 主体。

主体是问题的陈述和排列,是需要问卷设计者精心策划的部分。一般来说,主体包括两部分内容:一是被调查者的基本情况,如被调查者的年龄、性别、职业、文化程度等,根据调查需要,选择列出,其目的是便于进行资料分类和具体分析。二是调查的主要内容和信息,是关于被调查者对某个事件、某个组织或某项产品的态度和意见的提问。

从被调查者回答问题的自由度来看,问卷又可分为封闭式问卷和开放式问卷(见表 5-2)。封闭式问卷是一种事先对问题确定了可供选择的答案的问卷,被调查者根据各自的情况进行判断,在其中选择一个或多个自认为恰当的答案。这种问卷多用来调查事实、态度、行为等方面的问题,一般有是非式、单项选择式、多项选择式等几种形式。而开放式问卷是一种自由回答的问卷,即只提出问题,不提供答案,答案由被调查者自由回答或填写。开放式问卷可以帮助调查者掌握较丰富的材料,扩展和演化对调查事物的认识,但由于答案不标准,不利于定量统计。

表 5-2 问卷类型

问卷类型		举 例
封闭式问卷	是非式	你喜欢旅游吗？是( )否( )
	单项选择式	该景区吸引您前来游览的主要原因是( ) A. 自然风光优美 B. 人文景观丰富 C. 价格合理 D. 交通便利 E. 服务设施完善
	多项选择式	你爱喝咖啡的理由是( ) A. 提神醒脑 B. 一种习惯 C. 很时髦、很洋气 D. 说不清楚

续表

问卷类型		举 例
开放式问卷	填空式	本次旅游与您同行的有几个人？（　）
	问答式	您认为该酒店还有哪些需要完善的地方？

(3) 结语。

简短地对被调查者的合作表示真诚的感谢，也可以征询一下被调查者对这次调查本身有何看法及感想。

3. 问卷的试调查

问卷的试调查是一个不可忽略的环节，可使用问卷在几十人的小范围内做试调查。它有两大好处：其一，可以找出问卷中存在的问题；其二，可以测试问卷的问题能否回答调查者所要了解的情况。

4. 提高问卷回复率的技巧

(1) 争取高知名度、权威机构的支持。主办调查的组织名气大、信誉好，问卷回复率就高。

(2) 挑选恰当的调查对象。一般应选择有一定文字理解力和表达能力、有较强的参与意识的对象。

(3) 选择有吸引力的调查课题。调查的课题越有吸引力，就越容易引起被调查者的兴趣，回复率就可能很高。

(4) 采用回复率较高的形式。

5. 问卷调查法的优缺点

问卷调查法的优点为标准统一、形式规范，易量化、易比较、易获得大量信息；调查范围广，特别是利用网络问卷调查使地域范围更为广泛；一般采用匿名填写，信息真实性强，易于分析统计。问卷调查法的缺点为问卷回收率较低，缺乏深度（问卷不能印得太厚、太长），难以收集不能言表的材料等。

(五) 抽样调查法

抽样调查法是从调查对象的总体中按照一定比例抽取一部分作为调查样本加以调查，从而推算出总体情况的调查方法。

1. 抽样调查法的分类

抽样调查法可分为随机抽样法和非随机抽样法两种。

(1) 随机抽样法。

随机抽样是采取一定的统计方法抽取样本，使样本确定不受人们主观意志的支配和干扰，总体中的每一个个体被抽样选定的机会是等同的。例如，调查者要在有1000个工作人员的学校里抽取50人的样本，就可以用他们工作证上的号码以20为间隔抽取一个样本。随机抽样法又可以分为单纯随机抽样法、系统抽样法、分层抽样法、分群抽样法四种，在抽样调查中往往将以上方法结合使用。

(2) 非随机抽样法。

采用随机抽样法抽取样本时,每一个个体被抽取的机会都相当,人为原因造成调查误差的可能性也比较小,但这种方法需要调查者掌握一定的抽样技术,所需时间较长,投入较高。因此,在旅游公共关系调查中,常采用便利抽样法、判断抽样法、配额抽样法等多种非随机抽样的方法来确定调查的具体对象。例如,调查者要在1000人的社区里抽取50人的样本,可以采取以下方法:按性别抽样,男30人,女20人;按年龄抽样,18岁—28岁的应有20人,29岁—40岁的应有20人,41岁—55岁的应有10人;按收入抽样,高收入者应有20人,中等收入者应有20人,低收入者应有10人。此方法就是非随机抽样法中的配额抽样法。配额抽样法就是由调查者根据所规定的控制特征,以及事先确定和分配的调查数额来选择调查对象。配额抽样方法简单,省时省力,投入较少,但运用此方法,必须对调查总体情况十分了解,能准确地确定不同类型者在总体中的比重。

2. 抽样调查法的优缺点

抽样调查法是目前国际上公认和普遍采用的科学的调查方法。它可以和问卷调查、访谈等方法配合使用。这种调查方法的优点是能避免人为误差、代表性强、针对性强、调查次数少、成本低、效率高,是公共关系调查经常采用的一种方法。其缺点是需要调查者对调查总体情况十分了解,且需掌握一定的抽样技术,所需时间较长。

总的来说,各种调查方法与调查形式各有优缺点。因此,为保证旅游公共关系调查所获得的资料的准确性、客观性和科学性,应综合使用调查方法,集中各种调查方法的优势,避开缺点,充分而准确地收集信息资料,为后续工作做好铺垫。

五、旅游公共关系调查方案的内容

通常来说,调查方案包括以下若干项内容。

(一)调查题目

调查题目一般由"组织名称+调查内容+方案"三部分组成,如"××酒店顾客满意度调查方案"。

(二)调查背景

调查背景即介绍此次调查活动是在什么情况下进行的,包括组织的历史背景、发展过程、现状及面对的问题或任务、发展方向等。

(三)调查目的

调查目的要说明为什么进行调查,通过调查要解决什么问题,实现什么指标。调查目的的设定,一般应根据调查组织者(或委托者)的实际情况和需要,并结合环境的变化进行综合考虑。应注意以下两点:①调查目的应集中于调查组织者(或委托者)最需要解决的主要问题上。②避免把调查范围定得过宽,甚至把一些已解决的问题也包含进去,以免造成精力的分散。

(四)调查地点

调查地点是指调查者到何处去实施调查。它通常与调查对象紧密相关。在旅游活动中,游客的行为特征和心理特征往往受时间和地点变化的影响。

（五）调查对象与内容

调查对象也就是对谁进行调查。调查对象的确定,应根据调查目的来加以考虑,并不是调查对象所涉及的面越宽就越好。同时,有些无法进行接触的个人或单位,也不宜随意列入调查对象的范畴之中。

调查内容,就是向被调查者了解的一些问题,是对调查目的的具体反映。调查内容需注意以下几点：①内容应是依据调查目的所设计,而且调查结果容易获得；②内容的表达必须有确定的答案；③内容之间应尽量相互联系,相互照应,有某种内在逻辑关系。

（六）调查进度

调查进度,是指在调查工作预定的期限内,各时间段完成额定内容的计划。一般调查前,需要制定相应的工作进度表,这是管理中的一项重要工作。

（七）调查方法与分析方法

在编制总体调查方案时,应事先明确取得调查资料的方法。调查采取的方法不是固定和统一的,往往取决于调查对象和调查任务。大中型调查要注意多种方法的立体综合运用。在对调查方法进行取舍时,要遵循针对性原则、可行性原则、节约性原则和综合性原则。

分析方法即对调查所取得的资料进行研究分析,对资料的分类、编号、分析、整理、汇总等一系列工作的开展进行明确的规定。并且,一些特定的分析方法需要对调查内容进行特定的设计,所以调查内容设计时就要提前确定分析方法,而不是等到调查结果出来了,才考虑选择分析方法。社会调查中一般用 SPSS 软件进行统计分析。

（八）人员组织

人员组织是实施整个调查活动的具体人员的落实与组织工作,主要内容包括调查的组织领导、调查机构的设置、人员的选择和培训、调查的工作步骤及调查的善后事务处理等。

（九）经费预算

一个调查项目能否实施,经费预算往往是关键。在编制预算时,必须进行严格细致的项目预算,并向用户或上级解释清楚,以免因一些预算细节的出入而影响调查进程。通常在一个调查项目中,实施阶段的费用仅占总预算的40%,而调查前期的策划和准备阶段所需要的费用占总预算的20%,后期分析报告阶段的费用占总预算的40%。

在进行调查经费预算时,一般需要考虑如下几个方面：①调查方案设计费；②调查问卷设计费、印刷费、装订费；③调查实施费用（包括调查费用、调查员劳务费、采访对象礼品费、督导员劳务费、异地实施差旅费、交通费、误餐费以及其他杂物费）；④数据录入费（包括资料编码、数据的录入和整理的费用）；⑤数据统计分析费（包括统计、制表、作图及必需品花费等）；⑥调查报告撰写费；⑦资料费、复印费等办公费用；⑧管理费、税金等。

以上调查内容逐步确定后,应拟定调查方案,并对这一方案进行必要的评估。首先是对调查方案的可行性进行评估,其次是对调查方案进行优劣评估。通过评估和建议,适当修改后的方案更具操作性。最后,调查方案就可以实施了。

（十）附件

调查方案中涉及的相关调查表格,按序号附于其后。

六、旅游公共关系调查报告的撰写

(一)调查报告的准备

调查报告的准备,主要是整理调查资料,完成调查资料的统计与分析,通过结果数据与趋势提炼有价值的结论,以此作为决策建议的依据。

一般来说,通过调查所得到的资料比较零乱、分散,并不能系统而集中地说明问题,甚至某些资料还可能有片面性与谬误等。因此,在取得资料后,必须对资料进行系统、科学的整理与分析。

资料的整理分析主要包括以下工作。

1. 检查核实

整理资料时,要检查资料是否齐全而无遗漏,是否有重复与矛盾之处,甚至有与事实不相符合的情况。一旦发现上述情况,要及时复查、核实,并予以剔除、删改、订正和补充,即剔除错误的资料,删除重复的资料,修改订正差错的资料,补充遗漏的资料。调查中检查核实的部分是在收集资料时就要完成的。一边收集,一边检查核实,这样便于及时进行订正和补充。

2. 分类汇编

资料经过检查核实后,为了便于归档查找和统计方便,应按照调查的要求进行分类汇编。即进行分类登录,然后按类摘抄、剪贴、装订、归档,以备查阅。还可将整理后的信息输入电脑,以便软件统计分析。整理资料数据要做到准确、清楚、及时,这是衡量信息资料价值的重要标准。

3. 统计分析

对分类汇编的资料进行分析,得出结论。分析一般包括定性分析和定量分析。所谓定性分析是以资料或经验为依据,主要运用演绎、归纳、比较、分类和矛盾分析的方法找出事物的本质特征或属性的过程。所谓定量分析是运用概率论和数理统计的测量、计算及分析技术,对社会现象的数量、特征,数学关系和事物发展过程中的数量变化等方面进行的描述。为了取得比较符合实际的结论,不仅要进行定性分析,而且要进行定量分析,要在定性的基础上尽量根据不同要求将资料量化,制成统计表或统计图,或计算百分比、平均值等,然后运用这些量化资料进行分析,力求对调查的事物有较深的认识,并把有关材料迅速提供给领导部门,作为决策的依据。

(二)调查报告的撰写内容及注意事项

1. 调查报告的内容

(1) 扉页。

扉页一般只有一页纸,具体包括以下内容。

①调查报告的题目或标题。题目一般只有一句话,有时可再加一个小标题,文字可长可短,但应将调查内容概括出来。

②进行该项调查的机构的名称。如果是单一机构,写上该机构名称即可,如果是多个机构合作进行,则应将所有机构的名称都写上。

③调查项目负责人的姓名及所属机构。应写清楚项目主要负责人的姓名及其所在单位。

④注明报告完稿日期。

(2) 目录或索引。

目录或索引应当是列出报告中各项内容的完整的一览表,但不必过分详细,一般只列出各部分的标题名称及页码。目录的篇幅以不超过1页为宜。有时如果报告中图表比较多,也可再列一张图表目录。

(3) 摘要。

阅读调查报告的人往往对调查过程的复杂细节没有或很少有兴趣,他们只想知道调查所得的主要结果、主要结论,以及他们如何根据调查结果行事。因此,摘要可以说是调查报告极其重要的一部分,它也许是读者首先阅读的部分,所以应当用清楚、简洁而概括的手法,扼要地说明调查的主要结果,详细的论证资料只要在正文中加以阐述即可。

调查结果的摘要要简短,一般不要超过报告内容的1/5,可单独作为一页。调查结果的摘要是相当重要的报告内容,但在国内的调查报告中常被忽略,应该引起调查人员的重视和注意。摘要中应该写出关键词。

(4) 调查背景。

调查背景部分即介绍调查的由来或受委托进行该项调查的原因。进行说明时,可能要引用有关的背景资料为依据。背景的介绍不仅可作为调查目的提出的铺垫,还可以作为调查结论和建议的佐证,与调查结果相结合来说明问题。所以背景的介绍不一定要面面俱到,但必须与调查主题有关。

(5) 调查目的。

调查目的通常是针对调查背景分析所存在的问题而提出的。它一般是为了获得某些方面的资料或对某些假设进行检验。不论调查目的如何,调查人员都必须将本调查预期获得的结果列出一张清单。

(6) 调查内容。

根据调查目的,概述主要调查的内容项目。

(7) 调查方法。

在这一部分中,需要加以叙述的内容包括:调查地区、调查对象、样本容量、样本结构、资料采集方法、实施过程及问题处理、调查人员介绍、资料处理方法及工具、调查完成情况。

调查方法的介绍有助于使读者确信调查结果的可靠性。但在描述时要尽量简洁,把方法及采用原因说清楚即可。

(8) 调查结果。

将调查所得资料报告整理出来。资料的描述形式通常是表格或图形。在调查报告中,仅用图表资料的形式呈现出来还不够,调查人员还必须对图表中数据资料所隐含的趋势、关系或规律加以客观地描述。调查结果有时可与结论合并成一个部分,这要视调查主题的大小而定。

(9) 结论和建议。

结论是指用简洁而明晰的语言对调查前所提出的问题进行明确的答复,同时简要地引

用有关背景资料和调查结果加以解释、论证,即要说明调查结果有什么实际意义。

建议则是指针对调查获得的结论提出可以采取哪些措施、方案或具体的行动步骤,如公共关系策略应如何改变,如何创建企业名牌,如何与竞争者抗衡,等等。

大多数的建议应当是积极的,要说明应采取哪些具体的措施以获得成功或者要处理哪些已经存在的问题。

(10) 附录。

附录主要是列入可以辅助说明问题的有关资料,用来论证、说明或进一步阐述已经包括在报告正文之内的资料,每个附录都应编号,在附录中出现的资料常常包括调查问卷、有关抽样细节的补充说明、原始资料的来源、调查获得的原始数据图表(正文中的图表只是汇总)。

2. 撰写调查报告的注意事项

调查报告不同于纯理论文章,也不同于一般的工作总结,应注意用调查资料来说明问题,用资料来支撑结论。因此,在撰写调查报告时,要坚持实事求是,资料的取舍要合理,推理要合乎逻辑,还要在结构、主题、语言上下功夫。同时,调查报告写好后要及时送交最高管理部门备案,供决策者决策时参考。

(1) 要考虑读者的观点、阅历,尽量使报告适合读者阅读。
(2) 尽可能使报告简明扼要,不要拖泥带水。
(3) 用自然体例写作,使用普通词汇,一般情况下尽量避免行话、专用术语。
(4) 务必使报告所包括的全部项目都与报告的宗旨有关,剔除一切无关资料。
(5) 仔细核对全部数据和统计资料,务必使资料准确无误。
(6) 充分利用统计图、统计表来说明和显示资料。
(7) 按照每一个项目的重要性来决定其篇幅的长短和强调的程度。
(8) 务必使报告排版工整、易于阅读。

第二节 旅游公共关系策划

一、旅游公共关系策划的含义及意义

旅游公共关系策划是旅游公共关系工作程序的第二步,通过旅游公共关系调查,明确了旅游组织公共关系存在的问题及目标要求后,就要设计、谋划如何解决这些问题,达成具体的运作过程,从而使旅游组织的公共关系处于最佳状态。

(一) 旅游公共关系策划的含义

策划也称谋划、筹划。在《中国公共关系大辞典》上,策划被定义为,"是指人们为了达成某种特定的目标,借助一定的科学方法和艺术手段,为决策、计划而构思、设计、制作策划方案的过程"。

旅游公共关系策划是在旅游公共关系调查之后,旅游公关人员根据旅游组织形象的现

状和目标要求,分析现有条件,充分发挥想象力和创造力,谋划、设计最佳行动方案的过程。

(二)旅游公共关系策划的意义

美国策划大师科维曾形象地说:"如果把公共关系活动比作演戏,策划就是创作剧本。一个出色的剧本很容易在演出时获得成功,吸引公众;相反,一个平庸的剧本,无论导演和演员如何尽力,也很难化腐朽为神奇。"一般来说,经过科学的、周密的公共关系策划的活动,会为组织带来良好的效益。

1. 旅游公共关系策划有利于实现旅游组织目标

旅游公共关系策划的过程是根据旅游公共关系的状态和问题对旅游公共关系工作进行谋划的过程,是确定旅游组织公共关系目标以及为实现目标寻求有效手段的过程。根据对时间、资金、人力和物力的策划,可以将旅游公共关系的目标具体化。策划中切实可行的预算和工作程序计划表,可以确保旅游公共关系活动有条不紊地开展,确保对财务做到有效的控制,最终使得旅游公共关系活动目标的顺利实现。

2. 旅游公共关系策划是旅游组织树立形象的法宝

高水平的旅游公共关系策划可以帮助旅游组织抓住机遇、渡过难关,是旅游组织参与竞争、树立自身形象的法宝。现代旅游企业的竞争,已经从旅游产品竞争转入旅游企业信誉的竞争、形象的竞争。实践证明,公共关系策划的水平代表着公共关系工作的水平,哪个企业公共关系策划工作做得好,哪个企业就会赢得公众的信任,并形成一种美好的形象。

3. 旅游公共关系策划是公共关系价值的集中体现

旅游组织要想在残酷的社会竞争中脱颖而出,可持续地发展下去,要想在本领域内处于不败之地,要想得到公众的认可,就要做到"人无我有,人有我优,人优我新,人新我变"。系统而周密的旅游公共关系策划往往富有创造性和新奇性,能够与时俱进,并在此过程中树立旅游组织的形象。很多旅游组织的成功案例都表明策划是公共关系价值的集中体现。

二、旅游公共关系策划的原则

旅游公共关系策划的原则是旅游公共关系活动客观规律的理性表现,是策划实践活动的概括和总结,也可以说是公共关系策划的价值观念。要使公共关系策划过程更加科学合理,形成的方案更加符合实际,旅游组织应遵循以下几个原则。

(一)求实原则

公共关系是建立信誉、塑造形象的艺术,也是以事实为依据的科学。遵循求实原则意味着在旅游公共关系策划中应注意以下几点。

首先,是获取真实可靠的信息。在收集和分析信息时,旅游公关人员要努力做到客观、真实、全面、公正,保证所收集到的信息真实准确,使公共关系策划目标的确定和行动方案的选择都建立在掌握事实的基础之上。否则,组织会由于失真的信息对工作产生错误估量,使决策走向歧途。

其次,要如实地传播信息,向公众说真话。一个组织说一次谎话可能不会被公众抓住,还可能会为组织带来暂时的效益,但我们须知,在传播媒介的社会监督作用日益加强的今天,想长久隐瞒事件的真相是不可能的,对处于不利情况的旅游企业组织来说,求实原则更

为重要,企图掩盖真实情况的公共关系策划,最终只能弄巧成拙。

旅游业是整个社会经济活动系统的子系统,其运行离不开大系统的规则制约,因此,求实的原则也意味着公共关系策划人员必须保证策划活动符合组织的现实状态和社会生活的真实情况,必须考虑到我国国情、省情、地情,不能脱离地方与时代的经济背景而孤立地进行策划,更不能"饥不择食",抛弃道德底线搞恶俗炒作。

（二）系统原则

旅游业本身就是一个系统,旅游组织具有多层次和多类型,功能和隶属关系也呈现多面性和多元化,具有很强的综合性和整体性。因此,旅游公共关系策划应该按照系统的观点和方法予以谋划统筹,对系统中各组成要素全盘考虑,并且要与外部环境协调起来。

当然,系统性原则意味着要塑造良好形象,改善公众关系不是一蹴而就的,需要坚持不懈地开展一系列的公共关系策划工作。如果把公共关系策划作为一种短期战术行为,每一次公共关系策划事件都是孤立的,相互之间没有关联,那么等于每一次策划都是从头开始,无法形成公共关系活动成果的积累。

（三）科学性原则

首先,旅游公共关系策划需要综合运用公共关系规律、谋略以及各种学科的综合知识,在专门的策划和管理机构的指挥和调度下,将公共关系目标细化到具体的人员,对即将开展的公共关系工作进行周密的谋划和设计。

其次,公共关系策划有其科学的工作程序和必须遵循的指导性策划原则,这些都使公共关系策划不是即兴发挥,而是科学化、规范化的工作,需要合理控制进度、科学制定预算经费、规范分配资源。

最后,公共关系活动策划不提倡"个人英雄主义",优秀的活动策划方案往往都是集体的智慧结晶。决策的集体化在更大程度上能保证策划方案的科学性和可行性,尤其是一些公共关系战略方案或大型的主题活动的策划,更是要求企业领导、公关人员、外部智力,甚至目标公众的共同参与,集思广益,取长补短。

（四）创新性与可行性统一原则

旅游市场需求的多样化及市场竞争的白热化,促使众多旅游企业共同面临着一个很急切的课题——创新。旅游公共关系策划活动作为旅游公共关系活动的核心和关键,必须将创造性作为策划的灵魂,通过辩证的思维过程,打破传统,别出心裁,使公共关系活动生动有趣,开拓新的境地,并使之产生别具一格、标新立异的结果。

一次成功的公共关系策划必须是一次创造性劳动。严格地说,不会有两个完全相同的旅游公共关系策划。公共关系人员必须凭借创造性素质,采取蕴藏于日常工作之中而又出人意料的、非常规的、非常识的举措。

当然,创造性不是为了创造而创造,一味地标新立异。过于倚重某些灵光突现的想法的时代已经过去,一个有新意的公共关系活动策划的目标必须是可实现的、程序是可行的、范围是力所能及的、手段和方法是可利用的。其实,创新性和可行性本来就是一组矛盾,当这组矛盾解决之时就是公共关系策划成功之时。

（五）计划性与灵活性结合原则

每一次旅游公共关系活动都是一次"现场直播"，人力、财力、物力的配备协调都具有较强的计划性。所以行动方案一旦确定，在实施中就应尽量保持其稳定性。但是，由于旅游组织的条件特征和外部环境是处在不断变化中的，如果在实施公共关系活动中过于教条，不与实际相结合，就很难把策划方案落到实处。因此，在策划活动方案时，我们应该从最坏处着想，从最好处入手，使方案具有充分的回旋余地和灵活的补救措施。

当然，我们强调的灵活性是指积极的而非消极的灵活性。积极的灵活性就是在公共关系活动中备有多种方案和预防措施，一旦态势有重大变化时，能够不乱方寸、有备无患地做出灵活的应变。而消极的灵活性则是指降低可能实现的目标，各方面都"留一手"，结果以闲置甚至浪费资源为代价，来增强所谓的"灵活性"，这是绝对不可取的。

三、旅游公共关系活动策划的程序

旅游公共关系活动策划程序是公共关系人员通过调查研究和综合分析，确立公共关系目标，制定公共关系活动方案的过程。由于策划者的用意、思路及策划内容等方面的差异，旅游公共关系策划的层次、内容、程序与方法也不尽相同。从实用性角度出发，旅游公共关系活动策划程序一般可分为六个阶段。

（一）确定目标与公众

1. 确定目标

公共关系策划的目标是指旅游组织通过公共关系活动希望达到的形象状态和理想标准。在前期的公共关系调查中发现组织存在的现实或潜在问题后，要解决的问题实际就成了公共关系策划的目标。公共关系目标既是策划活动的出发点和归宿，在公共关系活动中从始至终都起着定向导航的作用，同时也是衡量和评估公共关系策划效果的标准。公共关系策划目标一般可分为以下几种。

（1）塑造全新形象。旅游组织在新成立、开辟新市场、推出新产品和新服务时，要通过公共关系策划活动来加深公众对其形象的感知，提高知名度。

（2）优化形象。当旅游组织内部环境发生变化，或政治环境、经济条件、公众观念、社会风气变更时，必须积极通过公共关系活动提升和优化形象，使之与内外部环境相适应。

（3）矫正形象。当旅游组织由于各种主客观原因出现形象受损时，也需要通过策划公共关系活动来控制影响、缓和矛盾、矫正失误、提高声誉、恢复与改善形象。

对策划目标的确定要注意两点。

第一，公共关系策划目标应明确、具体，指向必须清楚，任务和要求应该具体化，避免抽象的概念和空泛的口号。这样才能使各级公关人员明确自己的责、权、利，避免造成各种误解。另外，目标最好是可以通过数据来计算的，可以量化的。

第二，公共关系目标要合理，即具有可行性和可控性。确定公共关系目标要考虑到自身的人力、财力、物力等基本条件。同时，所确定的目标要有一定的弹性，考虑突发因素对实施计划的影响，以防情况发生变化时能够灵活应变。

2. 确定公众

旅游组织的公众有多种类型，他们是与旅游组织有着某种共同利益并与组织的特定工作产生互动效应的社会群体。确定了目标公众,才能确定公共关系活动的程序和重点。但是,不同的公众具有不同的经济条件、价值观念、利益要求、文化修养、生活习惯,公共关系活动要面对所有目标公众是不现实的。因此,组织需要根据活动目标和主题来确定公众,公众的确定越有针对性和科学性,公共关系活动实施的效果也就越好。

确定公众一般可以按以下步骤进行,首先是整理公众对象的权利要求,其次分析他们对组织所持的态度和权利要求,使其作为策划活动的目标和出发点。以一般旅游企业为例,其公众权利要求如表5-3所示。

表5-3 公众权利要求

与公众关系	公众的权利要求
员工	良好的工作条件,合理的工资福利,拥有培训进修机会,和谐的人际关系,工作安全感、成就感、参与企业管理、决策的机会,等等
股东	了解旅游企业运行状况,有权了解旅游组织账目,参与股份表决、利润分配,有权转让股票,等等
游客	合理的消费价格、良好的旅游服务,必要的消费教育和指导,完善的投诉受理和处理渠道,等等
竞争者	社会或行业竞争活动准则,平等竞争机会和条件,竞争中相互协作,等等
社区	旅游直接、间接就业机会,社区环境、秩序保护,当地文化传统传承,地方建设人、财、物支持,等等
政府	遵守法律、政策,承担法律义务,公平竞争
媒介	开放的新闻环境,真实的新闻信息,新闻职业尊严,等等

旅游组织在确定公众的大致权利要求后,要找出各类公众权利要求的共同点和共性问题,作为制定公共关系活动目标的基本内容。针对不同公众的特殊权利要求,应该选择与组织生存发展密切相关的内容,作为公共关系工作的重心。

(二)成立策划组和组织策划会

1. 成立策划组

实践证明,一项公共关系策划方案能否成功,策划者的组成极为关键。尤其在知识密集时代,在组织内外部条件复杂多变的情况下,协同作业成为现代旅游公共关系活动策划的必由之路。在实践中,公共关系策划组多由与策划目标密切相关的5—12人组成。策划组的理想构架是成员的知识结构、能力、特长等各方面形成互补,各个成员能在策划中独立承担某一部分的策划内容,或能很好地配合某一问题,保证策划成果浑然一体、无懈可击。一般来说,策划组的基本人员构成可分为四类:①方法学者——策划领域的专家;②设想产生者——旅游行业领域的专家;③分析者——旅游专业领域的高级专家;④演绎者——具有较高逻辑思维能力的专家。

2. 组织策划会

策划组的工作程序大致是:首先,个人整理、研究相关资料,并将初步成果向其他成员通报;其次,大家经过初次交流后,知识互补,进行更成熟、综合的思考;最后,召开策划讨论会,将各成员的成果汇总,或由大家形成多个方案,进行综合择优,在这个过程中,重点要求对策划会精心筹备,认真执行,保证会议效果。具体来说要做好以下几项工作。

(1) 会前准备。确定会议主题,通知会议时间、地点,使策划者做好心理与材料上的必要准备,布置好场地,安排好座次。如果专家远道而来,还要安排人员提供周到的服务,安排好专家的生活起居。

(2) 会中组织。会议主持人在此过程中的作用十分关键,作为策划项目的负责人,其在会议进行中必须注意控制会议进度、节奏,把握讨论方向,引导脑力激荡,调节会场气氛,维持会议秩序。

(3) 会后总结。在会后,主持人、记录者和相关人员应该整理会议记录,归纳并总结会议讨论问题,然后进行全面技术性分析和可行性论证。书面报告形成后,送决策者优化选择。

(三) 设计主题和活动形式

1. 主题设计

郑板桥曾说:"作诗非难,命题为难,题高则诗高,题矮则诗矮,不可不慎也。"旅游公共关系活动的主题是指连接公共关系所有项目,统筹整个活动的思想纽带和核心,可以说是活动的主线和灵魂。但是,主题只是公共关系活动的立意,并不等同于公共关系活动的目标,是为表现和实现公共关系目标服务的。

公共关系活动主题的表现形式是多种多样的,最常见的是文字表达,可以是一句简洁的口号,也可以是一个陈述或是一种表白。除此之外,活动主题还可以通过标志物、吉祥物、代言人、主题曲等形式推出。无论形式如何,公共关系活动主题都要求意义明确、新颖别致、切合实际。一般来说,提炼和确定主题应该注意以下问题。

(1) 主题与公共关系目标要有一致性。确定主题必须先对具体的旅游公共关系活动性质有基本的认识,使活动主题和组织公共关系活动目标保持统一,否则会造成公众对整个活动的认识偏差,导致公共关系效果错位,降低活动的感染力和影响力。

(2) 主题要有实效性,便于传播。一是要求旅游组织把握社会热点,借势顺势,广泛收集并分析社会信息,关注国家主要政策或社会热点问题。二是要求主题独特新颖、便于记忆、易于解读,不会出现歧义,语言表述要有文采、有语感、有美感、有灵感。三是要分析了解公众心理特点,考虑地域文化特征、公众价值观、审美情趣。例如,2009年是广东省试行国民旅游休闲计划的开局之年,全省"五一"假期有百余项以国民旅游休闲计划为主题的旅游文化娱乐活动,这一系列活动的主题确定为"粤游粤精彩",巧妙地利用"粤"与"越"的谐音,很好地突出了"广东人游广东"的主题。

(3) 主题要有稳定性。主题是公共关系活动的"眼",确定后应该贯穿公共关系活动始终,不得随意改变。某些大型公共关系活动可能存在多个主题,但必须确立主题之间的主次关系,避免公众产生感知混乱。

(4) 主题要具备客观性。旅游公共关系活动的主题,必须要遵守国家相关政策和行业规则,不碰"高压线"。例如,在2008年奥运会期间,国家旅游局(现文化和旅游部)就曾正式下发通知,要求各旅游企业严格遵守《奥林匹克标志保护条例》的规定,不应自行使用奥林匹

克标志组织任何庆祝"2008中国奥运旅游年"的活动,不应擅自使用"北京奥运,相约中国"的口号。另外,客观性原则还要求拟定的活动主题应该积极向上,体现时代气息,商业化气息不可太浓厚,也不要主观性太强。

2. 活动形式设计

旅游公共关系活动的主题总是要借助一定的形式来表现,具体的活动形式大致可分为以下三类:①以信息传播为主的宣传活动,如新闻发布会、展览会、股东大会、文体演出等;②以建立社会关系网络为目的的交际活动,如招待会、联谊会、茶话会、沙龙等;③以社会性、公益性为主的社会活动如赞助活动、捐赠活动、慈善活动、重大纪念活动等。

在设计以上旅游公共关系活动形式时应注意考虑以下因素。

(1)针对性。公共关系活动项目要符合组织的性质和特点,要注意保持各项目的连续性,以利于积累成果,使每一个项目都成为表现、烘托主题的有用要素。

(2)合理性。公共关系策划人员要按照活动开展的顺序和内容,合理地编排各项目的活动时间和内容搭配,使之张弛有度。

(3)适应性。活动项目要考虑一定的弹性和适应性,可以根据环境进行适当调整。例如,2010年,广西百色市计划在4月底举办布洛陀民俗文化旅游节。但是,在4月初,西南各地的旱情日益加重。为了适应抗旱的形势,活动组在开幕前五天对旅游节活动内容进行了"三减两加",即取消开幕式、文艺晚会、圣女池摔跤等与抗旱形势不相宜的活动,增加了抗旱救灾捐赠、抗旱救灾科普知识宣传活动。

(4)新颖性。公共关系活动项目要新颖、有特色,能充分吸引公众的注意力,引起公众的兴趣,给公众留下深刻的印象。

(四)选择媒介策略和时机

1. 选择媒介策略

要使活动达到预想的公共关系效果,旅游组织必须了解各种媒介的优缺点,优选搭配组合媒体资源,形成优势互补的整合性效果。具体操作可参考以下思路。

(1)选择媒介类型。即根据旅游公共关系目标、公众对象接受信息的模式和特点来选择媒体,使活动方式与传播对象之间形成良性的传播渠道。如一个旅游集团要面向政府、企业股东、顾客等宣传自己重组上市等信息时,可以选择旅游类报纸、杂志、网站、旅游卫视等专业媒介,或者各种媒介的旅游类板块、财经板块作为传播平台。

(2)选择具体媒介。公关人员要收集媒体信息,分析不同媒介的权威性、影响力、报道特色、发行传播量、覆盖范围。同时还要考虑是否具有媒体的联系渠道,是否能够约请等问题。完成上述调研分析后,公关人员应该列出一个媒体分析名单。

(3)搭配组合媒介。这是媒体传播成功的关键。公关人员要本着经济适用的原则,根据企业实力和公共关系活动预算,选择搭配恰当的媒介。在搭配组合媒体时,必须了解媒体特点,知道媒体的所思所求,为量身定做提供"新闻",同时也要理解媒体在一些传播上的不便,少做一些"互相为难"的事情,把事情想在媒体前面。

值得一提的是,互联网目前已进入中国主流媒体行列,且影响力仍在不断提升,使得公共关系活动策划范畴有了一个质的扩展。对网络媒体的选择,应该做到共性与特性并重,定性与定量结合,重点考察其覆盖人群、注册用户数、点击率、回帖率、意见领袖参与度、网络媒体定位、目标用户特征等指标。另外,还要考察网络媒体对信息的管理能力,在保证目标用户覆盖的基础上,最大限度地减少干扰信息的影响。

2. 选择时机

《兵经百篇·速》说,"难得者时,易失者机",策划者应该善于无机则创机、有机则乘机、见机则借机,只有因势利导,才能利用时间条件保证策划活动的顺利开展。

(1) 常规时机。这类时机常见的有固定节日、重大纪念日和其他有规律的节假日。由于这类常规性时机的知名度高、受众面大、社会各界都重视,其往往成为旅游组织塑造良好形象的较佳选择。具体而言,旅游组织可利用的常规时机包括:国家法定节假日,重大纪念日,国际节日(如9·27世界旅游日、5·18国际博物馆日等),重大文体活动,会议、展览日,旅游节庆活动,少数民族节日,名人、伟人诞辰日。

(2) 组织自身时机。组织的自身时机是指旅游组织在发展经营过程中,对企业具有重大影响或重大意义的时机。具体的时间点则会因企业特点而不同,一般可利用的时机包括:组织工程奠基、落成、开业、乔迁、周年庆之时;组织更名、改组、转产、合并之时;组织股票上市之时;新产品、新项目、新服务、新技术推出之时;组织获得高等级荣誉之时;各种可引起公众关注,如酒店销售额、景区游客接待量达到一个大的整数之时;组织出现失误或受到公众误解之时。

(3) 偶然时机。偶然时机,是指在组织发展过程中出现的偶发性、突发性事件。公关人员只要具有强烈的公共关系意识,又善于观察发现,就可以不失时机地借用这些事件来策划公共关系活动。偶然得到的机会,常常是一种真正的大好机会,充分利用它,能获得意想不到的效果。

选择时机要注意:首先,公共关系活动要与这些时机有直接或间接的联系,才能取得好的效果,与节日毫无关系的活动不但不能借势,反而会被节日分散公众注意力。其次,时间的选择必须考虑公众参与时间的可行性,有利于公共关系目标的实现。再次,时机选择应该考虑当地的民风民情、宗教信仰、民族感情,注意把握公众的心理时机,避免公众产生逆反、排斥心理。例如,每年9月18日都有各类组织因在这一天开展不合时宜的公共关系活动而受到舆论批评。最后,应注意避开恶劣天气,也就是说,公关人员要学会关注天气预报。

(五) 制定经费预算

任何一项完整的公共关系活动策划方案必须包括公共关系活动经费的预算,这既是公共关系策划方案的应有之意,也是论证、审定活动方案的重要依据。

1. 公共关系活动经费预算的重要性

(1) 保证活动方案的可行性和现实性。对公共关系活动经费进行预算,可以明确各项目的轻重缓急,做到心中有数,使公共关系活动方案做到全面兼顾,避免被动。另外,还可以给公共关系活动费用的分配提供一个坐标系,使钱花在刀刃上,保证公共关系活动经费按计划支出,防止透支或以权谋私现象的发生。

(2) 保证将公共关系工作纳入正轨。根据具体的经费预算,旅游组织可以合理安排工作人员,选用恰当的活动方式和传播媒介,将公共关系的计划方案具体化,形成"时间—经

费—活动"一览表,保证各项具体任务的完成,避免因陷入"财政陷阱"而使方案无法实施。

(3) 便于活动效果评估。公共关系活动方案实施完毕后,可以根据公共关系活动的效益同成本预算之比来检测评估公共关系活动的花费是否值得,并且可以考核预算内各个项目之间的分配比例是否合理,为以后评估公共关系工作提供比较科学的依据。

2. 公共关系活动费用的基本构成

(1) 大宗项目费用。大宗项目费用是指实施旅游公共关系活动中相对独立、大宗的项目开支,包括交通运输费、印刷品制作费、咨询费、赞助费、专项调查费、宴会或餐饮支出费、广告支出费等。

(2) 设施物资费用。设施物资费用主要依据公共关系活动应用的手段而定,包括视听器材、展览设施、文具、纪念品、礼品及布置场地物品所需的费用,以及用于宣传方面的开支,如摄影、录像、宣传品印刷、展示费用等。

(3) 人员支出费用。人员支出费用包括公关人员和其他参与活动人员如名人嘉宾、外聘专家、文体演员、礼仪人员的工资、奖金和补贴。

(4) 不可预算的费用。这部分费用指因突发事件调整、改变方案所产生的费用,以及其他不可抗因素导致的不可预算开支。一般来说,在预算总额已定的情况下,我们应当计提一定比率(比如5%—10%)的机动经费,以备处理因计划不周或出现偶然事件而造成经费紧张的问题。

3. 公共关系策划经费的预算方法

(1) 经费包干法。经费包干法是指组织按常年的公共关系活动情况核算出一定量的经费,作为公共关系策划之用,或是有单项的活动计划,可专项拨给经费。一旦划定了经费,就不宜再增补或删减,而由组织的公共关系部门或公关人员在本职范围内使用,此法编制预算速度较快,但有时难免陷入盲目性。

(2) 比例抽成法。比例抽成法是指按旅游企业的正常收入,从宣传经费、行政经费和其他经费中取一定比例的经费作为公共关系策划费,用于开展公共关系活动。使用这种方法,经费预算明确,但缺乏弹性。

(3) 目标估计法。目标估计法即按组织确立的工作目标(总目标或若干分目标),逐项列出细目,计算出所需经费。

(六) 论证和审定策划方案

公共关系人员在进行策划时很可能会提出若干个活动方案,即初始方案。为了最有效地实现公共关系目标,必须要对这些拟订方案进行论证优选,即预测性地评估风险,预测效果,进行比较,择优而选,最终确定活动方案。这一过程既要听取专家的意见,也要听取有关公众的意见,从各方面论证策划方案的可行性。

不同旅游组织的公共关系活动策划方案的论证内容及侧重点因组织不同可能差异很大,但一般应包括以下内容。

(1) 对公共关系目标进行分析,判断目标是否明确,能否实现以及实现组织目标的意义。

(2) 对项目的必要性进行论证,判断该策划是否应付诸实施。

（3）对方案、技术可行性进行分析，包括人力、财力、物力协调到位的情况，项目实施进度，预算合理性等。

（4）分析开展公共关系活动时可能发生的潜在问题和障碍，讨论减少和补救失误的措施。

（5）对预期结果进行综合效益评价，有的方案要经过反复论证。

公共关系活动方案经过论证后，必须以书面报告——策划书的形式报相关领导审核和批准。策划方案一经审定通过，便可组织实施了。

四、旅游公共关系策划方案的编制

（一）旅游公共关系活动策划方案的结构及内容

一般来说，旅游公共关系活动策划方案可分为以下部分：封面、序文及目录，正文，附件。

1. 封面、序文及目录

（1）封面。

一般来说，公共关系活动策划方案应专门制作封面。格式要规范，力求简单、庄重、大方、典雅，紧扣主题。封面可以图文并茂，如用组织的标志做书眉、背景等。如果是涉外活动，则要在允许的情况下尽量精美。封面要注明标题、编号和版记、落款。

①标题。标题应有组织的名称、活动的内容、活动方式及文种。标题字号稍大于正文，居中排列。其表现形式大致有两种：第一种是"事由＋文种"，如"××酒店开业十周年纪念活动策划书"。第二种是"主标题＋副标题"，主标题是公共关系活动主题，副标题即常用策划方案名称，如"心动十月，梦连你我——××景区枫叶品赏会策划方案"。

②编号和版记。编号的作用主要是便于存档和查找，一般标注在策划书标题右上角。方案可以根据内容的重要程度或保密程度编号（如分为秘密、机密、绝密等），也可根据本组织方案管理的既定分类编号。另外，还应在标题下括号注明策划方案的版记，如"草稿""讨论稿""征求意见稿""修订稿""实施稿""执行稿"，等等。

③落款。落款应注明制作策划方案的单位名称及日期，加盖公章。一般还要注明总策划、策划总监、策划督导和策划人员的名字及身份等。

（2）序文及目录。

序文应该列在策划方案的最前面，涵盖策划活动的要点，是策划方案的精华。序文要简略地介绍旅游组织策划这份文案的特定背景和公共关系目标。这样才能说明开展公共关系活动的迫切性和意义所在，同时引出后面的具体策划内容（方案），使读者能在最短的时间内评审计划并做出判断。

策划方案的目录具有导读、检索功能，使人读后能了解策划方案的全貌。目录只需一页即可，一般不列在方案的页码标注的范围以内。

2. 正文

策划方案的正文一般可以按活动概述、活动方案、经费预算和效果评估预测四个层次展开。

(1) 活动概述。

活动概述包括活动背景分析、活动目标、活动主题、活动参与者。

①活动背景分析。背景分析的目的主要是让审批者、领导、方案实施者了解这次活动要解决什么问题及其鲜明的记忆点是什么。背景说明中可以将重点放在公共关系活动的环境分析上,用SWOT法进行详细的描述。必要时,应该对前期的公共关系调查的对象的代表性、方法的科学性以及结论的可行性进行简单明了的分析。

旅游公共关系活动背景分析的撰写,并无固定的套路,可视活动的不同性质而定。如一项公益型公共关系活动的策划方案,与一项品牌推介型公共关系活动的策划方案,其背景分析的撰写重点就有所不同:前者强调社会热点和公众需要,后者着眼于市场竞争态势和企业拓展需要。但一般来说,公共关系活动背景离不开两大块内容:一是社会、公众和市场的需要,二是组织自身发展的需要。

范例:

随着生活节奏的加快,传统的过年方式发生了变化,利用春节假期出游的群体在不断扩大,以致春节黄金周市场的营销,成为旅游业一年中重要的和新年第一场必争的"战役"。××是"中国民间剪纸之乡",宣传和推广××剪纸有利于提升××旅游目的地的文化内涵,弘扬民间剪纸文化更是我们的责任。2017年是"鸡"年,我们将在景区推出一系列与"鸡"有关、互动性和趣味性强的春节过年活动,并将"鸡"以剪纸的形式表现出来,使景区休闲与当地特色文化有机结合。借景区平台传承民间文化,用地方文化丰富景区内涵,相辅相成,相得益彰。

②活动目标。在陈述活动目标要点时,要用简洁明了的语言描述活动的独到之处及由此产生的意义(经济效益、社会效益、媒体效益等)。目标要具体化,要具有重要性、可行性、时效性。

③活动主题。活动的主题要求文字简练,具有唯一性和原创性,具有感召力,易于传播和记忆,能够反映活动的整体特色和优势,并体现其独特性、差异性,成为活动的理念识别。

范例:

"金色花海、真美汉中"(2017中国最美油菜花海汉中旅游文化节);

"沐心之城·川乐之旅"(四川省第八届乡村文化旅游节(夏季)暨2017沐川醉氧之旅生态文化旅游节);

"福佑邛池鱼满仓"(2016中国·凉山西昌邛海开海节);

"欢乐筝春,福满芦荡"(2016第十一届苏州(沙家浜)国际风筝节)。

④活动参与者。旅游公共关系活动的参与者往往是多个单位依据某种特定关系组合形成的团队。在策划方案上必须一一列出活动参与方的名称以示尊重,更重要的是可以明确不同参与者的义务和权利。一般来说,公共关系活动参与者大多可以分为以下几类。

主办方:活动实际主持者,负责提供经费、安排工作人员、监管项目的进程,以及完成项目,活动的收益归其所有。

承办方:主办方通过"投标"等手段选择出来的具体承担工作者,需完成主办方的项目要求,并按约定条款获得相关利益。

协办方:活动项目比较复杂时,承办方选择的一些协助工作的单位,向承办方负责。

另外,在相互有利的条件下,还有一些社会团体会对活动提供资金、产品、设备、设施和免费服务等支持,可将它们列为"赞助单位",如果冠以企业名称,则为"冠名单位"。

同时,在参与者的名单上,还要注明媒体支持单位名称以及到场领导、主要代表、嘉宾的全名、头衔和职称。

(2) 活动方案。

这是旅游公共关系活动策划方案的核心和"重头戏",也是具体公共关系活动的创意体现和水平检验,更是对前面的战术进行激活、处理的步骤。从某种意义上说,公共关系活动实施方案就是公共关系活动在文本上的预演。

公共关系活动的实施一般分为若干阶段,每个阶段都要将活动时间、场地、人物、物资调度等要素进行动态的组合。一般来说,很多公共关系活动策划极富创造性,体现的是一种个性化的策划艺术,很难予以规范,也难以纳入一般的方案中介绍。但是作为活动,它总有"序曲""高潮""善后"的共性。具体来说,一个完整的公共关系活动计划包括如下三个步骤。

①准备步骤。该步骤主要是公共关系活动正式实施前的一系列工作,包括:确定活动的主要内容、方式和基本要求;明确项目负责人、参与者及其分工职责;编制活动程序表或进度表;落实所需设施设备,装饰活动场地;联系、落实出席活动的名人政要及媒体代表;编写经费预算;通过有关媒体营造气氛。表5-4为某酒店十周年店庆活动中"欢聚一堂"活动的材料准备清单。公共关系策划准备活动的细致性和复杂性从中可见一斑。

表5-4 某酒店十周年店庆活动中"欢聚一堂"活动的材料准备清单

序号	名 称	数量(个)	费用(元)	制作要求	负责人
1	爆破惊喜卡	800	160	①美观、值得收藏、印酒店标识,②有方阵编号、序列号	杨××
2	气球	40	40	①红色、大号,②打气筒、外贴字,③不漏气,④由后勤组悬挂	杨××
3	结尾牌	9	45	80厘米×60厘米白底红字	杨××
4	节目单	800	160	红色、厚纸、印酒店标识	杨××
5	乒乓球	30	10	大号,上写0—9号	王××
6	抽奖箱	3	50	40厘米×50厘米×60厘米,精致,上有字体	王××
7	涂鸦牌	12	240	60厘米×60厘米,内有槽,有足够颜料	王××
8	隔断	5	250	长180厘米,隔音,简易,坚固	王××
9	托盘	3	30	不锈钢,半径为15厘米	王××
10	鲜花	15	450	百合,康乃馨	李×
11	木棍	1	10	长150厘米,蓝色外皮,上有"祝您幸运"	李×
12	纸花炮	20	60	安全	李×
13	撒花	1	10	大包	李×
14	证书	20	100	厚,皮料、咖啡色	李×
合计			1615元		

②实施步骤。该步骤又分为两个阶段：前一阶段为"接待序曲"，其主要工作包括：有关人员到位准备活动；分发宣传资料与公关礼品；检查活动场地的有关设施。后一阶段为"传播高潮"，其主要工作包括：开始正式程序；通过人物、媒介、现场展示等方式传播组织信息；进行必要的反馈沟通；媒介录制、传播信息，制造必要的高潮气氛。这部分工作可以按照时间的先后顺序排列，制定实施时间表，有助于方案推进及核查。

③善后步骤。即公共关系活动高潮结束后的有关工作，包括：招待、欢送来宾；与少数公众进行深度沟通；整理、恢复活动场地；检查媒体传播活动信息情况；经费核算。

以上各工作步骤，仅就常规公共关系活动而言。这一部分的写作内容要周全，表现方式要简洁明了，不必过分详尽地去加以描述渲染，也不要给人以头绪繁多、杂乱无章或干涩枯燥的感觉。值得指出的是，在做以上工作时，可适当加入统计图表、进度控制表等，比如可以利用甘特图直观地表明任务计划在什么时候进行，以及实际进展与计划要求的对比，并择其要点以文字说明。

（3）经费预算。

旅游公共关系策划的经费预算要有总目和细目的开支，防止漏项。凡是与公共关系策划活动有关的开支都应列入表中，否则预算是不准确的。

公共关系活动经费预算书一般以图表的形式将预算的列支、计划和分配详尽地表示出来，既方便核算，又便于将来查对。其格式及内容视不同业务需要所涉及的项目具体拟定。一般直栏分为项目、开支内容、费用和负责人等，横栏为项目的明细分类，如市场调研费、设施材料支出、人员支出、媒体费用、促销与公共关系费等。预算方案后一般还附加一段说明文字，对预算的内容进行解释。表 5-5 为某景区周年庆典活动场地布置及材料预算表。

表 5-5　某景区周年庆典活动场地布置及材料预算表

项目名称	规　格	单位	单价(元)	数量	单价(元)	方式	备　注
礼仪队		位	120	20	2400	租用	女性统一着装
司仪		位	1600	2	3200	租用	市电视台
萨克斯演奏者		位	580	1	580	租用	男性
歌手		位	500	4	2000	租用	男性和女性
舞者		位	400	6	2400	租用	劲舞
舞台	11米×8米	平方米	20	88	1760	租用	主体钢木结构
背景架	11米×6米	只	1000	1	1000	租用	主体钢结构
主背景布	11米×5米	平方米	15	55	825	租用	
音响	1600瓦特	套	2000	1	2000	租用	220伏特电源控制
冷焰火		组	80	30	2400	租用	220伏特电源控制
彩虹门	长:18米	座	300	1	300	租用	220伏特电源控制
条幅	宽:0.7米	条	50	50	2500	买断	广告布丝网印刷
世纪礼炮		门	160	20	3200	租用	主体钢结构
签到用品		套	200	2	400	租用	高档签名册笔墨等

续表

项目名称	规格	单位	单价(元)	数量	单价(元)	方式	备注
植物花卉		株			1500	租用	1.2米高
路口喷绘		块	200	3	600	买断	
灯笼		对	160	1	160	买断	红色
金布		卷	200	1	200	买断	
托盘		只	5	20	100	买断	金色
工作牌		张	8	40	320	买断	
藤蔓					2000	买断	
指示牌	休息亭		30	4	120	买断	
交通费					3000		
不可预计费					5000		
合计	37965元						

（4）效果评估预测。

旅游公共关系活动效果评估预测就是对公共关系活动方案实施的预期结果进行综合效益评估。预测的主要内容如下。

①本方案中各活动项目是否能够顺利开展。

②本次公共关系活动在社会上会产生什么影响，大众传媒和社会各界对本次公共关系活动会有什么样的评价和看法。

③活动开展后，能否使目标公众和其他公众在接受组织信息的基础上，记忆和认同这些信息，形成有利于组织的看法、态度或行动。

④活动开展后，会对组织的工作产生什么促进，会使组织的公共关系状态在哪些方面有改善。

3. 附件

策划方案的附件一般指有关的背景资料，主要给策划的参与者和审查者提供决策参考。附件资料不能太多，不能喧宾夺主，应择其要点而附之。这部分内容不一定每份策划方案都需要，应根据具体情况而定。重要的附件通常包括：前期调查结果及分析，类似项目与竞争对手的情况，活动筹备工作日程推进表，有关人员职责分配表，经费开支预算明细表，活动所需物品一览表，场地使用安排表，其他注意事项等。

在附件中，如果文字不能或不宜说清事物时，可以选择一种简便有效的表现形式，即图表。由于图表简明醒目，而且制作和填写起来也比较方便，其往往能够直接关注重点，更明确地显示材料间的相互关系，使信息的表达鲜明生动。

（二）旅游公共关系策划方案编制要求

1. 文字简洁准确

公共关系策划方案对各方面内容的说明和叙述应该通俗易懂，文字不要太多，篇幅不要太长，能说明问题就行，要力求简洁、明确、具体。在策划方案论证中，策划人员的论述要简明,语气要肯定。如涉及外文,还要注意专业词汇的准确性。

2. 内容表述写实

公共关系策划方案的内容一定要完整,即使是细节性内容,也应有专门项目加以表述。在策划方案的写作过程中,应该避免主观想法,切忌出现主观类字眼,不能用含糊其词、模棱两可的语言,如"可能""也许""大概"等。因为策划方案没有付诸实施,任何结果都可能出现,策划者的主观臆断将直接导致执行者对事件和形势产生模糊的分析。

3. 结构条理明晰

策划方案必须保证内容的系统性。对于大型公共关系活动项目,方案应分层次出台,主要分两个层次:方案框架文本和行动细则方案。可以借助数字序列分层次、分步骤地安排写作结构,标识出公共关系策划方案的内容顺序。

4. 表达专业规范

方案的遣词造句要符合旅游行业习惯和规范,要使用行业熟悉的语言,所涉及的术语要规范,不能想当然地使用一些行业比较陌生的词语;排版和制作要美观大方,印刷讲究,尽量不要出现错别字和其他印刷错误;活动策划方案的制作风格和档次要与旅游组织、机构的品牌与声誉相符,不能让人产生不好的联想。

第三节　旅游公共关系实施

旅游公共关系策划方案审定后,便进入旅游公共关系活动的第三个阶段——实施阶段。公共关系工作的最终目的是解决问题,而不是研究问题,实施是解决问题的中心环节。公共关系的实施是"四步工作法"中最为复杂、最为重要的一个关键环节。有效的传播是实施公共关系策划的有效途径。重视和研究实施工作对提高公共关系工作效率和效益具有重大的现实意义。

一、旅游公共关系实施的含义及意义

(一)旅游公共关系实施的含义

旅游公共关系实施是在旅游公共关系调查、旅游公共关系策划的基础上,将旅游公共关系策划书的内容变为现实的过程;是为实现公共关系目标创造性地开展公共关系工作的过程;是传播信息和目标公众双向沟通的过程。

(二)旅游公共关系实施的意义

1. 旅游公共关系实施是实现旅游公共关系目标的关键步骤

旅游公共关系调查和旅游公共关系策划是了解问题和分析问题的过程,而旅游公共关系实施是解决问题的过程,只有通过有效的公共关系实施才有可能实现旅游组织的公共关系目标。

2. 旅游公共关系实施情况决定了旅游公共关系目标的实现程度

实践表明:一个好的旅游公共关系策划方案可能因无效的实施而无法达到预期的效果,

而一个有所欠缺的旅游公共关系策划方案也会因为有效的实施而得到完善。因此,旅游公共关系实施不是"依葫芦画瓢"那么简单,而是一项富有创意性的工作,实施效果如何,直接影响到旅游组织公共关系目标的实现程度。

3. 旅游公共关系实施是后续工作的参考依据

旅游组织的公共关系工作是连续不断的,此次的公共关系实施结果,为下次的公共关系策划奠定基础,成为后续工作的参考依据。总结成功的经验和教训,有助于以后的公共关系活动的有效展开。

4. 实施旅游公共关系策划方案可以检验策划工作的水平

只有通过实施旅游公共关系策划方案才能发现其问题,比如收集资料是否全面、准确,分析是否科学、是否具有针对性,策划的技巧和方法以及策划的创意是否新颖等。

二、旅游公共关系实施的原则

为了保证旅游公共关系策划方案的有效实施,必须遵循如下原则。

(一)目标导向原则

目标导向原则是保证实施活动不偏离组织目标和策划方案目标的一个重要原则。在旅游公共关系工作展开中要注意从实现整体目标出发,统筹全局,不能因过分拘泥于某一个阶段或局部的工作,而忽略了与整体目标的一致性,要随时检查和防止过分重视局部而轻视整体的倾向,及时调整,以保证每个局部工作紧扣整体目标。

(二)整体协调原则

整体协调原则是指在旅游公共关系实施过程中,各环节之间、部门之间及旅游组织和公众之间达到平衡、和谐、一致、合理、配合、互补和统一的状态的原则。整体协调的目的在于使全体实施人员在思想观念和行动上保持一致,保证实施活动的同步与和谐,做到整个实施部门统一意志、统一行动,高质、高效地完成实施工作。

(三)进度控制原则

进度控制原则就是根据整个旅游公共关系计划和目标的需要,按照一定的程序,掌握工作进度的原则。在旅游公共关系实施过程中,分工不同的实施人员在执行自己分管的工作时常常会出现工作不同步的现象,因此,旅游组织应随时检查各方面的工作进度,对于超前或滞后的情况进行全面协调,保证各方面工作平稳推进。

(四)反馈调整原则

反馈调整原则是指通过监督控制机制,及时发现旅游公共关系实施中的目标、方法和手段等的偏差甚至错误,并及时进行调整与纠正。即通过用反馈后所获得的认识来调整整个旅游公共关系实施的活动,根据过去的实施状况来修正、调整未来的行为。因此,从某种程度上说,反馈也是对旅游公共关系策划方案的评估。例如,在旅游公共关系实施过程中要对服务质量信息进行及时的反馈,可以向目标公众征询其对服务质量的意见和建议,再根据其意见和建议及时修正公共关系策划方案,之后再将修正后的方案付诸实施,实施后再将实施结果与原定的目标进行比较,来确定下一步的公共关系策划和实施。

三、旅游公共关系实施的步骤

旅游公共关系实施必须有条不紊地进行,可分为以下步骤。

(一)设置组织机构,落实人员和经费

首先,要根据旅游公共关系策划方案的要求设置实施机构,机构的规模应当与旅游公共关系工作或旅游公共关系专题活动的任务相匹配,机构设置的原则是精简和高效。其次,确定参与实施的人员,要根据旅游公共关系任务的要求,结合实施人员的专业素质和能力素质进行选拔。最后,旅游公共关系活动经费和必要的物资在活动开展之前就应安排好,避免在活动中因后续资金或物资供应不上,导致活动中断。

(二)安排实施人员的培训与分工

在活动开展之前,旅游公共关系活动的组织者必须对参与实施的所有人员进行培训,让所有的实施人员都能够明确此次公共关系工作和活动的目的、任务及要求,了解此次活动对组织的重大意义。对活动中需要的有关技术也要进行培训,以期实施人员能够熟练掌握,这对提高活动的准确性和效率性是十分必要的。旅游公共关系工作或活动往往是一项系统工程,需要旅游组织中各部门、各环节相互协调、相互配合,为避免相互推诿现象的发生,组织者在公共关系活动开展前就要对组织的各职能部门和工作人员进行合理的分工。

(三)做好公共关系实施的动态调整

在旅游公共关系实施过程中,外部环境、内部环境的变化或原策划中的疏漏等,会造成原策划方案与现实不相符的情况,需要对原策划方案进行调整、修改,以保证在较合理的情况下顺利完成规定的任务。因此,要做好实施过程中的监控和动态调整。

四、公共关系活动中的障碍及排除

尽管公共关系实施方案是经过认真论证的,但由于实施主体、客体和实施环境存在许多想不到的障碍,因此要对实施方案的障碍因素进行调查,进一步了解、认识障碍因素,以寻找和设计排除障碍因素的途径和方法。

(一)公共关系方案障碍

公共关系方案的障碍是公共关系实施的最大障碍,方案的不足或缺陷对于实施是致命的,相当于"先天不足",边实施边修改方案,将会给方案的实施带来巨大的困难或挑战。方案的障碍主要包括:目标障碍、创意障碍、预算障碍等。

1. 目标障碍

公共关系目标可能出现的情况主要包括:是否切合实际并能够实现;是否具有可行性和可控性;是否体现所期望的结果;是否是实施者职权范围内所能完成的;完成期限是否合适。排除目标障碍的根本方法是要求策划部门修正目标并使之正确、明确和具体。

2. 创意障碍

公共关系策略、主意可能出现的情况主要包括:不符合公众心理需要和行为规律;传播力、感染力、冲击力和吸引力不够,难以打动公众之心;目标公众和竞争对手不明确;针对性

不强;策略与主意之间难以耦合(存在矛盾或相互关系不密切);可操作性差,实施风险大。减少创意障碍,提高公共关系策略、主意的质量,关键在于提高策划素质、充分利用组织内外的策划专家集思广益。特别需要注意的是,如果公共关系调查工作失误,依据错误的调查结论来做公共关系创意,这样的策略与主意必然也是错误的。

3. 预算障碍

预算障碍主要表现为经费预算不当,造成公共关系实施经费短缺或节余。应充分调查开支标准,反复测算,并留有充分余地。实际运作中,只要是实事求是的,又是必要的,且提供充分的论据,追加经费也是应该的。当然,有时也会出现节余现象,但大量节余一般很少见。虽说这不会成为实施障碍,但预算偏差太大,也说明预算不准确。

(二)实施方案障碍

实施方案障碍主要包括:工作内容与实施方法不正确;各种工作内容之间配合不好;实施时机决策失误;工作进度安排不科学;预算分配不合理;实施组织不健全,人员配备不合理;实施制度不完善、不具体。公共关系计划实施方案要由具有实施经验、实施能力强、管理能力强、责任心强、忠诚的公共关系人员来设计,要多征求各方面意见,力求实施方案科学、适用、有效、节约。

(三)实施人员障碍

实施人员障碍来自实施人员的职业素质、管理水平等问题与失误所造成的实施困难或险境。这主要包括:实施人员没有工作热情,职业道德素质差;工作不负责,违反运作规程;技能水平欠佳;心情不愉快,身体状况差;工作人员之间关系紧张,工作不配合、不协调。排除来自实施人员的障碍,关键是选择有经验、有责任心的实施人员并进行严格培训,建立一套有效的激励机制和约束机制。

(四)传播沟通障碍

公共关系活动方案的实施过程实质上就是传播沟通的过程。在实施过程中,人们往往会因为语言、习俗、观念、心理等差异而产生各种沟通障碍。

1. 语言障碍

不同国度、不同民族之间的沟通会遇到语言上的障碍;同一国度、同一民族因地区的不同而造成语言的不同,也会出现沟通的障碍;语意不明同样会出现沟通的障碍。

2. 习俗障碍

不同的社会习俗、不同的审美习俗都会造成沟通中的误解,使沟通不能顺利进行。

3. 观念障碍

观念是一定社会条件下人们接受、信奉并用以指导自己行动的理论和观点,观念对沟通有巨大的作用。封闭观念排斥沟通,极端观念破坏沟通。

4. 心理障碍

心理障碍指人的认知、情感、态度等心理因素对沟通造成的障碍;迷信权威会使人接受虚假的信息,造成沟通障碍。

5. 组织障碍

组织障碍包括:传递层次过多造成信息失真;机构臃肿造成沟通缓慢;条块分割造成沟

通不畅;沟通渠道单一造成沟通信息不足。排除沟通障碍的主要方法有:①正确选择沟通方式和渠道;②灵活运用传播媒介。

6. 突发事件障碍

对公共关系活动的实施干扰最大的莫过于重大突发事件。一类是人为的纠纷危机,诸如公众投诉、新闻媒介的批评、不利舆论的冲击等事件;另一类是不以人的意志为转移的灾难危机,诸如地震、火灾、水灾等。此外,这些突发事件,有时表现为现场意外,往往是因现场组织管理的缺失或不周,产生秩序混乱,从而引发现场突发事件。这些重大的突发事件对公共关系活动的实施干扰极大,如果不妥善处理突发事件,那么不但会使整个公共关系活动策划方案难以实施,甚至会影响本组织的生死存亡。

五、制定旅游公共关系实施方案

公共关系实施方案的制定要求:策划创意要一目了然;执行方式、操作步骤一定要详尽明晰;费用预算、分摊比例、存货备货等要准确核实;各项准备工作要充分;可能出现的意外要尽量考虑到并设预案。公共关系实施方案的具体内容一般包括以下几个方面。

(一)活动目的和对象

1. 活动目的

这一部分主要对公共关系活动目的进行阐述:开展这次活动的目的是什么,市场现状如何,是打击竞争对手,还是新产品上市,或是提升品牌认知度及美誉度。只有目的明确,才能使公共关系活动有的放矢。

2. 活动对象

公共关系活动的目标公众是针对每一个人还是某一特定群体,活动控制在多大范围内,哪些人是公共关系活动的主要目标,哪些人是公共关系活动的次要目标,这些问题的正确与否会直接影响公共关系活动的最终效果。

(二)活动方式和目标内容

1. 活动方式

这一部分主要阐述活动开展的具体方式,有两个问题要重点考虑:一是以政府做后盾,还是通过媒体来宣传自己?二是组织单独行动,还是和经销商联手?或是与行业内企业联合举办?和政府或媒体合作,有助于借势和造势;和经销商或行业内企业联合可整合资源,降低费用及风险。

2. 目标内容

具体公共关系目标的实施,往往要做很多的工作,包含大量的工作内容。需要建立目标指标体系,通过指标的细化,便于逐级逐项完成目标任务。一个具体活动叫作一个活动项目,这是一级活动项目。一级活动项目又可分解为若干个二级活动项目,二级活动项目同样可分解为若干个三级活动项目,直到不能分解为止。而最小的一级指标就是不能再分解的工作内容。

范例:

克兰罗尔爱美奖学金计划十周年庆祝活动共有6个一级活动项目:征募赞助委员会成

员、奖学金获得者近况调查及评选十佳获奖者、500家发展良好的公司调查、工作与家庭问题专题研讨、午餐庆祝会、新闻专访。对"午餐庆祝会"可以分解为"会议筹备"和"会议材料准备"2个二级活动项目。对"会议筹备"又可进一步分解为"策划会议议程""确定主持人和发言人""邀请嘉宾""选择会场""布置会场""会前宣传""会议物资采购"等三级活动项目。

（三）采用方法

这是指公共关系工作内容的操作方法。从理论上讲,完成一项工作内容的具体方法有很多,但实践中可应用的方法往往是有限的。公共关系实施采用的方法主要有以下几种。

1. 线性排列法

在公共关系实施过程中,为了使目标导向的原则得到正确的运用,人们常常采用线性排列法和多线性排列法,将所有公共关系行动和措施按先后顺序有机排列组合起来,然后再加以实施。线性排列法是按公共关系行动、措施的内在联系为先后顺序逐一排列出来,一步一步地向目标迈进的排列方法。多线性排列法是将几个行动同时展开、共同向成功迈进的排列方法。

2. 甘特图实施法

甘特图是对简单项目进行计划与排序的一种常用工具。甘特图（Gantt Chart）是在20世纪初由亨利·甘特开发的。它基本上是一种线条图,横轴表示时间,纵轴表示要安排的任务,两条用颜色标识的横线分别表示整个项目执行期间的计划和实际任务完成情况。甘特图可直观地表明任务计划在什么时候进行,以及实际进展与计划要求的对比。它能使管理者先为项目各项活动做好进度安排,然后再随着时间的推移,对比计划进度与实际进度,进行监控工作,将注意力调整到最需要加快速度的地方,使整个项目按期完成。

3. 纵横协调法

一类是纵向协调,另一类是横向协调。纵向协调是指上下级之间的协调。为了保证此类协调的效果,须注意以下几点：第一,上级部门对下级部门要有充分的了解；第二,上级部门提出的新行动措施不可在下级部门毫无思想准备和组织准备的情况下突然付诸实施；第三,实施方案中的主要目标和措施必须告知下级部门及全体实施人员；第四,下级部门必须实事求是,如实反映情况。横向协调是指同级部门或实施人员之间的协调。横向协调通常采用当面协调、文件往来等形式沟通信息,从而达到协调的目的。协调的目的,是要使全体实施人员在认识和行动上取得一致,保证实施活动的同步与和谐,提高工作效率,减少或杜绝人力、财力和物力的浪费。

4. 反馈分析法

反馈分析法在操作上可以利用"测试工作法"。步骤为选择测试对象；设计测试方案；进行测试；总结测试结果。

（四）实施时间、地点及进度

1. 实施时间和地点

公共关系活动的时间和地点选择得当会事半功倍,选择不当则会费力不讨好。在时间上尽量让目标公众有空闲参与,在地点上也要让游客方便,而且要事先与城管、工商等部门沟通好。不仅发动公共关系战役的时机和地点很重要,持续多长时间效果会最好也要深入分析。持续时间过短会导致在这一时间内无法引起舆论的强烈反响;持续时间过长,又会导致费用过高。

2. 实施进度

在确定公共关系实施时间后,必须对各项公共关系实施工作内容所需的时间进行规定并进行日历进度安排。必须保证在所确定的开始时间启动有关工作,在结束时间完成操作。实施时间进度安排,要充分估计各种因素的干扰,要留有余地,最直观的时间进度安排方法是拟出时间进度表。

(五)媒体配合方式

一个成功的公共关系活动,需要全方位的媒体宣传配合。选择什么样的媒体创意及表现手法,选择什么样的媒体宣传,这些都意味着不同的受众抵达率和费用投入。

(六)活动实施流程

活动实施流程分三部分:前期准备、中期操作、后期延续。

1. 前期准备

(1)实施人员安排。公共关系的实施主体有三种:组织内部公共关系部(或相关部门)、公共关系公司和公共关系社团。不管是哪种实施主体,都必须建立项目公共关系实施机构,配备得力的实施人员。在人员安排方面要"人人有事做,事事有人管",无空白点,也无交叉点。谁负责与政府、媒体的沟通,谁负责文案写作,谁负责现场管理,谁负责礼品发放,谁负责顾客投诉,各个环节都要考虑清楚,否则就会临阵出麻烦,顾此失彼。实施人员的素质与能力十分重要,优秀的实施人员不仅能顺利完成工作任务,而且能完善实施方案的不足,修改实施方法。实施工作一定要责任到人,确定每项工作内容的负责人,并进行工作内容的相应分工。公共关系项目顺利开展实施,事先进行工作任务分析结构图(Work Breakdown Structure,简称WBS)和甘特图的编制是十分必要的。工作任务分析结构图在于明确人员的具体分工,甘特图在于监控活动的具体进展。

例如,某公司大型公共关系策划活动的WBS简图如图5-1所示,大型公共关系策划活动工作任务甘特图如表5-6所示(具体人名为虚拟)。

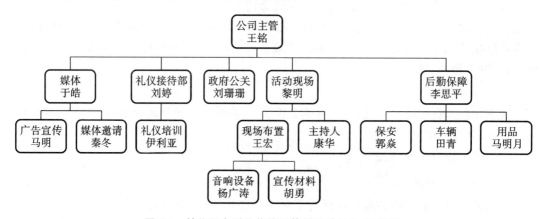

图5-1 某公司大型公共关系策划活动的WBS简图

表 5-6 大型公共关系策划活动工作任务甘特图

项 目	责任人	1日	2日	3日	4日	5日	6日	7日	8日	9日	10日	11日	12日
公关活动	王铭	■	■	■	■	■	■	■	■	■	■	■	■
媒体	于皓									■	■	■	■
广告宣传	马明					■	■	■					
媒体邀请	秦冬								■	■	■		
礼仪接待	刘婷			■	■	■	■						
礼仪培训	伊利亚				■	■	■						
政府公关	刘珊珊	■	■	■	■	■							
活动现场	黎明									■	■	■	■
现场布置	王宏								■	■	■	■	
主持人	康华							■	■	■			
音响设备	杨广涛								■	■	■		
宣传材料	胡勇				■	■	■						
后勤保障	李思平					■	■	■	■	■			
保安	郭焱										■	■	■
车辆	田青									■	■	■	■
用品	马明月								■	■	■	■	

（2）物资准备。在物资准备方面，要做到事无巨细，大到车辆，小到螺丝钉，都要罗列出来，然后按单清点，确保万无一失，否则必然导致现场的忙乱。

（3）试验方案。活动方案是在过去经验的基础上确定的，因此有必要进行试验来判断公共关系活动工具的选择是否正确，刺激程度是否合适，现有的途径是否理想。试验方式可以有询问目标公众，填调查表或在特定的区域试行方案等。

（4）实施人员培训。在公共关系方案实施之前，对实施人员进行一定培训是很有必要的。这种培训的主要内容是实施工作制度教育和操作方法指导，特别要对其遵守的特殊规定、容易违反的规定进行重点说明与强调，应注意实施涉及的许多关键细节，这些细节往往决定公共关系活动成功与否。如执行人员的岗位职责及细分、音响灯光、外围布置、舞台搭建、舞台布景、人员到位等，这一切都是做好现场控制的有效保障，只有细致的规划才能保证对现场的有效控制。

2. 中期操作

中期操作主要是建立规章制度和现场控制。

（1）建立规章制度。纪律是战斗力的保证，制度是方案得到完美执行的先决条件。为了对公关人员在各项公共关系实施工作中的行为进行约束与管理，根据公共关系实施的具体情况，制定出各项公共关系实施的工作制度。就某一项公共关系活动而言，其实施具有一定的特殊性，应据此制定出特殊的工作制度作为补充。这些工作制度涉及职业道德、信息保密、经济关系、行政关系、分工协调、交际形象与礼仪规范、请客送礼、奖罚机制、危机处理、差旅出勤等。

（2）现场控制。现场控制主要是把各个环节安排清楚，要做到忙而不乱，有条有理。同时，在实施方案过程中，应及时对公共关系活动的范围、强度、额度和重点进行调整，保持对公共关系活动方案的控制。良好的现场控制将确保公共关系活动的顺利进行和成功开展，否则现场失控可能会带来负面影响，甚至产生突发事件。

现场控制的关键是现场协调和对应急事件的处理。小到一个灯光的处理，大到整个机构的调整，以及可能出现的现场变故，等等，都是公关人员随时将要面对的。而好的公共关系执行团队，在现场控制中将发挥重要的作用，对整个公共关系活动的成败起着关键性的作用。

3. 后期延续

后期延续主要是媒体宣传的问题，如这次活动采取何种方式，联系哪些媒体进行后续宣传，相关媒体是如何报道的，公众舆论反应如何，等等。

（七）经费预算

公共关系策划方案中的经费预算是开展公共关系活动的预算分配依据。一般来说，公共关系策划工作中的经费预算仅会做到较大指标项目的概预算。因为详细工作内容及其工作方法尚未策划设计出来，所以不可能做到具体预算。公共关系策划方案的预算分配的结果应表述于公共关系实施时间进度表右侧，这样一目了然，便于了解与管理。需要提醒的是，公共关系策划方案中的较大指标项目经费预算（或总体经费预算）是留有余地的，一般需要留下5%—10%的备用经费，目的是防止意外工作增加或策划不周遗漏工作而造成的经费不足。

（八）办理审批手续

根据《中华人民共和国行政许可法》第29条规定，公民、法人或者其他组织从事特定活动，依法需要取得行政许可的，应当向行政机关提出申请。

一般常见的活动，需要报批的行政机关主要以文化、公安、环卫、消防四个部门居多，其他的行政机关出现较少。具体情况如下。

1. 关于向地方文化部门报批

申报时提交的文件有演出申请书;与演出相关的各类演出合同文本;演出节目内容材料;营业性文艺表演团体的演出证。

2. 关于向公安部门报批

为了保证各项活动的正常进行,维护社会治安与公共安全,保护公民、法人和其他组织的合法权益,公民、法人和其他组织在举办活动之前必须报县级以上公安部门申请批准。申报时必须提交以下文件:活动方案和说明;活动安全保卫工作方案;场地管理者出具的同意使用证明;申请人身份证明及无违法犯罪记录等。由法律法规和规章制度规定的须经有关部门批准的活动,应当同时提交有关的批准文件。

其中,活动安全保卫工作方案主要包括:活动的时间、地点、人数、规模、内容及组织方式;安全工作人员情况、数量和任务分配、识别标志;场地建筑和设施的消防安全情况;入场票证的管理、查验措施;场地人员的核定容量;迅速疏散人员的预备措施。

3. 关于环卫部门的审批

环卫部门方面,主要是针对户外的一些横幅、竖幅等与市容和环境有关的宣传方面的审批。其他的详细规则可到环卫部门咨询。

4. 关于消防部门的审批

消防部门主要是针对活动场所的消防设施和措施进行审查,像户外的空飘、气球等方面也属于消防的审查范围。另外,在各种活动中的舞台或展位搭建方案包括效果图、平面图、电路图等都要经过主办单位和消防部门的审批。

在这里需要说明的是,有些申报手续是需要提供场地、人员等相关合同的,所以在程序的先后上并不固定,可以根据实际情况做出适当的调整。为了保证活动的顺利开展,并依法维护各方的正当权益,在联系相关事务时一定要签订合同。

(九) 意外防范

每次活动都有可能出现一些意外。比如政府部门的干预、公众的投诉,甚至天气突变导致户外的公共关系活动无法继续进行,等等。活动实施人员必须针对各个可能出现的意外事件进行必要的人力、物力、财力方面的准备。

 多哈亚运会开幕式三大意外

(十) 效果预估

效果预估即预测这次活动会达到什么样的效果,以利于活动结束后与实际情况进行比较,从刺激程度、公共关系时机、宣传媒介等各方面总结成功点和失败点。

公共关系活动实施的草案制定后,一般都要形成文字书面材料。之后,制定者首先要对其进行优化,即加强方案中的优点,克服方案中的缺点;其次要对其进行论证,检查其中每个

环节是否有较大的可靠性,方案实施后能否带来较高的效益,如发生意外情况有无备用措施可采用;最后要呈交最高决策者对计划方案进行审核批准。

第四节 旅游公共关系评估

在公共关系工作程序中,评估是最后一个环节,也是一个很重要的环节,它对整个公共关系工作起到承上启下的作用。

公共关系评估是指有关专家或机构根据一定的标准和方法,对公共关系的整体准备、策划、实施过程和实施效果进行测量、评估和判断的一种活动。公共关系评估主要用来总结经验和吸取教训,为新的公共关系活动提供背景材料。

一、旅游公共关系评估的意义

(一)增强旅游组织内部员工的凝聚力

一般来说,对旅游组织公共关系效果进行评估,并将评估的信息传递给内部员工,使组织的成员了解组织开展公共关系活动的目标,了解组织所拥有的良好的社会声誉及在社会中的地位,这无疑会使员工获得鼓舞,增强他们的自信心和荣誉感,并转化为向组织的总目标努力的动力。

(二)促使公共关系工作不断得到完善

旅游公共关系评估可以检查和发现旅游公共关系工作中存在的不足。对于比较成功的旅游公共关系活动,我们要在肯定成绩的基础上去发现存在的问题,并分析问题产生的原因和提出解决的对策,使其对后续的公共关系工作起到借鉴的作用,使后续的公共关系工作少走弯路,效率更高、更完善。对于不成功的旅游公共关系工作,我们更应当积极地进行评估和反思,找到失败的根源,吸取经验教训,这对后续的公共关系工作意义更重大。避免失败、规避风险是开展任何工作首先应该想到的。充分总结过去的失败教训,可以在一定程度上帮助我们避免失败和规避风险。

(三)获得旅游组织决策层的重视和支持

旅游公共关系评估能够全面、系统地总结旅游公共关系工作的成果,展示旅游公共关系工作对旅游组织发展产生的巨大促进作用,让领导者和决策者看到开展公共关系工作取得的明显效果,从而使他们更加重视公共关系工作。

二、旅游公共关系评估的标准

公共关系评估是一种总结性的评估,是对公共关系活动成效的一次全面结论式的评估。建立正确的评估体系,是确保评估客观性和有效性的基础。而公共关系评估标准的制定,又因评估角度的不同而不同。旅游公共关系评估可根据准备过程、实施过程和实施效果三个阶段采取多层次的评估标准。

(一)准备过程的评估标准

(1)背景材料是否充分与准确(在活动尚未开始时)。

(2)公共关系活动是否适应形势的要求(是否符合公众及媒介的要求)。

(3)检验信息的传递形式是否有效。重点是检验信息传递资料及宣传品设计是否合理、新颖,是否能达到引人注目、给人以深刻印象的要求。具体包括文字语言的运用、图表的设计、图片及展览方式的选择等。

(二)实施过程的评估标准

实施过程的评估是评估工作中的主要部分,可以发挥监控、反馈的作用。如发现哪些决策是正确的、哪些决策是错误的、哪些决策不利于公众对旅游组织产生信任,以及发现决策实施过程中出现的偏差等。实施过程的评估标准包括以下几方面。

(1)检验信息资料发送的数量。这些数据可以直接反映旅游组织在实施公共关系活动中所进行的电视广播讲话次数、新闻发布的数量。不理想的环节和计划实施中的弱点会从数据中反映出来。

(2)检验信息被新闻媒介采用的数量(曝光度)。只有通过传播媒介,才能有效地保证公众接触这些信息并受其影响。这样的评估可以发现旅游组织在公共关系活动实施过程中的一些重大失误,如公共关系资源的浪费。

(3)检查接收到信息的目标公众数量(信息准确度)。旅游公共关系评估工作关心的不是理论接收人数,而是实际接收人数。应该对收到信息的各类公众进行分类统计,从中找出目标公众的数量。绝对数量并不重要,重要的是这些公众的结构。

(4)检查注意到该信息的公众数量。

(三)实施效果的评估标准

实施效果的评估是总结性评估,不仅在实施过程中发挥重要作用,而且可以作为下一个计划实施过程的基本评估而发挥作用。

(1)检测了解信息内容的公众数量。

(2)了解改变观点的公众数量。

(3)了解改变态度的公众数量。这是更高层次的标准。态度涉及的范围很广,且不能仅凭一时一事判断,观点变化,态度不一定变化;观点不变,态度也可能发生变化。

(4)发生行为改变的公众数量。观点和态度的改变能引起行为的变化,但并不一定导致行为的改变。

(5)增加或保持期望行为的公众数量。"发生期望行为"的公众指的是出现了公共关系活动所期望的改变行为的公众。一般而言,行为发生改变的公众在行为改变之前,肯定接受了某些信息或在某方面被说服了。"重复期望行为"的公众指的是这种人的行为不是短期行为,而是长期行为。

(6)达到的目标和解决的问题。这是公共关系活动评估的最高标准。

(7)对社会和文化发展产生的影响。即公关人员的活动对社会和文化发展产生的积极影响。

三、旅游公共关系评估的方法

旅游公共关系评估的标准一旦确立,就要在其基础之上,根据评估对象、评估内容、评估人员等选择合适的评估方法。通常,旅游公共关系评估的方法主要有以下几种。

(一)公众意见法

这种方法包括公众意见征询法和公众问卷调查法。公众意见征询法是指在旅游公共关系活动过程中和结束后,通过对公众的访问和举行公众代表座谈会,以电话或口头交谈的方式来征求公众的意见的方法。公众问卷调查法是指通过科学的问卷调查来展开研究,首先集思广益提出评估问题,其次根据实际情况进行问卷设计,最后根据收集来的信息进行统计分析,取得一组数据资料的方法。问卷调查一般在公共关系活动的准备阶段、结束阶段与结束后3—6个月向目标公众发放问卷。通过对问卷的整理、统计、分析来评估本次公共关系活动的效果。

(二)自我评估法

自我评估法即旅游公共关系活动的对象通过亲身感受而对活动给予评定的方法。例如,某旅游公司开展了一次旅游产品发布会,在这次发布会中,该公司特意对其开发的旅游线路进行了详细的说明,而且举办了一系列的推广活动。为了评估本次公共关系活动的实施效果,公关人员可以请参加这次发布会的来宾评定本次公共关系活动。这种方法的优点是显而易见的,方便操作,节约开支,而且可加深与会者的印象等。但是,这种方法也存在着一定的缺陷,它可能产生不真实的测量结果,尤其在向调查对象提出一些比较敏感的问题时更是如此。因此,采用自我评估法要特别注意问卷或提问的方式,针对敏感的问题,适宜采用灵活、委婉的方式进行调查。

(三)专家意见法

专家意见法又称"德尔菲法",是一种综合专家意见,就专门问题进行定性预测的方法。这种方法是由旅游公共关系及有关方面的专家来审定旅游公共关系计划,观察计划的实施,对计划实施的对象进行调查,与实施人员交换意见,最后撰写评估报告,以鉴定旅游公共关系活动的成效的方法。专家意见法的价值完全取决于专家是否具备专门的知识,如果他们对旅游公共关系活动涉及的某些领域的知识储备不足,那么他们就无法做出正确的评估。因此,采用专家意见法时,一定要邀请知识丰富、熟悉情况的专家,同时对专家的选择要注意权威性和代表性。

(四)新闻媒介调查法

新闻媒介调查法是通过对大众传播媒介发布的旅游组织公共关系活动的统计来分析、评估旅游组织公共关系传播情况的方法。主要是调查新闻媒介对旅游组织公共关系活动的报道情况,包括媒介覆盖面、媒介的重要性、媒介类型、传播方式、传播信息的数量和频次;报道的角度、图片及文字状况;报道内容的影响范围等。通过这种方法可以判断旅游公共关系活动受新闻媒介关注的程度,从而衡量公共关系工作的效果。

四、旅游公共关系评估报告的撰写

公共关系评估报告是提供给组织的一种正式的公正性文本,它是通过文字、图表或相应的其他形式来体现开展公共关系工作的成绩、经验、教训、建议等评估工作的成果形式,具有业务性强、理论性强和经验性强等特点。

(一)意义

评估小组将公共关系评估报告提供给管理层,可以作为他们统筹管理和做出新决策的依据;提供给各职能部门,可以作为各部门改善工作的参考;提供给全体员工,可以使员工了解外界的评价,提高士气,改善行为。社会组织对公共关系过程与绩效的评估可以通过撰写评估报告来进行总结,并积累经验;着眼未来,克服缺点;指向未来,指导工作。

(二)基本原则

公共关系评估报告除了要遵循科学性、公平性、真实性等原则外,还要符合针对性、完整性、及时性、客观性、独立性等原则。

(三)公共关系评估的内容

(1)评估的目的及依据。主要说明为什么要进行公共关系评估,通过评估解决什么问题,评估所依据的文件等。

(2)评估的范围。明确公共关系评估的范围,突出重点,有利于评估结果的使用。

(3)评估的标准和方法。说明评估的标准或具有可测量的具体化的目标体系,以及评估过程所采用的方法。比如直观观察法、问卷调查法、比较分析法、文献资料法、传播审计法等。

(4)评估过程。简要说明评估过程是怎么进行的,分哪些阶段。

(5)评估对象的基本情况。必须明确评估对象的本身情况,包括活动或项目的名称、开展时间、实施的情况与特点等。

(6)内容评估、分析与结论。写明被评估的公共关系活动、工作或项目的内容,对运行与执行以及效果、效益进行分析,进而得出客观、公正的结论。

(7)存在问题及建议。根据实际情况,有针对性地提出问题,并提出有利于解决问题的建设性意见。

(8)附件。附件主要包括附表、附图、附文三部分。

(9)评估人员名单。它包括评估负责人和评估人员的姓名、职业、职务、职称等。有时为了便于咨询,评估人员还需把电话、通信地址、邮政编码等写明。

(10)评估时间。由于公共关系活动处于动态的状态下,不同时间评估所得的结论会不同。因此,评估报告书必须写明评估时间或评估工作开展的阶段。

(四)评估报告的格式

公共关系评估报告通常由标题和正文两部分组成。标题的格式可以多样化。有文件式的,如"关于××的评估报告",以标题内容点明是什么样的总结;有揭示式的,由一个句子或词组揭示这个评估报告的主题或主要的方面;也有正副标题式的,由副标题具体点明是什么内容性质的评估报告。

(1) 封面。内容包括评估书或评估项目的题目、评估时间以及保密程度、报告书的编号等。题目要反映出评估的范围和对象,排版应醒目、美观。

(2) 评估成员。评估成员反映哪些人参加了评估工作,负责人是谁。

(3) 目录。目录用来方便阅读报告书的人。

(4) 前言。前言反映评估任务或工作的来源、根据,评估方法、过程以及其他特别需要说明的问题。

(5) 正文。评估报告的正文,尤其是全面性评估报告的正文,一般都有以下几个部分。

一是基本情况概述。这是公共关系评估报告的开头部分,也称前言。这一部分的写法:或概述公共关系工作的全貌、背景;或说明总结工作的指导思想和公共关系的成果;或简明扼要地提出公共关系的主要成绩、经验、问题,先给人以总的印象,为后文做铺垫。

二是成绩与经验的论述。这是公共关系评估报告的主体,其具体的写法可以是先写成绩后讲做法、经验,也可以把两者揉在一块写,做法、经验中讲成绩,或成绩中加做法、经验。

三是问题与原因的论述。总结公共关系活动中存在的缺点和问题,分析其原因,提出可供吸取的教训。

四是今后努力的方向。主要是针对公共关系活动中存在的问题,从经验教训及有关规律性的认识中,提出今后应发扬什么、克服什么,采取哪些措施,向什么方向努力,达到什么目的。无论是全面性总结还是专题性总结,这一部分的内容都是不可忽视的。

(6) 附件。附件是对正文内容的详细说明和补充,是正文的证明材料。

(7) 后记。后记主要说明一些相关的问题。比如报告书传播的范围、致谢人员及相关单位等。

(五) 撰写公共关系评估报告应注意的问题

撰写公共关系评估报告要求执笔人客观、公正、全面,要求报告书可读、简洁、明了。在写作过程中应注意以下问题。

(1) 定量与定性相结合。评估结论是定性的,但必须用定量的指标进行说明。

(2) 建议与策略具有可操作性。只有切合实际情况的建议才具有可操作性。

(3) 语言准确、精炼。切忌使用太多学术词汇,让读者难以理解。

(4) 结论客观具体。所有的结论都应该找到相应的材料证明,避免使用模糊语言。

(5) 记叙性和说理性相结合。实践情况的记述是必须的,但不是简单回顾和全面罗列,要侧重于分析评价,揭示成绩和失败的原因。

总之,只有从大量的实践材料中归纳出具有指导意义和值得借鉴的东西,才能够发挥其对今后公共关系实践的指导作用,这样的评估报告才是合格的、有价值的。

 本章小结

本章重点介绍了旅游公共关系工作程序,即公共关系的"四步工作法",包括公共关系调查、公共关系策划、公共关系实施、公共关系评估。这四个步骤是既相互联系,又相互独立的。公共关系调查是整个程序运行的基础,是组织开展公共关系工作的先导,是整个公共关系活动的前提。本章主要介绍了调查的基本内容、调查方案的内容,以及访谈法、观察法、文献调查法、问卷调查法、抽样调查法等调查方法。公共关系策划是整个程序运行的关键,它既关系到公共关系工作的方向,又关系到公共关系工作的效率,它是公共关系实施的依据。旅游公共关系策划程序包括确定目标与公众、成立策划组和组织策划会、设计主题和活动形式、选择媒介策略和时机、制定经费预算、论证和审定策划方案。公共关系实施是整个程序运行的重点,它事关组织的公共关系工作目标能否实现。公共关系评估是整个程序运行的最后一个环节,它不仅要检验公共关系工作是否达到预期的效果,同时也为下个阶段的公共关系工作奠定基础。

核心关键词

旅游公共关系调查　旅游公共关系策划　旅游公共关系实施　旅游公共关系评估

思考与练习

1. 旅游公共关系调查的主要内容有哪些?
2. 旅游公共关系策划应该遵循的原则有哪些?
3. 旅游公共关系实施过程中常见障碍有哪些?应该怎么避免或克服?
4. 旅游公共关系评估的主要内容及标准有哪些?
5. 联系一家旅游企业,根据需要确定主题,设计调查问卷,进行实地调查,并撰写调查报告。
6. 有人说,旅游公共关系评估是旅游公共关系活动的最后一个环节,因此要放在整个活动的最后进行。你认为这种说法正确吗?为什么?

乌镇形象公共关系策划

一、乌镇简介

乌镇位于浙江省嘉兴市境内,南邻杭州,西靠太湖,北接苏州,东临上海,是国家

5A级旅游景区,著名的"江南四大名镇"之一,也是与周庄、西塘等齐名的"江南十大水乡古镇"之一,曾名乌墩和青墩,具有千余年的建镇史。乌镇是典型的江南水乡古镇,素有"鱼米之乡,丝绸之府"之称。

1991年,乌镇被评为"浙江省历史文化名城"。十字形的内河水系将全镇划分为东、南、西、北四个区块,当地人分别称之为"东栅、南栅、西栅、北栅"。目前乌镇主要景区分东栅和西栅两部分。2001年,乌镇东栅景区正式对外开放,以其原汁原味的水乡风貌和深厚的文化底蕴,一跃成为中国著名的古镇旅游胜地。乌镇发展旅游业以来,每年都吸引着二百多万海内外游客前来观光游览,它也成为浙江省年接待外宾数量最多的单个景点。

二、公共关系策划目标

此次公共关系策划的目标是整合乌镇现有的六条旅游线的优势资源,挖掘其作为一个水乡古镇所独有的人文内涵,通过公共关系策划活动,进一步提升乌镇的知名度,突出乌镇"文化古镇"的形象,并最终在公众心目中树立"一样的古镇,不一样的乌镇"的形象,使乌镇在"江南十大水乡古镇"中脱颖而出,成为一个在公众心目中有其自身特色的古镇,并最终赶上甚至超越周庄成为"江南第一古镇"。

三、公共关系策划主题

策划主题:"一样的古镇,不一样的乌镇"。

这一主题是当下乌镇旅游推广的口号,但现有的推广和策划中空有口号而缺乏实际,如果能在公共关系策划中结合乌镇实际,贯彻口号内容,那么这也不失为一个好主题。此外,这一口号已经推行了很久,在公众心目中有一定的知晓度,所以此次公共关系策划选择沿用这一主题。

"一样的古镇"意指乌镇作为一个水乡古镇,有着小桥、流水、人家这些古镇共有的事物,能够让公众感受到古镇共有的古韵;"不一样的乌镇"意指乌镇作为一个水乡古镇有其自身的特色,而这些特色就是我们此次公共关系策划中要去挖掘、整合,并最终呈献给广大公众的乌镇形象的独特之处,其中很重要的一点就是乌镇的人文内涵。

四、公共关系策划思路

基于乌镇现有的优势资源,策划将会在一年内通过系列公共关系活动,分四次,系统地传达"不一样的乌镇"的理念,在公众心目中树立乌镇独特的古镇形象。这些活动都是能够体现乌镇形象特色,与"一样的古镇,不一样的乌镇"相契合的活动。

活动在执行中采用线下活动为主,线上线下相结合的方式展开。线上主要以乌镇旅游官方网站和乌镇旅游微博等为阵营,负责网络平台上公共关系活动的消息报道和内容展示。公共关系活动的宣传除了充分利用网络平台的资源,还将与乌镇旅游推广的广告相结合。

五、公共关系策划时间

2012年4月—2012年9月。

六、系列公共关系活动

系列公共关系活动主要包括以下四个:2012年春的"乌镇人文十景"评选,2012年4月份的"不一样的乌镇"摄影比赛,2012年农历七夕节的"不一样的婚礼"——乌镇百对新人集体婚礼,以及2012年9月的"一样的古镇,不一样的乌镇"征文比赛。这四个公共关系活动都围绕"一样的古镇,不一样的乌镇"的主题展开,前后时间跨度为6个月左右,活动与活动之间间隔适当,公共关系策划目标就是通过这一系列的活动来树立乌镇"一样的古镇,不一样的乌镇"的形象,突出其人文内涵。

七、公共关系策划预算

活动	项目	金额(元)
"乌镇人文十景"评选	媒介广告费用	100000
	奖品费用	5000
摄影比赛	媒介广告费用	100000
	摄影师费用	100000
	奖品费用	30000
集体婚礼	媒介广告费用	20000
	活动费用	100000
征文比赛	媒介广告费	20000
	奖品费用	30000
	颁奖活动费用	50000
合计		555000

八、公共关系策划前景预测和监控评估

（一）前景预测

(1) 通过城市形象公共关系策划,"一样的古镇,不一样的乌镇"的宣传口号深入人心。

(2) 通过对乌镇城市形象的打造,乌镇旅游收入快速提升,客流量增加15%—20%,GDP增长15%—20%。

(3) 通过对乌镇特色文化资源的打造,广大公众对乌镇特有文化有了一个全面的了解,加深公众对乌镇"文化古镇"的认知。

(4) 赶上甚至超越周庄,成为知名度最高的江南水乡古镇。

（二）监控评估

(1) 建立执行审核、审计、监督组织和系统,对每次活动进行有效的审核和审计,并成立专门部门。

(2) 建立信息反馈、流通组织和系统,对公共关系策划执行过程中出现的问题,及时反馈并进行纠正。

（3）建立决策修正系统和修正方案备选资料库，如果项目执行过程中出现不可预料的变故，可以有一个备选方案，不至于项目全盘落空。

（4）通过乌镇旅游官方网站、乌镇旅游微博等网络平台进行舆论监控，从网络平台的关注度来观测公共关系活动的影响力和宣传效果。

（资料来源：根据相关资料整理。）

问题：

1. 乌镇形象公共关系策划的成功做法给你的启示有哪些？
2. 乌镇形象公共关系策划是如何有效践行旅游公共关系"四步工作法"的？
3. 参照乌镇形象公共关系策划的程序，尝试给自己的家乡做一个形象公共关系策划方案。

第六章

旅游公共关系谈判

学习目标

通过本章的学习,同学们需要了解旅游公共关系谈判的特征和原则,掌握谈判的基本程序,熟练运用旅游公共关系谈判的各种技巧和策略,能有效编制旅游公共关系谈判方案。

案例导入　公关谈判巧解危机

20世纪80年代,改革开放催生了中外技术交流与合作。广东玻璃厂(现广玻(广州)商务发展有限公司)和美国欧文斯科宁公司之间,曾就引进美国玻璃生产线进行了一场谈判。双方开始就全套引进还是部分引进的问题发生了分歧:美方坚持要求中方全套引进,而中方以外汇有限为由坚持部分引进。在这关键时刻,中方代表对美方代表说:"全世界都知道,美国欧文斯科宁公司的设备是一流的,技术是一流的,产品是一流的。如果欧文斯科宁公司帮助我们广东玻璃厂走在中国同类企业的前列,那么全中国都会知道欧文斯科宁公司。我们厂确实外汇有限,不能全部引进,这一点请美国朋友谅解。我们也相信美方在我们困难的时候会伸出援助之手。"结果,僵局被意外地打破。美方代表接受了中方代表的意见,按照中方的要求达成了协议,仅此一项,就为国家节省了几百万美元的外汇。

(资料来源:根据相关资料整理。)

思考:

在这一谈判过程中,富有公关意识的语言巧解了谈判双方的危机。请简要谈谈此次公关谈判使用了哪些谈判策略,谈判的目的与意义表现在哪些方面。

分析提示:

一场成功的谈判不是针锋相对,也不是剑拔弩张,更不是一方的妥协退让,而

是在轻松愉快的氛围中实现双赢,达到双方预期目标。本案例中,中方代表正是以良好的公共关系语言技巧与科学的公共关系意识使美方代表认同我方观点,尊重我方意见。

第一节 公共关系谈判概述

一、公共关系谈判的概念

(一)谈判的定义

谈判这一名词,说起来简单,解释起来却很复杂。人类在发展过程中,始终经历或者伴随着谈判。电视、收音机及传播媒介经常报道有关谈判的新闻:中美谈判、巴以谈判等,可以说谈判就在我们身边,谈判就在我们的生活中。但是到目前为止,还没有出现一个让大家都能接受的、统一的谈判定义。

1. 国外学者的主要观点

关于谈判的定义,国外学者的主要观点如下。

美国哈佛大学法学教授罗杰·费希尔和谈判专家威廉·尤瑞认为,谈判是你从别人那里获取你所需要的东西的基本手段,你或许与对方有共同利益,或许遭到对方的反对。谈判是为达成某种协议而进行的交往。

美国著名谈判专家、律师杰勒德·尼伦伯格在1968年出版的《谈判的艺术》一书中提出,谈判是人们为了改变相互关系而交换意见,为了取得一致而相互磋商的一种行为,是直接影响各种人际关系,对参与各方产生持久利益的一个过程。

美国著名的谈判专家荷伯·科恩在其《人生与谈判》一书中提出,谈判是利用信息和权力去影响紧张网(关系状态)的行为。

美国著名谈判专家C.威恩·巴罗和格莱恩·P.艾森认为,谈判并不是什么新东西,它从古至今一直是人们生活中的一个组成部分。实质上,谈判是在双方都致力于说服对方接受其要求时所运用的一种交换意见的技能。其最终目的就是要达成一项对双方都有利的协议。

美国哈佛大学谈判培训中心负责人霍德华·雷法认为,谈判包含科学和艺术两个方面。在这里,所谓"科学"的基本含义是指,为了解决问题所进行的系统的分析,所谓"艺术",包括社交技巧、信赖别人和为人所信服的能力、巧妙地进行各种讨价还价的能力,以及知道何时和怎样使用以上能力的智慧。

2. 国内学者的观点

东北财经大学李品媛教授认为,谈判时参与各方出于某种需要,在一定的时空条件下,采取协调行为的过程。我国台湾学者邓东滨认为,广义地说,谈判是指人类为满足各自的需要而进行的交易。我国台湾学者刘必荣认为,谈判不是打仗,它只是解决冲突、维持关系或建立合作构架的一种方式,是一种技巧,也是一种思考方式。谈判是一种赤裸裸的权力游戏,强者有强者的谈法,弱者有弱者的方式。

上述学者从不同的角度对谈判的定义进行了阐述,虽然各自的表述有所不同,但是,综合起来,我们可以将谈判的概念概括如下。

(1) 谈判至少是双方的或者是多方的行为,而且相互之间具有某种联系或关系;
(2) 谈判的各方都有各自的需要,是为满足某一种或几种需要而进行的;
(3) 谈判各方的目标都是为了争取各自的利益、满足各自的利益;
(4) 谈判是一种协商和沟通,目的是要达成一项对各方都有利的协议。

由此,可以将谈判的定义归纳如下。

谈判是指具有某种相互联系或关系的各方,为了满足各自的需求,进行沟通和协商,达成兼顾各方利益的协议的过程。

(二) 公共关系谈判

公共关系谈判是谈判者相互沟通信息、寻求一致的过程,是共同满足各方需要的一种手段,也是科学性与艺术性的统一。公共关系谈判同其他谈判一样,其本质、规律、方法、技术和技巧基本都是相同的。但是,公共关系谈判也有其不同特征:一是特别强调互利互惠原则,并且更重视长久的利益关系;二是注重树立、改善组织的形象,处理好与公众的关系。这就要求公关人员不但要掌握谈判技术和技巧,以达到预期的目的,还必须通过谈判让对方感受到真诚,使其心悦诚服,增加长期互惠合作的诚意和信心。

二、公共关系谈判的特征

谈判是一个涉及诸多学科、十分复杂的协商沟通过程。公共关系谈判具有其他形式谈判的共性,也有其特殊性。一般情况下,公共关系谈判具有以下特征。

(一) 直接性

谈判是利益冲突的各方通过直接接触,彼此间建立的一种生动、活泼的相互关系。谈判的每一方都能面对面地观察和了解对方的态度和观点,都能随时调整自己的态度和意见。因此,谈判人员的态度和意见、仪表仪容、语言谈吐、举止礼仪等直接或间接地影响谈判的结果。

(二) 非均等性

谈判是一种互利活动,即谈判各方都能从中获得某种利益和需求的满足。但由于谈判各方所处的地位、实力及谈判人员的技巧不同,谈判各方所获得的利益或需求满足的程度是有差异、非均等的。

(三) 互利性

在各种形式的谈判过程中,任何一方都在努力实现自己的需求和利益,都希望对方放弃要求,做出让步。但是愿望毕竟只是愿望,并不是现实。这就要求谈判的各方若想从对方那里得到自己需求的满足,就要在满足自己的方案和策略的同时考虑到对方的需求,考虑到对方对己方提案的接受程度。好的谈判人员并不是一味地固守立场,追求寸步不让,而是与对

方充分交流,从各方的最大利益出发,创造各种解决方案,用相对较小的让步换得最大的利益,而对方也是遵循相同的原则来取得交换条件。在满足各方最大利益的基础上,如果还存在达成协议的障碍,那么就不妨站在对方的立场上,替其着想,帮助其扫清达成协议的障碍。这样,最终必将迎来一个双赢的、互惠互利的结局,而且一个好的结局对今后双方的相互信任与合作所产生的积极影响是非常重大的。很多谈判桌上的对手在私下里都是好朋友,代表各自的组织建立了良好的彼此信任的关系。长远的信任与合作关系所带来的利益,已经远远超出了一局谈判的收获。

任何公共关系活动的目的都是树立组织的形象,提高组织的美誉度,与不同的公共关系客体建立长远的信任合作关系,谈判也不例外。因此,公共关系谈判人员更应该注重这一特点。

(四)结果的相对平等性

一切所谓成功的谈判,各方都是胜者。但是,从谈判的结果上看,不平等是绝对的,平等只是相对的。造成这种结果的因素有很多,但主要因素是实力问题。如何辩证地看待公共关系谈判的这个特征,对正确认识谈判目的有重要的实际意义。首先,只要参加谈判的各方都具有否决权,谈判就可以说是平等的。其次,谈判不是体育比赛,在一局谈判中,各方可能是赢在现在,也可能是赢在未来。例如,我国在加入世界贸易组织的谈判中,对美国做了相对较多的让步,但是从进入世界贸易组织后的发展空间来看,我们赢得了战略性的胜利。最后,尤其需要注意的是,公共关系谈判与商务谈判的目的有很大不同,公共关系谈判所侧重的不是暂时的经济利益,而是组织形象的树立,这就更需要有长远的发展目标。

(五)以理服人

公共关系的功能是塑造形象、协调关系、传播沟通和优化环境,公共关系谈判应该是为实现其功能服务的。所以公共关系谈判应该重视沟通和协商环节,强调以理服人、以信取人,不必过分计较微不足道的细枝末节,以公共利益为重,将着眼点放在发展组织的长久利益关系上。

公共关系谈判的另外一个特征是其结果一般不具备法律约束效力,往往是意向性的、展望性的文件,谈判一般是以签署意向书、备忘录或者口头许诺作为结局。

三、公共关系谈判的原则

公共关系谈判在促进沟通、达成交易和解决争议方面的作用日益突出。作为一种特定的沟通活动,公共关系谈判在遵守国家法律和维护组织利益的前提下应遵循以下原则。

(一)平等互利原则

平等互利是指参与公共关系谈判的双方在法律地位上享有的权利与义务一律平等,无论组织大小、实力强弱都要坚持平等互利原则。遵守此原则,要求谈判双方处于平等的地位;在公共关系谈判中,谈判双方既不能将己方的意志强加于人,也不接受不平等的条件;在谈判结束后所签订的合同中,谈判双方的权利与义务应该符合对等的原则。

（二）真诚合作原则

诚挚与坦率是做人的根本，也是谈判活动的准则。在谈判中要明确双方不是对手、敌手，而是朋友、合作的关系；谈判不是利益争夺的过程，而是双方互相沟通、交流，以寻求共同发展的过程。谈判过程中，不论哪方缺乏诚意，都很难取得理想的合作效果。在相互合作、相互信任的基础上，双方坦诚相见，将自己的观点、要求明确地摆到桌面上来，求同存异，相互理解，这样会大大提高谈判成功的可能性。

坚持真诚合作的原则并不是排斥谈判策略与技巧的运用。合作是解决问题的态度，而策略和技巧则是解决问题的方法和手段，两者是不矛盾的。

（三）灵活机动原则

在谈判的过程中要灵活机动、随机应变。公共关系谈判受到多种因素的制约，不确定性很大，这就要求谈判人员应根据目标不断修正自己的策略，使自己在谈判中游刃有余，为取得谈判成果打好基础；并且要注意在谈判中留有余地，使自己有一个回旋的空间；同时还要坚持公开性原则，坚决杜绝私下交易，此类事件一旦败露，将会对组织形象造成不可弥补的损害。

（四）最低目标原则

在任何谈判中，都有一个最低目标要求，即最低底线。最低底线是谈判各方可以接受的最低条件，也就是说谈判的各方只有在不违背各自的最低需求的情况下，才可以兼顾对方利益，做出适当的让步，促使谈判取得进展，进而发展到合作关系，实现互惠互利。最低目标原则是谈判获得成功的基本前提，在谈判过程中既要坚持己方的最低底线，又要考虑对方处境，这样才能使谈判顺利进行下去。否则，只能使谈判破裂、两败俱伤。

（五）合法性原则

在谈判及合同签订的过程中，要遵守国家的法律、法规和政策。对外商务谈判还应当遵循国际法则及尊重对方国家的有关法规。与法律、政策相抵触的任何谈判，即使谈判双方自愿并且协商一致，也是无效的，不但不受法律的保护，还要受到法律的制裁。

（六）讲求时效原则

公共关系谈判应讲求效益与效率的有机结合，既要讲究良好的效果，又要追求较高的效率，不能搞马拉松式的谈判。

四、公共关系谈判的程序

公共关系谈判的程序一般分为准备、开局、交流与磋商和签约等阶段。只有掌握好公共关系谈判的程序，才能把握好公共关系谈判的全过程，完成好公共关系谈判的各阶段工作，实现最终目的。

（一）谈判的准备阶段

西方谈判界有一句谚语："如果谈判准备不成功，那就在谈判中准备失败吧！"谈判的准备至关重要，准备工作是否充分、细致，将直接影响谈判过程的各个环节，乃至最终结果。

1. 确定谈判目标

谈判目标通常是谈判要解决的问题。确定谈判的目标,就是确定期望通过谈判要达到的目的。在整个谈判过程中,无论是方案的制定,还是策略的选择和实施,都是为实现谈判目标服务的。

谈判目标一般分为三个层次:一是最高目标,指谈判人员所能获取的最大利益目标;二是比较理想目标,指较理想的实际目标;三是可接受的最低目标,指谈判人员的底线。

2. 收集情报资料

收集情报资料在任何形式的谈判准备中都是非常重要的一环。"知彼知己,百战不殆。"在公共关系谈判中,要收集的情报主要包括:所涉及的市场信息、技术信息、环境信息、政策法规信息和谈判对手资料信息等。

3. 组建谈判团队

应根据谈判任务对谈判人员的要求,选择谈判人员,组建谈判团队。谈判团队的组建主要包括确定参加谈判的人数、成员和成员之间的分工与配合。公共关系谈判是谈判双方人员的知识、智慧、心理、经验等综合能力的较量,组织一支优秀的谈判团队,对取得谈判的成功起着格外重要的作用。

4. 拟订谈判方案

在谈判之前,要拟订出一个周密、明确的谈判方案,其内容一般包括谈判的目标、议程、进度和对策等。拟订谈判方案要注重四个方面:简明扼要、准确具体、策略得当和灵活机动。谈判方案是谈判的指导性纲领,其目的是尽可能地维护己方利益,兼顾对方目标,最终实现双方比较满意的结果,进而达成协议,成为长久的合作发展伙伴。

5. 举行模拟谈判

模拟谈判是谈判方案的假设执行。为了使谈判最大限度地达到己方的目标、适应对手,谈判人员往往要进行一次或多次模拟谈判。进行模拟谈判时,谈判人员在充分准备的基础上,应注意要求扮演对方角色的人员在各个方面尽力模仿对手,严格认真地进行模拟。每次模拟谈判完成之后,谈判人员要认真总结,找出问题,根据需要进行反复模拟,直到满意为止。

(二)谈判的开局阶段

对于公共关系谈判而言,良好的开局至关重要。谈判的开局体现出谈判双方在谈判中采取的态度和方式,对谈判能否顺利进行关系极大,同时也影响着双方对谈判局面的控制,有时直接影响谈判的结果。

1. 营造良好的谈判气氛

任何一种谈判在一开始都涉及谈判气氛,又称为洽谈气氛。在公共关系谈判中,谈判气氛直接影响双方的情绪和行为,是整个谈判过程中双方能否进行友好协商的基础。谈判人员应注意消除冷淡、对立、紧张的情绪,还要注意避免松松垮垮、拖拖拉拉、旷日持久、互不让步的马拉松式谈判。要努力创造出积极、友好、热情的气氛,并且在涉及具体问题时保持平静、严肃、严谨和务实的心态。

 中美知识产权谈判

谈判气氛是在谈判开局阶段迅速形成的,是弥漫在谈判现场空间中的能够影响谈判进程和谈判结果的心理因素和心理感受的总和。谈判气氛良好,就可能为以后顺利解决问题提供良好的基础,而谈判气氛糟糕必然给人毫无诚意的感觉。

2. 开场陈述

开场陈述是公共关系谈判进入实质性阶段的开始,即谈判双方对各自的谈判目标进行表达。在开场陈述中,要向对方表明己方的基本目标、要求、原则和希望,引起对方的重视和响应。在此阶段,谈判者要注意以下几个问题。

(1)尽量设法让对方先陈述。若对方先进行陈述,我方则可以初步判定双方的差距,并可据此相应调整我方的陈述策略。当对方在进行陈述时,一是要认真倾听,同时不断用表情、眼神交流、记笔记等方式表明对对方发言的重视。切忌在对方说话时有浮躁、浅薄之举动,更不要随便打断对方发言。二是在倾听的过程中要努力理清和归纳对方的表达核心,善于捕捉对方言论的关键问题,不能在对方发言后毫无收获。

(2)陈述要突出重点。由于陈述属于谈判接触的初始阶段,相互间对对方的底牌都不太清楚,所以在陈述时,除了言简意赅地讲清楚己方的目的和意图以外,不要发表过多的言论,关键的资料应留待实质谈判阶段再用。己方陈述时,内容要清晰,使用的词汇和概念要准确,不能有歧义,以免对方误解或从中钻空子。陈述重点要放在谈判项目的价值上,以吸引对方的合作欲望,减少谈判阻力。为使陈述准确,谈判人员在陈述时也可以使用书面语言。

(3)陈述要注意细节。在陈述过程中,谈判人员要尽量均衡双方的时间长度,切忌出现独霸会场的局面,在语气语调上,要尽量轻松自然,态度要诚恳,不能使用过激言辞。在陈述时,不能低头念稿或"自言自语",而要观察对方的反应,并寻找对方的目的和动机,以及与己方的差别。另外,陈述的结束语要特别斟酌,要表明己方的陈述只是为了让对方明白己方的意图,而不是向对方挑战或强迫对方接受,类似"这是我们的初步意见""后续问题我们放到后面再细谈"之类的表达就比较理想。

3. 交换意见

公共关系谈判开局以后,随即进入对对方基本意见的相互反应阶段。双方各自意向性的陈述必然会引起对方的反应和应对,这时应该尽量反复交换意见,摸清对方底牌。公共关系活动更注重关系的协调和形象的树立,所以谈判人员应该在满足己方基本原则的基础上,相互为对方利益考虑,争取双赢的结果,以促成建立长远的利益关系。

(三)谈判的交流与磋商阶段

公共关系谈判的交流与磋商是指谈判双方进入正式谈判,相互间讨论、争辩、讨价还价和解释的过程。一般来说,交流与磋商要注重以下几方面的问题。

一是真诚客观。在交流与磋商的过程中,谈判双方提出的目的要考虑,双方利益的现实性,提出的解决问题的方法具有真实性和可靠性,并且具有双方一致接受的合理性和可能性。

二是注重礼节。一般来说,任何谈判都有可能产生争论,但在激烈争论的同时,应当注意相互尊重和谅解。这就要求在磋商过程中,谈判双方始终保持公共关系礼仪的行为准则,不能蛮横无理或以强欺弱、以大压小,应沉着应对、以理服人。

三是耐心坚持。公共关系谈判的过程一般比较复杂,要尽可能地耐心坚持己方的观点,坚守底线,善于利用己方的有利因素,最大限度地争取己方的利益。

四是反复磋商。在公共关系谈判中,可能会进行反复的商谈。对此,谈判双方要有充分的心理准备和物资准备。尤其是在双方产生对抗情绪时,可以暂时放下争议较大的问题,采取休会的办法,打破僵局,冷静分析原因,讨论双方都能够接受的解决问题的方法。必要时,双方都要做一些妥协和让步,以维持谈判的进行,力求达到双方满意。

(四)谈判的签约阶段

谈判完成以后,一般情况下双方都要签署协议或合同,以规定双方的权利与义务。一般来说,公共关系谈判的签约没有商务、军事及外交谈判那样严格的协议文本。但是双方也要签署协议或备忘录,用以约定双方的责任与义务。在起草协议文件的过程中,要注意不违反相关的政策、法规等。

第二节 旅游公共关系谈判技巧与策略

旅游公共关系谈判既是一门科学,又是一门艺术;既是一场智慧、信息、知识和能力的较量,也是一场艰苦的耐力与信心的角逐。学会和掌握一定的谈判技巧与策略,了解谈判中的一些陷阱,对于我们提高谈判技能,争取更大的目标利益是有帮助的。

一、公共关系谈判的技巧

技巧是指人们进行某项活动的技术及其灵活性,公共关系谈判的技巧是指在进行各种公共关系谈判时具有的技术及其灵活性。在公共关系谈判中,技巧主要体现于语言,谈判技巧也称为谈判艺术。

(一)公共关系谈判中的语言技巧

1. 公共关系谈判的语言类型

按语言的表达方式,谈判语言分为有声语言和无声语言。有声语言是指通过人的发音器官来表达的语言,这种语言借助于人的听觉来交流思想和传递信息。无声语言又称身体语言,是指通过人的眼神、形体、姿势以及辅助的物品等非发音器官来表达的语言。

2. 公共关系谈判的语言风格

公共关系谈判中的语言风格十分灵活,大致可以分为外交、文学、法律、军事等风格。各种风格特点鲜明,各有所长(见表6-1)。

表 6-1　谈判中的语言风格

语言风格类型	特　　点	例　　句
外交风格	得体、灵活、礼貌、含蓄	"我们的期限要看谈判的具体进展情况而定。" "我们把刚才的两个方案组合在一起会不会更好呢？"
文学风格	生动、形象、优雅、感染	"贵酒店的这项建议对我们来说可谓锦上添花。" "天时、地利、人和铺就了我们这次谈判的成功之路。"
法律风格	准确、严谨、规范、简明	"根据《消费者权益法》第十二条，我们认为……" "对你方提出的议题，我方有三方面的疑问，第一——……"
军事风格	直率、果断、自信、威慑	"除非你方改变条件，否则我们将转向司法途径解决。" "作为全省唯一的国家5A级旅游景区，我们可以肯定地说……"

3. 公共关系谈判的语言沟通技巧

（1）谈判的陈述技巧。

陈述即讲述，指表达自己的观点或问题。在谈判的各个阶段，有经验的谈判人员都会适时地通过陈述来充分表达己方的观点及看法。在陈述中既要做到左右逢源、滴水不漏，又要暗藏锋芒，这就要运用陈述中的技巧。陈述中的技巧一般有入题的技巧、叙述的技巧和结束语的技巧。

①入题的技巧。一般情况下，在谈判时，谈判中的任何一方所表达的入题内容如果能够引起谈判对手的兴趣，使谈判对手能够热心地参与所交谈的问题，就会起到意想不到的效果。入题经常采用的方法有触景生情法、迂回入题法和开门见山法。

②叙述的技巧。不管是大型谈判还是小型谈判，无论是复杂的谈判还是简单的谈判，谈判一方总是期望获得对方的一些信息，而提供信息方也希望对方做出某种反应。当信息必须由己方提供时，要注意不能不顾对方，在叙述时滔滔不绝、侃侃而谈，这样的长篇大论会让对方认为不给其思考的余地；在叙述问题时，关键信息不能太多，要做到简明扼要，使对方明白哪些是赞同的、哪些是反对的。通常一般人一次只能接受7个以内的事项，事项太多，对方则无法对某些事项做出肯定或否定的回答，从而导致谈判无法进行。

③结束语的技巧。结束语在谈判中起着非常重要的作用。好的结束语既能够让谈判对手产生共鸣与深思，又能引导对方陈述问题的态度及方向。一般情况下，结束语应采用切题、稳健、中肯并富有启发性的语言；做到有肯定、有否定，并且还要留有一定的余地，尽量避免下绝对性的结论。

（2）谈判的发问技巧。

发问也称提问，是谈判中经常使用的一种语言表达方式。谈判时，谈判人员要善于发问，其作用在于能够获取己方所不知道的信息，或者希望对方提供己方所不知道的资料，或者要求对方澄清己方尚未明白的问题，或者借此表达发问人的感受，或者提醒对方注意某些重要的问题，为对方的思考提供新的思路等。但在发问时，谈判人员要善于倾听对方所表达的观点，了解问题的实质与动机。发问的技巧如下。

①为难提问法。指在谈判中，倾听对方所表达的观点之后，对对方进行设问提问，不管对方对这个问题进行肯定回答或否定回答，都与其愿望和要求相背离。《战国策·韩策》中记载，韩灭郑后，当时著名的思想家和改革家申不害被韩昭侯起用为相。申不害平时教人按功授职，但他自己却任人唯亲。有一次，申请求昭侯封自己的堂兄官职，其兄却无甚功劳。昭侯不同意，申脸有愠色。昭侯说："这样的事，我没有跟你学过。你是让我接受你的请求，封你堂兄官职，而废弃你平时的学说呢？还是推行你平时按功授职的主张，拒绝你任人唯亲呢？"申无言以对。这种方法能够利用对方的观点或行为的漏洞，通过设问使其陷入进退两难的境地，从而使己方占有主动权。

②矛盾提问法。在谈判中，有些观点当时从表面上看并没有自相矛盾的地方，但是通过一系列的发问后，就渐渐显示出自相矛盾来。如针对神学家们鼓吹的"上帝万能"，有人设问："上帝能否造出一块自己也举不起来的石头？"对此问题回答是与否都不行。按"上帝万能"的观点，上帝能够造出此石头，但这块石头是他自己举不起来的石头，又证明上帝不是万能的，这样就自相矛盾了。这种提问能把对方观点内部潜藏的矛盾一步步地揭露出来，并对对方自相矛盾的观点进行深入分析，从而置对方于不利的境地之中。

③引出提问法。引出提问法对答案具有强烈的暗示性，是反义疑问句的一种。它具有不可否认的引导性，几乎使对方没有选择的余地，只能产生与发问者观念一致的反应。在谈判过程中，有时为了反驳对方，需要先进行发问，让谈判对手说出己方希望的答案，然后以此为谈判话题，有力地反驳对方。这种提问方法是为了让对方做出自己所需要的回答，并让这种回答成为己方反驳的主要话题，这样的反驳就更具有说服力。

④选择提问法。选择提问法的目的是将己方的意见摆明，让对方在划定的范围内进行选择。在谈判过程中，有时会出现因对方有多种选择而举棋不定的情况。在这种情况下，谈判高手总是采用故意缩小选择范围的办法使对方做出己方所设想的预期回答。选择提问法一般都带有强迫性，因此在使用时要注意语调得体、措辞委婉，以免给人留下强加于人的不良印象。要给谈判对手一定的选择机会，使其感到结果不是对方强加的，而是自己所选择的，从而使其自尊心得以满足。

(二) 公共关系谈判中的沟通技巧

沟通泛指人与人之间的思想感情交流，在现代社会中，沟通无处不在、无时不有。谈判中的沟通是把广泛意义上的沟通运用在谈判上。在谈判中常用的沟通技巧主要有以下几种。

1. 感情投资技巧

在谈判过程中，谈判高手往往利用人性的特点来实现自己的谈判目标。为了实现这一目标，使谈判对手成为合作伙伴，在谈判过程中，谈判人员可通过设宴来麻痹和瓦解对手，使对方放弃对抗或做出让步，从而达到己方的目的；也可通过主动满足或答应对方的需求，给予其良好的物质待遇，使对方在精神上感到愉快和受到尊重，来达到让对方因满意而放弃或减弱对立心态的效果，但要有度，不要无原则地退让；还可以精心准备各种参观、娱乐等活动，来缓解在谈判中出现的紧张局面。

2. 倾听的技巧

善于倾听能够得到对方的更多信息，便于了解问题的实质和对手的动机，克服谈判过程中信息的不对称及信息理解的偏差,做到知己知彼。倾听时的基本要领包括:要聚精会神专注于对方,不能东张西望;不可随意打断对方的讲话;注意对方讲话的语气与说话方式;即使关键性的问题已经清楚,也要选择恰当的时机与恰当的方式进一步确认;对于不便回答的问题或对己方不利的问题,可以保持沉默、不予回答,给对方造成无形的压力。

3. 应对僵持的技巧

谈判开始之后,在维护己方实际利益的前提下,应尽量避免由于一些非本质的问题而坚持强硬的立场,一旦谈判陷入僵局,应积极、主动地寻找解决方案。在谈判中,如果双方均坚持己见,不肯对分歧做出妥协,则可采用更换话题的方法,把僵持的议题暂时搁置,等其他的议题解决好后,再解决僵持的议题;可以更换主谈人,新的主谈人的新姿态会使僵局得以缓解;也可考虑暂时休会,等气氛缓和下来再谈;双方为了自身的利益求同存异,还可以试着寻找其他的解决方案。

4. 拒绝的技巧

在公共关系谈判中,讨价还价是难免的,也是正常的。有时对方提出的要求或观点与己方相反或相差太远,这时就需要拒绝、否定。但如果拒绝、否定的方式死板、武断甚至粗鲁,就会伤害对方,使谈判陷于僵局之中,导致谈判失败。在谈判中,当要拒绝对方时,需要采取一定的技巧。高明的谈判人员在拒绝时应审时度势、随机应变、有理有节地进行,让双方都有回旋的余地,拒绝得巧妙且合情合理,既不伤害对方的感情,同时也使己方达到了目的。拒绝需要的是智慧和勇气,在谈判中,巧妙运用拒绝的技巧,能够使谈判进展顺利,最终实现谈判的目标。

(三)公共关系谈判中的压力处理技巧

任何谈判对于谈判人员来说,都既是一场智力的较量,也是一场心理的较量。在谈判中,由于谈判问题所引发的分歧与矛盾冲突,往往会对谈判人员心理造成一定的压力。因此,对于谈判人员来说,如何承受谈判过程中的压力是获取谈判成功的最基本的能力。在谈判中,谈判人员不仅要了解给对方施加压力的方式,也要善于缓解对方给己方施加的压力。缓解压力的一般方法有以下几种。

1. 防范法

在谈判过程中,谈判一方如果通过分析得知对方可能会利用某些特权来压迫己方,使己方必须或不得已做出某种行为时,可以立即采取行动,在对方施加压力前就让对方感到此行为已经无法实施,使对方失去对己方施加压力的目标。

2. 转化法

在谈判中,压力通常是由上级赋予的,因此,如果使上级对施压失去兴趣或产生反感,压力就会因失去施加压力的人而自动解除。其处理技巧是采取办法来说明此事对上级自身利益会造成一定的损害,并说明放弃施压会产生较好的效果,从而说服上级放弃施压。

3. 劝导法

这是一种动之以情、晓之以理的方法。在谈判中,有时对方施加压力会给己方带来一定的威胁,并给己方造成一定的损失。己方采用劝导法向对方说明,如果威胁付诸实施,那么己方将会采取什么样的报复行动,这些行动将给对方带来什么样的伤害,那样必将是两败俱伤。这样施加压力的一方会主动撤销压力，有时还会做出一定程度的让步。

4. 转化法

转化法是针对压力所造成的损失而采用的方法，是指将己方所要承担的风险或损失转嫁给对方。当对方意识到其所施加的压力无法损害或无法严重损害己方利益时，或许会撤销其施加的压力。

5. 对攻法

这是一种硬碰硬的方法，是缓解压力的一种强硬方式。这种方法一定要基于己方的心理承受能力强于对方。一旦采用了这种方式，决不可再向谈判对手做出让步。

（四）公共关系谈判中改变劣势的技巧

谈判中出现的劣势会影响谈判目标的达成及双方的利益分配。当然，这里的劣势并不是指谈判双方实力相差极为悬殊的优劣势对比，而是指在某一方面或某一条件下的劣势。如果在谈判中所有的优势都被对方所掌握，那就很难靠谈判技巧来获取平等的利益。改变劣势的方法有以下几种。

1. 提出最佳选择，维护己方利益

在谈判中，如果一方处于劣势，其往往会十分担心谈判不能达到目标，就过于迁就对方的要求，从而达成一个令自己不太满意的协议。为了避免这种情况出现，谈判人员往往会事先制定出一个己方所能接受的底线，即最低限度标准。此方法对于改变劣势有一定的作用。在谈判中，谈判人员可根据实际情况提出多种备选方案，从中确定一个最佳方案，作为最终所要达成协议的标准。最佳选择越是可行、贴近实际，改变谈判结果的可能性就会越大。

2. 充分利用自身优势

在谈判中，如果谈判双方实力相差悬殊，己方处于劣势，就需要精心做好准备工作，对双方的优势和劣势进行分析，摆出对方所具有的优势，再与己方的优势进行对比，设计出如何利用己方的优势的方法，做到心中有数。其实，优势和劣势并不是绝对的。有时候随着谈判的进行、多种方案的提出、自身实力的增强，优势也就得到了增加；有时候一方所具有的优势可能被暂时掩盖了，没有表现出来，也可能是对方没有认识到。因此，在谈判中充分利用自身的优势，发挥自身的长处，攻击对方的劣势，也是一种技巧。

（五）公共关系谈判中处理反对意见的技巧

在谈判过程中出现反对意见时，往往会令人非常恼火，但是为了达成谈判协议，谈判人员必须处理好反对意见。

1. 冷静分析反对意见

在谈判中，当对方提出反对意见时，己方要冷静分析。如果此反对意见是以偏见或成见的形式提出的，就不要急于反驳，而要尽力找出其偏见形成的根源，并以此为突破口，证明其见解是不符合实际的。如果反对意见只是一般性的，或只是找一个借口，就不要过分较真，适当加以说明即可。

2. 选择适当时机

在谈判中，己方预计对方可能提出某种意见时，可抢先提出问题，争取主动，引导对方按己方的思路、想法去理解问题。这样有利于避免矛盾冲突，增强说服效果。

3. 平和的态度

在谈判中,关于对方的反对意见要心平气和地回答。如果带着不满的口气回答对方的问题,会让对方认为己方讨厌其意见、对其有成见,如果是这样,己方可能会遭到对方的强烈反对,说服就很难奏效了。

4. 简明扼要

谈判过程中,己方在回答对方提问时一定不要长篇大论,这样很可能引起对方的反感,使对方有进一步反驳的口实,而应简明扼要地回答对方的问题,必要时适当加以解释即可。

5. 间接反驳对方

在谈判时,己方如果直接反驳对方,往往容易伤害对方,使对方颜面扫地,且很可能遭到反击,不利于谈判顺利进行,而应选择间接反驳,采用提示、暗示等方法,避免正面冲突是比较好的谈判方式。

二、旅游公共关系谈判的策略

谈判策略是指谈判人员为取得预期成果而采取的一些措施,它是各种谈判方式的具体运用。任何一项成功的谈判都是灵活、巧妙地运用谈判策略的结果,一个优秀的谈判人员必须熟悉各种各样的谈判策略,学会在各种情况下运用谈判策略,以达到旅游组织的目标。

(一) 投石问路策略

投石问路策略是旅游组织的客户常使用的一种策略。对此,旅游组织应充分了解,并采取适当的应对策略。

客户想在谈判中掌握主动权,就会尽可能地多了解旅游组织的情况。投石问路策略就是客户了解旅游组织的情况的一种战略战术。客户运用此策略主要是在价格条款中试探旅游组织的虚实。例如,客户想要试探某旅游组织在价格上有无回旋余地,可能提议:"如果我方增加旅游人数,你们可否考虑在价格上给予优惠呢?"或者再具体一些:"旅游人数为5人时,单价是1000元/人;如果旅游人数为10人、15人或20人,单价又是多少呢?"这样,旅游组织就要谨慎做出比较性的价格差,以防在讨价还价中被挑剔。

一般来说,任何一块"石头"都能使客户更进一步了解旅游组织的商业习惯和动机,而且旅游组织都难以拒绝。投石问路时,提问的形式主要有:如果我们和贵公司签订长期的旅游合同,贵公司的优惠价格是多少?如果我们以现金支付或采取分期付款的形式,你方的价格有什么差别?如果车费由我们自付,你方的价格是多少呢?我方人员有意分批游览贵公司的旅游景点,能否给予团订价格呢?如果我们要求贵公司增加一位导游人员,你们可否按现价成交?等等。

如果客户使用投石问路策略,旅游组织应采取以下措施:找出客户的真正意图,根据对方情况估计其旅游规模;如果客户投出一个"石头",最好立刻向对方回敬一个。但并不是对客户提出的所有问题都要正面回答、马上回答,有些问题拖后回答,效果也许更好,可使客户投出的"石头"为己方探路。如客户询问旅游人数为10人、15人或20人时的优惠价格,可以反问:"你希望优惠多少?"或"你是根据什么算出的优惠比例呢?"

有时候,客户的投石问路反倒为旅游组织创造了极好的机会,针对客户想要知道更多资料信息的心理,旅游组织可以提出许多建议,促使双方达成更好的交易。

(二)开诚布公策略

开诚布公策略是指谈判人员在谈判过程中以诚恳、坦率的态度向对方袒露己方的真实想法和观点,实事求是地介绍己方的情况,客观地提出己方的要求,以促使双方通力合作,使谈判双方在坦诚、友好的氛围中达成协议的一种策略。

所谓开诚布公,是指将己方情况大部分透露给对方,实际上百分之百地透露给对方是不明智的,也是不现实的。在谈判过程中,不讲出实际情况是出于某种需要、某种策略,讲出实际情况也是策略的需要。采用开诚布公策略要以取得好的效果为前提,并不是在任何情况的谈判中都可以采用它。选择这一策略,其谈判对象一定是有诚意的,并且是在把对方作为唯一的谈判对象的情况下,而且还要选择好使用的时机,这样才会促成双方进行合作。

(三)价格诱惑策略

价格在谈判中十分重要,这是因为许多谈判就是价格谈判。即使不是价格谈判,双方也要商定价格条款。价格直接反映了谈判双方各自的切身利益。因此,围绕价格的谈判策略常常具有冒险性和诱惑性。

旅游公共关系谈判中的价格诱惑策略是谈判人员利用对方担心市场价格上涨的心理,诱使对方迅速签订旅游协议的策略。例如,谈判人员提出一个月后,价格将随市场行情上涨大约5%,如果对方立刻签协议,就能以目前的价格享受优惠。如果此时市场价格确实浮动较大,那么这一建议就很有吸引力。对方就有可能趁价格未变之机,匆忙与己方签约。这种做法看起来似乎是照顾了对方的利益,但实际上并非如此,对方甚至可能因此吃大亏,而对于己方则无太大影响。

(四)以退为进策略

以退为进策略从表面上看,是一方的退让或妥协,但实际上退却是为了以后更好地进攻,或实现更大的目标。在谈判中运用这一策略较多的形式是一方在谈判中故意向对方提出两种不同的条件,然后迫使对方接受其中的一种条件。例如,"享受优惠价的条件是集体旅游人数达50人以上,或者是预付40%的费用,费用为两次付清",在一般情况下,对方要在两者之间选择其一。这种策略如果运用得当,效果就十分理想。例如,美国一家大型旅游航空公司要在纽约建立航空站,想要求爱迪生电力公司以低价供应电力,但遭到了电力公司的拒绝,并推脱说公共服务委员会不批准,谈判因此陷入了困境。后来,旅游航空公司索性不谈了,声称自己建电厂划得来,不需要依靠电力公司。电力公司听到这一消息,立刻改变了原来的谈判态度,主动请求公共服务委员会从中说情,并表示给予这类新用户优惠价格。最后,电力公司与旅游航空公司达成了协议。从此以后,这类大量用电的客户都享受相同的优惠价格。

这场谈判的主动权原本掌握在电力公司手里,当时旅游航空公司主动找上门来,请求电力公司供电,可是电力公司拒绝了旅游航空公司的请求。之后,旅游航空公司耍了一个花招,声称自己要建电厂,给电力公司以压力。电力公司如果失去这一大客户,就意味着将损失一大笔钱,于是急忙改变了态度,同意以优惠的价格供电。这时,主动权又重新回到了旅游航空公司手里,从而迫使电力公司再降低价格。这样,旅游航空公司先退却一步,然后前进了两步,生意反而做成了。

（五）避实就虚策略

避实就虚策略是指在谈判中,一方为了某种需要,去分散对方的注意力,为达到己方的谈判目标,而有意识地将谈判议题引到对己方并不重视的话题上来的一种策略。这是一种故意隐藏己方真正的利益,为更好地实现谈判目标所采用的策略。在谈判过程中,谈判人员只有更好地隐藏己方真正的利益,才能更好地实现谈判目标,尤其在己方不能完全信任对方的情况下,谈判人员往往会使用这一策略。

客房结账时的策略运用

（六）先苦后甜策略

先苦后甜策略是指在谈判过程中,一方为达到自己的目的,先向对方提出较为苛刻的条件,然后再慢慢让步,最后使双方达成一致的看法,获得己方的最大利益的一种策略。在运用此策略时,一开始提出的要求不能过于苛刻,要有分寸,提出的苛刻要求应尽量是在对方掌握较少的信息与资料的某些方面。否则,会让对方感觉缺乏诚意,从而中断谈判。

（七）得寸进尺策略

得寸进尺策略是指在谈判过程中,一方在对方已经让步的基础上,再继续提出更多对己方有利的要求,最终达成目标的一种策略。此策略的核心是一点一点地提要求,积少成多,以最终达到己方的目的。运用此策略一定要慎重,如果要求过分,会激怒对方,如果对方进行报复,就会使谈判陷入僵局。

（八）攻心策略

攻心策略是指在谈判中,一方利用可对对方心理产生较大影响的做法,来使对方妥协、让步的一种策略。一是以愤怒、发脾气来使对方产生心理压力,在对方是新手或者是相对软弱型的谈判人员的情况下更有效;二是以软化的方式使对方做出较大让步。此策略主要针对不同类型的谈判人员,尽管可以产生一定的成效,但一定要注意适可而止。

（九）最后期限策略

最后期限策略是指规定谈判的最后结束期限的一种策略。这种策略可促使双方谈判人员集中精力,克服因时间过久而产生的拖沓、散漫的心态,增加紧迫感,促使双方通力合作,

最终达成协议。在谈判过程中,针对某些双方一时难以达成协议的棘手问题,谈判人员不要操之过急地强求解决,而要善于运用最后期限策略,规定谈判的最后截止日期,向对方展开心理攻势,以此来达到己方的目的。

（十）出其不意策略

出其不意策略是指在谈判过程中,没有任何迹象,一方突然改变先前的观点或方法,让对方惊奇而产生心理压力的一种策略。此策略在谈判中经常被采用,因为它能在较短时间内产生一种震慑对方的力量。在遇到令人惊奇的情况时,克服震惊的最好方法是让自己有充分的时间去思考,多听少说或者暂时休会。

三、公共关系谈判的陷阱

在公共关系谈判中,为了本组织的目标利益,谈判人员往往会设计一些陷阱来麻痹对方,从而达到在谈判中获得更大利益的目的。这就要求公共关系谈判人员不能粗心大意,要时刻警惕,认真分析,切忌轻易上当。

（一）"故意犯错"陷阱

在谈判中,对手有时会故意犯错,目的是想骗人,让人迷失方向,如以虚价进行诱惑,使用错误的账单,不断地制造错误的印象来转移注意力等。谈判人员对待这些明显的错误,一定要保持清醒的头脑,坚守自己的立场,坚定明确的方向。

（二）车轮战术陷阱

车轮战术陷阱就是在谈判过程中,一方突然变换谈判人员,其目的是让对手筋疲力尽,并有机会否认以前所做的承诺,迫使谈判一切从零开始并延缓合同的签订。应付这种陷阱,谈判人员既可以找个巧妙的借口,使谈判搁浅,直到原定对手再换回来;又可以耐心等待对方回心转意;也可以在对方否认过去协定时,否认己方所许的承诺;还可以不重复己方所做的结论,否则会使己方陷入筋疲力尽的局面。

（三）数字陷阱

数字陷阱是指在谈判中,一方不断地抛出各种各样的数据,其目的是想以此为据来证明其目标和计划的合理性,从而让对手相信,以获得理想的目标和利益。对待这种陷阱,谈判人员千万不能鲁莽行事,不能轻易相信对方所提供的任何数据,无论这些数据是否出自任何权威之手。一定要慢慢来,逐项仔细检查,并弄清这些数据背后的真实含义,只有当这些数据与真实情况吻合之后才能相信。

（四）"炒蛋"陷阱

所谓"炒蛋"陷阱,是指一方在谈判过程中故意把事情搅和在一起,把问题复杂化,借机搅乱对手的思路,打乱对手的原有计划,迫使对手屈服,以争取更大的好处。对待"炒蛋"陷阱,谈判人员一定要沉着冷静应对,千万别急躁,坚守自己的立场,分清主次,慎重拍板,并且随时记录谈判要点,撰写谈判备忘录。

总之,在公共关系谈判中,各方为了本组织的利益和目标,会采取各种各样的手段,使用各式各样的谋略。无论怎样,只要谈判人员在事前进行精心准备,明确自己的谈判目标,在谈判中沉着冷静、坚守立场,不被对方所欺骗和蒙蔽,把握谈判的主动权,就能取得满意的谈判结果。

第三节 旅游公共关系谈判方案的编制

一、旅游公共关系谈判方案编制要求

由于旅游公共关系谈判的规模和重要程度不同,谈判方案的内容也不尽相同。但是,其编制要求是基本一致的。

(一)简明具体

谈判方案不需要长篇大论或者犀利的文笔,而要用简单明了、高度概括的文字加以表述,才有利于谈判人员记住其主要内容与基本原则。谈判需要一定的应变发挥,过细的方案反倒会自缚手脚,只有谈判思路和整体要求清晰地印在大脑里,谈判人员在与对方洽谈时才可以自如地对付错综复杂的谈判局面。此外,谈判方案的框架和重点又必须与谈判的具体内容相结合,避免空洞和含糊。

(二)灵活机动

谈判方案只是谈判前设想或简单磋商的结果,不可能将谈判过程中所有随机因素都估计到。因此,要在复杂多变的谈判形势中取得比较理想的结果,一是应该设定多种可供选择的谈判目标,制定多种策略方案。二是应对可控因素和常规事宜进行细致安排,对不可控因素和非常规事宜则应留给谈判人员灵活发挥。

(三)周详细致

谈判方案属于计划的文体范畴,有一定的预见性和指导性。但是,它又不同于一般的工作计划。一般的工作计划是对自己工作的单方面的规划、设想,谈判方案则要充分考虑谈判对手的情况,以主张、说明、争取、让步、磋商、交易,最终达成一致为目的。为此,谈判人员要以综合双方或多方的意愿、情况为出发点。

二、旅游公共关系谈判方案的结构

谈判方案因谈判对象和谈判目标不同,写作内容也不尽相同,但从结构上看,写作格式大体都由以下几部分构成。

(一)标题

谈判方案的标题一般由事由及文种名称构成,有时还可加上谈判对手名称。如《酒店××市场推广谈判方案》《与××景区市场部代表就门票业务的谈判方案》。

(二)前言与主旨

谈判方案的前言表明的是谈判的总体构想和原则,说明谈判内容或谈判对象的情况。主旨是谈判的基本目的和指向,是谈判的灵魂,整个谈判应该紧紧围绕主旨来进行。

(三)正文

这是谈判方案的重点和核心部分。谈判方案正文的基本内容一般以三部分为主:①谈判目标、议程;②谈判策略;③谈判焦点、难点。

另外,方案内容如有补充说明意义的材料可以作为附件一并附上。

(四)落款

落款即在全文右下空白处写上日期以及执行方案的单位或其主管部门的名称,同时加盖印章。有些谈判方案还应标明呈报单位、审批单位的名称。

三、旅游公共关系谈判方案编制要点

在公共关系谈判方案中,要集中解决的问题主要包括谈判目标的确定、谈判议程的安排、谈判策略的布置等内容。

(一)谈判目标

谈判目标从利益大小程度划分,一般要有上、中、下三种考虑,即理想目标、现实目标、满意目标。在制定目标时,谈判人员要注意以下几点。

第一,所谓理想目标不止有一个,可能同时有几个,即多个利益点。这就需要将各个目标进行排序,确定是否要达到所有目标。

第二,己方的满意目标要严格保密,绝对不可透露给谈判对手,否则会使对方主动出击,使己方陷于被动。

第三,尽可能使目标在定性的基础上做到量化。

(二)谈判议程

谈判议程可分为通则议程和细则议程。通则议程是谈判双方共同遵守的谈判安排;细则议程则是己方参加谈判的有关策略的具体安排,留以自用,具有保密性。不论何种议程,其重点都应该放在谈判的进程控制上,通过对议事日程的安排,保证谈判顺利、严密地进行。一般来说,议程控制在四项左右比较理想。

1. 时间安排

时间安排主要包括谈判的总期限、谈判开始及结束的时间、谈判休息时间等。大型谈判还要划分各个轮次的时间长短、各阶段的时间分配、议题讨论的时间和顺序等内容。

2. 日程安排

日程安排包括谈判事项的先后顺序、系列谈判的轮次划分、各轮次人员分工等。

3. 谈判议题

谈判议题主要包括谈判议题的分类和分层、中心议题、解决议题的框架原则、议题解决的细节要求等。

4. 场所安排

场所安排主要包括谈判地点的内外环境布置、设施设备准备、日常用品安排等。

5. 其他事项

其他事项主要包括签约的要求与准备,仲裁人员的确定与邀请,谈判人员的食宿、交通、游览、休息、赠礼等事项的安排,以及其他善后事项的处理等。

我方在拟定议程时,要注意:①议程安排要扬长避短,保证己方的优势能得到充分的发挥;②议程的安排和布局要以谈判策略为中心,能够统筹兼顾,引导或控制谈判的速度;③议程的安排要注意对方的自尊和利益,以免导致谈判过早破裂。

(三)谈判策略

谈判策略是谈判人员对谈判活动的总体规划,谈判人员可以选择在谈判各阶段灵活使用谈判策略。谈判策略有自身特点与规律性,针对谈判双方地位对比可能出现的情况,可分为以下三类策略。

1. 己方处于主动地位的策略

(1)规定期限。当对方有众多竞争对手或己方能达成理想目标时,己方可以运用时间因素,向对方给出达成协议的时间期限,以此给对方压力,从而在最后期限完成谈判。

(2)先进后退。己方运用心理因素,先用苛刻条件让对方降低期望值,再在谈判中逐步给予优惠或让步。欲用此策略,己方可在内部安排人员分别扮演"黑脸(红脸)"和"白脸",有进有退,但要掌握"度"。

(3)不开先例。在具有垄断资源或处于卖方市场条件时,优势一方以"因无先例,无法让步"来坚持己方条件。这也是搪塞和应付对方所提的不可接受的要求的简便方法。

2. 己方处于被动地位的策略

(1)以攻为守。己方处于劣势时,可以寻找对方弱点,挑剔对方的提议和要求,也可以提出一堆问题和意见来避开对方优势。

(2)积攒资源。己方处于劣势时,可以汇聚与己方有共同利益的问题,利用集体需求防止被对方各个击破。另外,也可以挖掘谈判本身之外但对对方有利的条件,以增强自身实力,获得对方新的让步。

(3)沉默忍耐。己方认识到自身弱势后,不意气用事,不以牙还牙,多听少说,适当沉默,给对方造成心理压力,这样可能会打乱对手的谈判计划,出现言不由衷、泄露信息的情况,从而给己方可利用之机。

3. 双方地位平等的策略

(1)私人沟通。在谈判前,双方应积极了解对手的兴趣爱好和目前的困难等,在谈判中有的放矢,通过情感交流,从侧面顺利完成谈判。

(2)假设条件。在谈判的探测阶段,己方提出某种假设条件,来试探对方的虚实,抓住有利时机促成谈判成功。但是,在提出假设条件之前,己方应该对假设成真后的结果有正确的估计,否则,一旦假设变成现实,或对方努力地实现这一假设条件时,己方就会变得非常被动。

(3)休会策略。如果谈判进行到一定阶段或遇到障碍时,一方或双方可提出暂停谈判,各自重新思考,调整对策,酌情择时续会。

四、旅游公共关系谈判方案的优选

一般来说,经过不断地分析和推敲,最后会产生多个谈判方案。公共关系谈判人员必须

对它们进行全面、详尽的比较和优选,从中选出最理想的谈判方案。具体步骤如下。

首先,组织与谈判业务相关的专业人员,依据科学合理的资料,确定评价谈判方案的标准和方法。

其次,结合谈判的具体内容,运用评价标准和方法对各个方案进行逐一分析和判断,正确区分优劣,从中选出可采用的方案。

再次,对评估、选择结果进行进一步的整理,写出评价报告,以备负责人定案时参考。

最后,在组织的统一领导下,讨论定案。

优选谈判方案时,谈判人员要本着严谨、认真的精神,充分发扬民主,以确保评价和选择的科学性及有效性。值得注意的是,谈判过程中往往存在着时间、经费、信息、人员能力的限制,以及突发偶然因素等情况,因此,现实谈判中不可能存在绝对合理和最优的谈判方案,而只能以相对较好的目标为标准。

本章小结

本章重点介绍了旅游公共关系谈判的基本程序、公共关系谈判的技巧和策略等内容。公共关系谈判是一个动态的过程,目的是通过人际传播、相互交流、观点互换和感情互动,在考虑对方合理利益的基础上追求己方利益的更大化,实现经济、政治、社会效益等目标。在进行谈判活动时,需要遵守基本的谈判原则,分析、对比谈判双方的优势和劣势,掌握好谈判的程序,充分做好准备、开局、交流与磋商、签约等谈判的各阶段工作,完成好谈判的全过程。同时,在谈判过程中,要求谈判人员巧妙运用各种谈判技巧和策略,注意防范谈判陷阱,以得到满意的谈判结果。

核心关键词

谈判　公共关系谈判　开诚布公策略　投石问路策略

思考与练习

1. 旅游公共关系谈判应该遵循哪些基本原则?
2. 旅游公共关系谈判常用的技巧与策略有哪些?
3. 旅游公共关系谈判通常会陷入哪些陷阱?
4. 旅游公共关系谈判方案编制要点有哪些?
5. 结合本章旅游公共关系谈判的知识,模拟两家公司的谈判人员开展一场公共关系谈判,并归纳相关的谈判策略。

案例分析

天龙湖景区与风情旅行社谈判始末

天龙湖景区是一个经营了5年的国家3A级旅游景区,经营状况良好。为了获得更大发展空间,景区管理层计划对景区进行扩建升级,力争跨入国家4A级旅游景区的行列。为吸引投资,扩大影响力,景区初步决定吸引旅行社来携手建设、开发景区。风情旅行社是该地区的旅游龙头企业,有着广泛的客户关系网络,目前也正谋求打通旅游产业链上下游,加快行业整合,扩大业务范围,巩固和提升企业形象。趋同的发展思路使两家旅游企业走到了一起。在前期的试探性接触中,双方都对彼此表现出了较大的兴趣。但是,双方在一些问题如产品主题、宣传手段、定价策略和销售渠道等方面产生了一些不同的意见,尤其在效益分配方案方面分歧较大。双方各级部门经过几次零散的交流都没有取得较满意的结果。最后,大家决定找一个机会,以谈判的形式解决问题,从而在各方面达成一致协议,将项目建设尽早提上日程。接下来,双方都为这次谈判忙碌了起来……

(资料来源:根据相关资料整理。)

问题:

1. 如果你是旅行社市场部经理,作为此次谈判的主要负责人,你该为这次谈判做哪些准备工作?

2. 尝试组织一次模拟谈判,确定在谈判不同阶段的工作要点。

第七章

旅游公共关系形象策划

学习目标

通过本章的学习,同学们需要掌握 CIS 的概念、内容和特征,掌握 CIS 的策划流程和实施步骤,理解 CIS 导入旅游组织的意义,掌握 TDIS 的作用、内涵和应该遵循的基本原则,以及旅游目的地形象策划的主要内容。

案例导入 如家酒店的 CIS 策划

2002 年,首旅集团联手携程旅行,创建了如家酒店。作为经济型连锁酒店的领军品牌,如家酒店始终以客人的感受为着力点,提供标准化、干净、温馨、舒适、贴心的住宿产品,为海内外的客人提供安心便捷的住宿服务,传递着适度生活的简约生活理念。经过几年的发展,如家酒店在美国纳斯达克成功上市,成为中国酒店行业海外上市第一股,同时也标志着国内经济型连锁酒店步入了一个新时代。这些成就很大程度上得益于如家鲜明的企业形象。

思考:

通过案例阅读,试分析旅游组织主要应从哪些方面着手 CIS 策划?

分析提示:

下面从三方面入手进行如家酒店(以下简称如家)的 CIS 策划分析。

MI:如家从建立开始就着力塑造良好的形象、鲜明的特点,强调与同行业竞争者的差异,突出独特的精神,打造适合自己的理念——"把我们快乐的微笑、亲切的问候、热情的服务、真心的关爱,献给每一位宾客和同事"。

BI:如家内部建立了一套完整而详细的管理制度,约束并规范组织和员工的行为。对于服务行业,产品的提供本身是一项难以约束的事。对此,其管理团队提出了"像制造业一样生产服务",主要就是强调服务质量的标准化。其对待服务的质量,要像制造业的企业一样。扩展到企业外部,如家也致力于开展各种社会公益活动、公共关系营销等。比如迎接世博,推出多项绿色环保活动;赞助东方卫视《加油!好男儿》节目;举办员工运动会、技能比拼大赛等活动;制定反舞弊政策;制定商业行为和道德规范等。

VI:如家的Logo由红黄蓝三色构成,颜色鲜艳、对比强烈,可识别性高。小房子样式的设计,Home Inn的标志,"I"做成弯月的样子,"如家"两字嵌在房门中,整体Logo巧妙而简洁,给人温馨的家的感觉。

第一节 旅游CIS策划

一、旅游CIS概述

(一)旅游CIS的有关概念

CIS(Corporate Identity System,企业识别系统)在20世纪60年代由美国首先提出,20世纪70年代在日本得到广泛推广和应用,它是现代企业走向整体化、形象化和系统化管理的一种全新概念,也是企业走向市场化、连锁化和规模化的基本条件,是一个企业的灵魂。

目前,旅游市场竞争日趋激烈,21世纪更是市场竞争的世纪,企业参与竞争的焦点已从商品数量、质量、服务的竞争,逐步进入企业形象竞争;突出从全方位、广角度、宽领域展开高层次、体现综合实力的竞争。CIS涵盖了企业知名度、产品美誉度及企业形象力等诸多要素,企业积极引入CIS战略,通过理念识别系统,在观念上革故鼎新;通过行为识别系统,充分展示企业风采;通过视觉识别系统,凸显企业整体形象,进而使企业形象深入人心,使企业立于不败之地。

所谓旅游CIS,即旅游企业形象识别系统。它是将旅游企业经营理念与精神文化整体传达给企业内部与社会公众,并使社会公众对企业产生一致的认同感或价值观,从而达到形成良好的企业形象和促销产品目的的设计系统。

(二)旅游CIS的具体内容

CIS的具体内容主要包括以下几点。

1. 理念识别系统(Mind Identity System)

理念识别是企业的精神和灵魂。理念识别系统是企业最高决策层的思想系统和战略系统,是企业经营理念与精神文化的体现,是企业生产经营过程中设计、科研、生产、营销、服务、管理等经营理念的识别系统。它的内容包括企业宗旨、企业价值观、经营方针与策略、市场定位、产业构成、组织体制、社会责任、发展规划等。它是企业的灵魂,是CIS设计的根本依据和核心。行为识别系统和视觉识别系统的设计都必须充分体现企业经营理念的精神实质和内涵。

2. 行为识别系统（Behavior Identity System）

行为识别系统是为企业正常运行所做的全部策略，是企业经营管理实践理念与创造企业文化的准则，是对企业运作方式统一规划而形成的动态识别系统，以经营理念为基本出发点。其职责对内是制定完善的组织规章制度、管理规范、职工教育、行为规范和福利制度；对外需要进行新市场调研、产品开发，通过开展社会公益活动、公共关系活动、营销活动等传递企业理念，以获得社会公众对企业行为识别的认同。它的内容包括企业准则、行为方式、管理方法、机构设置、产品研发方向、公共关系促销手段、公益活动等。企业行为系统是动态的识别系统，它规范企业内部的经营、管理、教育的一切活动，实际就是企业的运作模式。这种运作模式既实现了企业的经营理念，又产生了一种识别作用，即人们可以通过企业的行为去识别和认知企业。

3. 视觉识别系统（Visual Identity System）

视觉识别系统是指企业视觉识别的一切事物，是以企业标志、标准字体、标准色彩为核心展开的完整、系统的视觉感知体系，是将企业理念、文化特质、服务内容、企业规范等抽象内容转化成具体符号，塑造独特企业形象的完整识别系统。它的内容包括企业名称、商标、标准字、标准色、象征图案、传播媒介、宣传口语、制服、旗帜、招牌等。它是企业的静态识别系统，在 CIS 中最具有传播力和感染力，也最容易被社会大众所接受，占据主导的地位。其作用在于通过组织化、系统化的视觉方案，体现企业的经营理念和精神文化，以形成独特的企业形象。

（三）旅游 CIS 的特征

1. 客观性

旅游 CIS 的导入和推广必须建立在严格的市场调查和科学评估的基础之上，实事求是地从旅游企业的实际出发，不能脱离现实凭空想象和虚构。旅游 CIS 导入产生效果的大小，在相当程度上取决于旅游企业自身的实际状况和企业长期形成的个性形象。

2. 一贯性

旅游 CIS 的应用实施是一项长期性的工作，是企业长期发展战略的重要组成部分。旅游 CIS 应以旅游企业远景规划为依据，立足长远，立足公众的社会利益，而不是只顾自身的短期利益。因此，旅游 CIS 一旦确定，不应轻易改变，即使是企业领导人更换，CIS 的基本内容也应尽可能保持一贯性和稳定性。当然，社会在不断变化发展，市场也是不断变化的，CIS 的导入和实施也应处在一个稳中求变的动态发展过程之中。如何在"变"与"稳"中寻求平衡点，到达内外、前后的"对应"，正是旅游 CIS 策划与设计的一项重要任务。

3. 统一性

旅游 CIS 的实施就是要将旅游企业的理念文化、组织管理、经营方针、发展战略、生产规模、技术实力、产品、服务、社会责任等各种信息统一整理，并将这些信息与企业标志、标准字、标准色、特定标语等形象化信息相结合，进而经过系统的、科学的全面策划，通过旅游企业的各种媒体，以各种形式和各种活动，对社会公众进行统一性的传达，以便获得社会公众的认同、信赖和支持。

4. 社会性

旅游企业形象只有得到社会公众的认同,才能发挥其效力。旅游企业是社会的一分子,企业的存在和发展都要依赖和仰仗社会的理解、合作和支持。旅游企业的根本利益和社会的整体利益是一致的。旅游企业的宗旨和目标应有强烈的使命感和社会责任感。因此,旅游CIS必然有社会的特征,以便于CIS在更广泛的范围内被社会认知和传播。旅游CIS策划的社会性体现在旅游企业应把社会利益、公众利益摆在首位。

5. 独创性

当今时代是一个个性化的时代,不仅是个人的生活就连组织的运行都在不断地塑造个性特征。CIS就是要突出企业与众不同的个性,使其在茫茫市场中脱颖而出。如今市场竞争十分激烈,对手如林,旅游企业如不能因势利导、标新立异,就可能在发展中处于劣势,甚至会被淘汰出局。

6. 战略性

"战略"一词本是战争用语,后应用于各个领域,泛指具有全局性、长期性、关键性和重大性的谋划。旅游CIS及其导入本身也具有这一特征。旅游企业理念是企业的指导思想,本来就事关企业的全局,是企业的关键之所在。因而,旅游企业应从战略的高度来认识CIS的实施及所要树立的良好形象,它是一项长期而艰巨的任务。

(四) 旅游CIS的意义

CIS是现代企业大规模化经营而引发的企业对内外管理行为的体现。如今国际市场竞争越来越激烈,旅游业之间的竞争已经不仅仅是产品、质量、技术和服务态度等方面的竞争,旅游企业要想生存就必须从管理、观念、形象等方面进行调整和更新,制定出长远的发展规划和战略,以适应市场环境的新变化。

1. 可以完善旅游企业内部管理机制

多元化、集团化和国际化的旅游经营企业为对各下属成员企业进行统一管理,协调它们之间的行动,树立统一的形象,故而需要引进CIS。就所有旅游企业而言,它们面对与日俱增的产品及各种应用设计,需要制作一套方便作业的管理系统,而CIS能够简化管理系统的作业流程,缩短新进员工培训和适应作业的时间,使管理更加便捷、规范、富有成效。

2. 可以塑造旅游企业独特文化,增强企业凝聚力

CIS的导入,有助于旅游企业文化的塑造和更新,从而使企业持续保持生存和发展的活力。企业文化是企业员工所追求的固有价值观、思维方式、行为方式和信念的综合,是企业员工在企业长期生存竞争中逐渐汲取经验教训而发展起来的。它作为企业生命力的一个要素,对企业生存能力有着重大的影响。企业如果没有属于自己的良好的企业文化,在发展中就会缺少后劲。企业文化的作用是强调企业目标和企业员工工作目标的一致性,强调群体的信念和价值观的趋同,强调企业员工之间的吸引力和员工对企业的向心力。它对企业员工有着巨大的内聚作用,使企业员工团结在企业组织周围,形成一致对外的强大的生存发展力量。因此,适时导入CIS是旅游企业重塑企业文化的重要途径。

3. 可以提升旅游企业形象与知名度

旅游企业导入CIS,通过组织化、系统化和统一化的企业形象策划,可以提升企业形象

与知名度。旅游消费者对于有计划的识别系统容易产生组织健全、制度完善的信赖感和认同感,同时对于有优秀的行为识别和独特的理念识别的旅游企业也比较容易产生良好的印象。旅游企业为了提高在公众心目中的形象和知名度,需要积极引进 CIS,进行企业形象策划。

4. 可以强化旅游产品、服务的市场竞争力

旅游企业导入 CIS,可以通过给人印象强烈的视觉识别设计来创造品牌,建立旅游消费者的品牌偏好。现代企业的竞争,是新技术、新产品的竞争,旅游企业只有不断地进行技术革新,不断地开发出新产品,才能使企业抢先占领市场,赢得更多的消费者。而消费者对新产品的认识、理解和接受甚至形成一种新的消费习惯,都需要经过很长一段时间。良好的企业形象可为新产品的开发铺平通向消费者的道路,因为消费者对企业的信赖使其对企业的产品也有种信得过的感觉,所以良好的企业形象会增强企业产品的竞争力。

5. 可以吸引社会优秀人才

优秀的职工队伍是旅游企业生存、发展的坚实基础,在招聘员工时,能否吸收优秀人才,储备高质量的人力资源,以及能否保证企业经营的持续性,避免人事频繁变动,均有赖于企业形象的好坏。旅游企业导入 CIS 可塑造有个性的企业形象,使企业形象有一定的倾向性和针对性,与受其吸引而来的应聘者具有比较一致的目标和要求;同时,由于避免了不确定性,企业吸收新员工的程序会变得简单,也更容易吸收到优秀人才。

6. 可以提高旅游企业广告宣传效果

旅游企业传达的信息如果出现的频率与强度较高,广告效果必然提升。企业形象策划的统一性与系统性的视觉要素设计,可加强传达信息的频率与强度,产生倍增的扩散效果。

二、旅游企业 CIS 策划

(一)旅游企业 CIS 策划流程

旅游企业 CIS 策划与实施是一种循序渐进的计划性工作。综合国内外其他企业导入 CIS 的经验,其工作流程可分为下列五个阶段。

1. 企业实态调查阶段

企业实态调查阶段即具体把握旅游企业的现状、外界认知和设计现状,并从中确认企业给人的形象认知状况。

2. 形象概念确立阶段

形象概念确立阶段即以调查结果为基础,分析企业内部、外界认知、市场环境与各种设计系统的问题,来拟定公司的定位与应有形象的基本概念,并将其作为 CIS 设计规划的原则依据。

3. 设计作业展开阶段

设计作业展开阶段是指将企业的基本形象概念,转变成具体可见的信息符号,并经过精细作业与测试调查,确定完整且符合企业的识别系统。

4. 完成与导入阶段

完成与导入阶段重点在于排定导入实施项目的优先顺序、策划企业的广告活动及筹备

组建 CIS 执行小组和管理系统,并将设计规划完成的识别系统制成标准化、规格化的手册或文件。

5. 监督与评估阶段

CIS 的设计规划仅是前置性的计划,如何落实建立企业的形象,必须时常监督评估,以确保符合原设定的企业形象概念,如发现原有设计规划有所缺陷,应进行检讨与修正。

(二)旅游企业 CIS 策划具体实施步骤

1. 旅游企业 CIS 策划的准备阶段

(1)旅游企业现状分析。

旅游企业现状分析包括企业内部环境和外部环境分析。关于企业内部环境的分析,企业经营者必须先进行意识调查,必须与各职能部门主管进行会谈,必要时还需和员工会谈,再进行企业形象调查、视觉审查等活动,找出企业当前面临的问题及对策,使 CIS 计划中的主题明确化。

企业外部环境的分析是指对现代社会的分析,如对当前市场状况的分析、对其他行业的形象分析等相关分析活动,以掌握旅游企业在社会中的地位,并探索、检讨企业今后的出路及发展方向。

(2)旅游企业经营理念和领域的确定。

根据对旅游企业现状的把握,企业经营者随即便可重新审视企业经营理念和未来发展领域。其以旅游企业的经营意志和社会、市场背景等为基础,预测 10 年后、20 年后的情况,以确定企业的业务发展领域。同时,将现存的企业理念与未来经营理念相互对照,据此规划出企业的业务经营范围,并开始着手改善企业形象素质。在外界 CIS 策划专业公司或咨询人员的协助下,设定企业内的组织体制,以及信息传递系统,从而塑造新的企业形象素质。

2. 旅游企业 CIS 实际调查与分析

建立旅游企业 CIS 的过程,是一连串相当细密的工作。在这一过程中,我们必须确立企业 CIS 的施行步骤,以作为日后实施的依据。而调查与分析,就是企业 CIS 导入过程的第一步。

(1)旅游企业实态调查。

CIS 调查的第一步,就是开展"企业形象实态调查",调查的主要内容大致有下列几个方面:①社会各阶层公众对旅游企业的整体印象如何;②社会公众对旅游企业形象的评估是否与旅游企业的具体市场占有率相矛盾;③和其他行业活动相比,旅游企业形象中最重要的部分是什么;④哪些地区的公众对旅游企业的整体形象评价好,哪些地区的评价不好,原因分别是什么;⑤和旅游企业保持往来的相关行业,最希望旅游企业提供的服务是什么,对旅游企业的活动有何意见和建议;⑥目前,旅游企业整体形象有何缺点,未来应塑造出何种形象;⑦旅游业各行业目前的市场竞争力如何;⑧当地的旅游行政主管部门对旅游企业未来的发展有何计划。

对于旅游企业的实态调查工作,我们可从企业内部与外部两方面着手。有关企业内部的调查工作,包括企业经营理念、营运方针、产品开发策略、组织结构、员工调查、现有企业形象等。这些都需要逐一加以研究和分析,整理出企业经营的理想定位,再由外部方面进行调查。企业内部调查的重点,主要是和高阶层主管人员的沟通,应以相互信赖和共同发掘问题为基础,对企业经营的现况、内部的组织、管理等正反两方面问题进行深入探讨,将产品开发设计导入正确的方向。外部方面,有关消费市场与特定对象的分析研究,尤其是竞争对手情报的收集与分析,是产品开发前调查工作的重要方面。

前期调查工作是否客观、准确,是决定企业CIS设计成败的关键。因此,对于旅游企业而言,其应先确定优良的形象调查系统,选拔工作作风正派的员工充任调查员,以调查结果为依据进行产品设计与开发,确定相关方针政策。

(2)旅游企业形象调查。

塑造企业良好的组织形象,是CIS的主要任务之一。旅游企业在展开形象调查前,必须首先确定,到底什么样的企业形象才算是"良好"的,而塑造和维护企业形象具体需要做哪些方面的努力。此外,对目前旅游市场的活动情况及特色,也应仔细研究、分析,进行广泛的调查研究。准确而客观的事前调查,将有助于了解企业未来CIS工作的方向,既可提升工作效率,也是提高CIS工作成效的有力保证。

3. 制定旅游企业CIS策划方案

旅游企业应根据形象调查及分析的结果,重新评估企业理念,构建新的企业经营战略,即形成CIS策划的方针,以指导旅游企业的发展。

旅游企业的CIS的初级策划书,主要是根据企业的客观事实,找到适用于企业的经营理念,也可以说是给企业管理层的建议书,因此,其必须具有解决实际及突发问题、改善经营管理体制、引导企业未来发展方向的功能。

旅游企业CIS策划方案必须能针对调查结果,做出正确的判断,进而提供有关CIS的活动指导和改良建议,深入浅出地指出未来企业应该具有的形象,并明示今后一系列的CIS策划工作和实施办法。

(1) CIS策划方案的重心。

CIS策划方案具体由三大部分构成:①企业实态的调查和分析,也就是事前调查阶段;②根据调查结果,开展企划和规划的工作,CIS策划也属于这部分;③实施管理作业。

企业经营者在推行CIS时,应按照上述的三大部分,循序渐进,切实执行,才能真正发挥CIS的效果。

在提出CIS策划方案的构想之前,我们应先自问以下问题:引进CIS的真正目的是什么?是不是认为公司本身存在着某些问题,必须加以改善?换个角度讲,我们可以说已经看出CIS能解决公司所面临或即将面临的问题。

因此,CIS策划方案的内容应该清楚地标示出"问题"和"解决办法"两大重点,并且对具体的实行步骤、方法和预期成果加以说明。如果我们能列出公司目前的问题,并加以精彩详细的说明,相信就更能打动企业经营者的心。

(2)确定工作大纲。

①主题明确化。每一个策划方案都应有其魅力标题,当然也可以只以"关于本公司CIS引进大纲"为主题,但拟定出企业具有代表性的魅力话题更为妥当。例如,"为实现公司业务积极活性化与市场扩大占有率的提升"或是"迎接创立周年庆纪念"。

另外,我们在拟定方针时需有充分、周密的思虑和研讨,千万不要因为追求流行时髦而判断错误,影响企业整体性的发展。

②拟定具体实施活动办法。经研讨分析后的结论,认为有必要导入CIS时,我们则需对主题、着眼点、背景等一一予以评估。因为在导入作业实施的每一阶段,每项工作都环环相扣,所以在全盘作业大纲分类后,必须依需要性拟定各种不同活动方式来配合推动。

③编列导入时间预定表。CIS导入作业不是短期的作业,在导入过程中必须有许多事项的配合,因此只有对作业阶段进行的项目与日程时间进行充分的掌握与调配,才能推动作业的顺利进行。

④明确作业组织功能。用什么方式推选出合适的人员来执行导入作业,是不可忽视的事,组织机能必须明确化。例如,在内部设置CIS委员会来负责对工作任务进行有效的分配与执行等。

另外,CIS导入作业的策划,不妨聘请外界专家协助参与,因为企业形象的塑造是希望能获得社会大众的认同与喜爱,如果全部由内部人员自己推动的话,恐怕会受限于企业本身的主观偏好,而闭门造车。

⑤编列经费。一般而言,所需经费包括调查企划费用、视觉设计费用、各种项目实施作业费用、内外沟通作业费用、评估与管理费用等。我们可分别由上述各项作业内容预估出大概的金额。但通常在进行CIS作业时,项目的增减是避免不了的事,所以我们在预估经费时要保留一些弹性。

整体来说,CIS的费用具体可分为四个方面:一是企业实态调查及企划费用;二是设计开发费用;三是实施管理费用;四是其他费用,如推行计划时的费用、公司内部信息传递的费用等。

4. 旅游企业CIS的设计开发

在企业的最高负责人批准CIS策划方案后,即可开展CIS的作业。此时公司内部最关心的,当然是导入CIS后,企业的问题能否解决,以及用什么方法来推行CIS等。因此,企业可能会设置"CIS推行委员会",并派遣专人来负责此事。

进入CIS的设计开发阶段后,前面各项作业所设定的识别概念、经营理念,都将在这个阶段转换成系统化的视觉传达形式,以具体表现企业精神。

(1) 基本要素与应用设计。

基本要素各自的定义和考虑的重点如下。

①企业标志。即代表企业全体的企业标志。对生产、销售商品的企业而言,企业标志是指商品上的商标图样,包括抽象性的企业标志、具体性的标志、字体标志等。

要设计出成功且具有良好推广力的企业标志,标志设计必须依照一定的程序展开,一般需要经过以下几个阶段。

一是情况了解。在进行企业标志设计作业之前,我们只有对企业的经营理念和精神文化、企业的发展前景展望、企业的性质、企业的经营内容、企业的产品特性、企业的服务特色、企业的规模与市场地位,以及企业在社会公众中的知名度,企业主管对标志设计有何期望与要求等方面的情况认真加以了解,才能找到设计的依据。

二是公众调查。首先,我们要对市场上同类企业的标志或品牌商标进行收集、整理和分析,尤其是要对主要竞争对手的企业标志进行分析研究,比较各自的优劣。其次,我们可以采用对公众进行测试的方式展开一定的市场调查，从公众对标志设计的题材、造型要素、构成形态、表现形式等方面的好恶程度获取客观的依据，作为设计作业的参考，以便形成正确的思路。

三是意念开发。在设计的准备工作完成后，我们从这个阶段开始正式进入设计作业。根据对企业情况的了解及从公众调查中获得的有关资料的分析结果，我们可以确定设计的创意方向，进行意念开发，从标志设计的主题素材中选择适当的题材，作为标志设计意念展开的基础。

四是设计绘制。我们应选择能表达企业精神和经营实态的意念做定点深入的垂直发展，确定标志设计的造型要素，反复推敲、不断修改，对多种不同的表现方案进行比较、综合，从而达到最佳的构成形态，同时使之具有一定的寓意和内涵。

五是展开应用。企业标志完成全部设计作业后，应送交企业领导者做最后的认定，得到认可后即可结合视觉识别的其他应用要素展开运用，并进行全面的推广和传播。

 广之旅国际旅行社股份有限公司的标志

②企业名称。其通常是指公司的正式名称，以中文及英文两种文字命名。以全名表示，或是省略"股份有限公司""有限公司"的情况亦可。具体需要依据企业的使用场合，来决定略称和通称的命名方式。

③品牌标准字。原则上要求以中文及英文两种文字来设定，要足以代表公司产品的品牌。

④企业的标准色。其是用来象征公司的指定色彩，通常采用1—3种色彩。我们可以考虑让这种借以传达公司气氛的色彩常常出现，或利用辅助色彩制造更佳的效果。

⑤企业标语。其是用于对外宣传公司的特长、业务、思想等要点的短句，如飞利浦公司的"让我们做得更好"，海尔集团的"真诚到永远"等。在实际操作中，企业标语与公司名称、品牌标准字等附带组合使用的情形也很多。

⑥专用字体。其包括公司主要使用的文字（中文、英文）、数字等专用字体。我们应选择主要广告和产品促销等对外印刷宣传资料所使用的字体，并规定为宣传用的文体。商品群、品牌、公司名称，对内对外宣传、广告的文字都应使用专用字体。

至于CIS的应用设计，则包括公司章类（如名片、旗帜、徽章等）、文具类（如文件、信封、信纸、便条纸等）、车辆运输工具、工作制服、企业广告、宣传、招聘广告等。

（2）设计与开发。

CIS的设计与开发，包括下列几点。一是设计开发的委托方式，包括总括委托方式、指名委托方式、指名设计竞赛方式、公开方式。二是设计开发的作业分配方式，包括基本设计要素及基本设计系统，应用设计要素及应用设计系统。三是我们需要制定详细的CIS设计与开发程序，最后还要进行测试与打样，并开始新设计的应用，以及编辑设计应用手册。

5. CIS 设计应注意的问题及事项

很多企业认为 CIS 是企业活动所不可或缺的,但是在实施 CIS 的同时,却发现并没有产生相应的效果,推敲其理由,可能有下列几点。

(1) CIS 和高级主管的管理作业有密切关系。

当员工按部就班地推行 CIS 计划时,他们会发现一件事:CIS 活动中所发现的企业缺点越多,得罪主管的可能性也越大;这个事实自然使推行 CIS 的阻力加大。

一般而言,高级主管不会当面拒绝员工的建议。一个聪明的主管,在了解 CIS 的重要性后,一定不会责怪提案者。因此,要使 CIS 的成效放大,首先要得到高级主管的赞同。最简单的说服理由是:上司期待的是公司的发展和进步,因此,员工有利于企业的提案应该被鼓励。况且,CIS 施行成功后,最先受益的还是高级主管。

(2) CIS 涉及多种不同性质的科学技术的结合。

企业在决定方针、方向和战略之后,活动领域会立刻衍生较多感性问题,新的 CIS 提案要得到大家的接受与认同,确实需花费一番工夫。因此,要使这类理性、感性交杂的作业能顺利进行,并逐渐强化,最后能够得到公司内外甚至竞争企业的赞美,就必须依靠高水平的管理技术。

(3) 企业本身往往成为推行 CIS 的障碍。

CIS 是企业本身企业形象的革新,要使自己由消极转向积极,由老化转向年轻,这是不容易做到的。最根本的症结是,大多数的企业并不知道自己的老化程度。在 CIS 的科学技术中,"设计"会使人有焕然一新之感。换言之,我们可以利用 CIS 设计造型的力量,潜移默化地改变企业形象。

CIS 的价值在于它内含的资产价值。CIS 活动是一种从头到尾彻底改变企业内质的行为,即借助新的企业形象的推出来改善企业的现况,是一个充满野心与信心的计划,任何企业应该都不会有拒绝的理由。也正因为如此,CIS 更需要企业全体员工在意识形态上的改革。因此,如何使员工进行自我革新,也是一项极为重要的工作。企业若能克服上述种种困难,必将收获 CIS 所带来的惊人成效,企业远景也必将充满活力与希望。

(4) 计划阶段注意事项。

CIS 导入计划有它预定的实施期限,其中包括许多复杂的项目,只有循序渐进,才能得到合理有效的结果与良好的视觉设计系统。因此,企业要进行良好的 CIS 作业,在计划阶段应注意下列事项。

①不可仓促进入实施阶段。在企业确认 CIS 的导入方针前,如果仓促而机械地勉强排定实施计划,反而会产生反面效果。

②设计开发作业的时间必须留有弹性。在 CIS 的设计开发作业中,最重要的是在基本设计开发期间,必须由参加设计者充分地进行检讨。为了能提出优秀的构想,在设计开发作业的最初阶段中,我们必须预留足够的检讨时间。

③重视逻辑性,循序推进 CIS 作业。在进行 CIS 计划时,有关企业问题的探究、调查工作及根据调查结果做判断的过程,如果进行得不理想,那么会导致之后内部人员与外界沟通时的偏差,也会使得 CIS 的成效不明显。因此,不论高级主管如何要求赶工、赶时间,CIS 作业都必须步步为营,重视逻辑性、整合性,循序渐进地推行。

④变更公司名称、品牌、商标时,必须尽快办理法律手续,留下充足的作业时间。各种法律手续烦琐程度不一,又常常容易被忽略,因此,尽早办理相关法律手续可有效避免CIS作业的延误。

⑤发现CIS计划不合理时,应尽快重新制订。CIS计划的流程安排,必须考虑前后作业间的关联性,因为前面的作业必然会影响下一步的作业,所以若发现CIS计划中有任何一个环节不合理时,应尽快重新制订。

第二节 TDIS策划

案例导入 "栾川模式"背后的问题与挑战

2005年是河南省栾川县最风光的一年,"栾川模式"作为中国旅游业发展最具魅力的名词频频亮相各报纸杂志。在很短的时间内,栾川便打造出了自己的旅游品牌和形象,以及3个国家4A级旅游景区,并获得"中国旅游强县"的称号。八百里伏牛山中这个偏僻的小城从此在中国旅游界名声大振。

2006年栾川县旅游接待人数为440万人,旅游收入达13.5亿元,占全县生产总值的21%,和2000年相比,这些数字翻了十倍甚至二十倍。栾川火起来了,栾川县政府的压力却更大了。栾川创造的政府主导、市场推动、全民参与的景区发展模式确实让栾川旅游生机盎然,重渡沟、养子沟、鸡冠洞等许多景区开发后,游人如织,收入攀升;然而旅游资源最好、投入最大、政府期望最高、最能代表栾川旅游品牌的龙峪湾、老君山却相对萧条。

戴着伏牛山国家级自然保护区、伏牛山世界地质公园、国家森林公园、国家4A级旅游景区桂冠的龙峪湾、老君山处在了一个尴尬的位置,与不少开发不错且面积相对较小的景区相比,偌大的龙峪湾、老君山倒勉强只算栾川旅游的第二梯队。

这种局面实际上反映了旅游产业系统升级大趋势对"栾川模式"的考验,"栾川模式"后的栾川旅游能不能再上一个新台阶?龙峪湾和老君山如何以山水之胜带动栾川旅游创造辉煌?这些都成了摆在当地政府及景区管理者面前亟待解决的大问题。

(资料来源:www.lwcj.com/stsd/w/155868848533453.html.)

思考:
1. 讨论TDIS策划的具体工作内容。
2. 讨论旅游景区应如何开展TDIS策划工作。
3. 完成以上情境的TDIS策划书。

分析提示:

"栾川模式"背后所呈现的问题突出反映了旅游市场对旅游目的地的选择与目

的地自身投入、政府期望之间的偏差。因此,为了最大限度发挥旅游目的地的吸引力,使旅游投入尽快转化成经济收入,在旅游发展过程中引入 TDIS 显得尤为重要。TDIS 的内涵就是从旅游目的地主体、客体、本体等多方面进行形象策划,以最终适应市场需求。

一、TDIS 概述

(一) TDIS 的起源

TDIS 的全称是"Tourist Destination Image System",即旅游目的地形象系统,20 世纪 80 年代末期,奈达·泰里塞姆·考苏塔第一次在其《旅游地形象》一文中全面总结了该领域的研究成果。他指出,自从亨特提出"任何地方都有或好或差或平淡的,需要加以识别、改造、开发或利用的旅游形象"以来,出现了大量的实证研究,证明旅游者在选择旅游目的地时,主要依据其对旅游目的地的感知形象,这使旅游目的地形象成为区域发展旅游的因素之一。

旅游目的地形象由原生形象(Organic Image)、诱导形象(Induced Image)和复合形象(Compound Image)组成。原生形象是指通过长期的人类社会化过程形成的某地形象。诱导形象是指通过旅游目的地的促销、广告、公关等在公众心目中形成的形象。复合形象是指旅游者到目的地实地旅行后,通过自己的经历,结合以往的知识所形成的一个更加综合的目的地形象。原生形象、诱导形象和复合形象不一定完全相符。旅游者对旅游目的地形象的认知,除了来自自身经历外,主要是来自外界信息。既然旅游目的地形象是引起旅游者产生旅游动机的因素之一,旅游目的地形象研究就可以为发展区域旅游提供直接的行动指南。

旅游目的地形象就是旅游者对旅游目的地的旅游产品和服务的总体评价。旅游活动结束后,旅游者会衡量自己所得到的产品和服务与所付出的代价,只有当两者相符或所得大于付出时,旅游者才会感到物超所值,从而对旅游目的地形成良好的印象。而旅游者往往会受到诱导形象的影响,在旅游活动开始前已经形成旅游目的地的想象形象,旅游活动结束后将自身经历与想象形象进行比较,这个过程是客观环境无法限制的。因此,旅游目的地形象是由各种旅游产品、服务和旅游者个体因素交织而成的整体形象。

(二) TDIS 的作用

TDIS 的作用主要体现在以下三个方面。

1. TDIS 有利于促进地方旅游的开发和建设

TDIS 能使地方旅游决策部门和公众深刻地理解地方性旅游资源特征,使决策者清晰地识别出当地旅游资源的核心部分,把握未来旅游产品开发和市场开拓的方向,同时能使地方公众了解本地旅游开发的潜力和前景,积极参与地方旅游的开发和建设。

2. TDIS 有利于激发旅游者的旅游动机

影响旅游者旅游动机的因素有很多,比如距离、时间和成本等。但是,旅游目的地的知名度、美誉度、认可度或其他特殊因素也发挥着巨大的作用。独特鲜明的旅游目的地形象能

引起游客注意,激发游客的出行欲望。

3. TDIS 有利于旅游目的地营销

旅游企业设计和开发产品,与旅游目的地形象的建立和推广有着不可分割的联系。因此,TDIS 可以为旅游企业,尤其是旅行批发商和旅行零售商提供组织及销售方面的支持。

(三) TDIS 的内涵

旅游目的地形象是旅游者对旅游目的地信息的处理过程及结果,由主体、客体和本体三部分组成。因此,对 TDIS 的内涵分析将从主体、客体和本体三个方面进行。

1. 旅游目的地形象的主体分析

没有游客的旅游目的地是没有现实意义的。当把旅游目的地作为认知对象,旅游者便是其最主要的认知主体,包括现实旅游者和潜在旅游者。人是形象的主体,主要是因为只有人才能产生对外界的认知。潜在旅游者的数量和空间规模是随着经济发展和社会环境的变化而不断变化的,因此,对于旅游目的地而言,它所面对的潜在旅游者具有理论上和时空上的不确定性。TDIS 设计应以这种时空观作为基本的前提。

旅游目的地居民对当地环境的感知所形成的地方情感、象征及精神等,不仅影响当地居民对待旅游目的地和旅游者的态度和行为,也影响着旅游者对旅游目的地形象的感知。与旅游目的地融为一体的当地居民是不会将其居住的地方认知为旅游目的地的。因此,修正当地居民对其所在地的认知,是改变居民对待旅游目的地和旅游者态度和行为的根本方法。此外,当地居民的游憩需求会促使其对当地旅游资源和游憩空间产生兴趣,这种兴趣一旦产生,旅游目的地便成了外来旅游者和当地居民共同的认知客体。可见,重视当地居民对所在旅游目的地认知的研究,是了解旅游者对旅游目的地形象感知的有效途径。

除了旅游者和当地居民,旅游目的地形象主体还应包括从事旅游目的地形象设计、建立和传播、推广等活动的人,即规划师和设计师。规划师和设计师利用认知者和被认知者之间的互动过程,在对旅游目的地认知的基础上,通过设计和宣传旅游目的地形象,影响旅游者对旅游目的地的认知,达到调整旅游目的地形象认知的目的。规划师和设计师经过专业训练和行业技能培养,能敏锐感知地域客体,构想新的旅游目的地形象,带动旅游目的地形象建设。但是,这一切活动必须基于对旅游者和当地居民的认知。

2. 旅游目的地形象的客体分析

旅游目的地是旅游目的地形象的客体。在旅游地理学中,旅游目的地是指含有若干共性特征的旅游景点与旅游接待设施组成的地域综合体。旅游目的地必须具有丰富的旅游资源和各种实现旅游者的旅游目的必不可少的基础设施(如交通、住宿、餐饮设施等)。旅游目的地认知的基本核心内容是空间认知,即认知旅游目的地的地理位置、地理景观及地理空间格局。旅游目的地具有丰富、复杂的认知信息,包括所有自然的与人文的、静态的与动态的、微观的与宏观的、表面的和隐含的信息。这些信息会成为旅游者的认知对象,其特征影响着旅游者心目中的旅游目的地形象。

旅游目的地的地理空间属性的复杂化会影响旅游者对旅游目的地形象的感知。而旅游目的地形象的感知主体——当地居民、旅游者、规划师和设计师之间又存在互动的认知关系。因此,旅游目的地形象的客体因素可分为:地理景观感知因素(人—地感知因素)和社会人文感知因素(人—人感知因素)。人—地感知泛指人对旅游目的地所有地理景观的感知,感知者与被感知者不存在直接互动关系;而人—人感知是人与人之间的感知关系,具有直接的互动感知,并产生深层次的心理感受,不只是单纯的感官感受。两者在旅游目的地被整合为旅游目的地形象本体。

3. 旅游目的地形象的本体分析

旅游目的地形象是旅游者对获取的旅游目的地信息综合感知的结果。旅游目的地信息分为旅游者接触旅游目的地获得的直接信息和通过其他渠道获得的间接信息。旅游者在旅游目的地的亲身经历,直接通过感官刺激所形成的旅游目的地形象被称为直接感知形象,即旅游目的地本身展现的一切信息给旅游者造成的印象;而旅游者通过非亲身经历渠道间接获得的有关旅游目的地的文字、图像和视频等资料所形成的想象性的旅游目的地形象被称为间接感知形象。旅游者的直接感知形象是在旅游者游览旅游目的地后形成的。任何新兴的旅游目的地或任何在发展最初阶段的旅游目的地都是没有感知主体,也没有旅游目的地形象的。但旅游目的地可以通过间接感知渠道传递有关信息,在公众心中形成该旅游目的地的间接感知形象,影响其对旅游目的地的选择决策,产生潜在的旅游者。从旅游者实际旅游过程来看,旅游者总是先通过间接感知形象选择目的地,然后通过实地旅游获得直接感知形象。当旅游者决定旧地重游时,其以往的记忆力即直接感知形象又会成为新的间接感知形象影响决策。所以,旅游者和旅游目的地都是以间接感知形象作为决策和发展的起点的。

二、TDIS策划应该遵循的基本原则

(一)优势集中原则

当旅游目的地具有多种优势时,优势一定要集中、聚焦到某一点上,让其他优势围绕它并为它服务,而不能抵消和削弱它。如九寨沟的自然风光十分独特,当地的藏族文化也应围绕这一优势,为它服务。

(二)观念领先原则

观念领先是指思想超前,而不是旅游实态的领先。旅游实态的竞争首先是观念的竞争,即在设计定位时,要有"第一"的思想和创新的观念。比如深圳市的旅游资源相对缺乏,但其人造景观十分突出,主题公园的建设在国内首屈一指,如"锦绣中华""世界之窗"等,为当地吸引了大批的旅游者。

(三)个性专有原则

同一旅游目的地的不同旅游景观不可只有同一个定位点,否则容易失去个性,无法引起旅游者的特别关注,不利于其旅游的发展,而应该分别定位,分别设计形象标识。

(四)多重定位原则

多重定位原则是针对旅游目的地主要形象定位下不同层面的旅游景观的形象定位。例如,海南省定位为旅游基地,三亚市则定位为风光旅游城、文昌市定位为文化旅游城、五指山市定位为风情旅游城、海口市定位为商贸旅游城等,这样的旅游定位相互补充,产生了很好的效果。

(五)时代特色原则

旅游目的地形象的主题口号在表述方面还要反映时代特征,要有时代气息,即要反映旅游市场需求的热点、主流和趋势。大多数旅游目的地将在很长一段时间内面对以本地旅游者和区域性旅游者为主体的客源市场,特别是发展旅游目的地周边旅游、开展大旅游圈等项目,就更需密切关注客源市场旅游者的兴趣。当前,康体休闲、亲近自然、郊野派对、康复养生等都是城镇旅游者追逐的旅游形式,也是建立旅游目的地形象可加以利用的时代特征。

(六)相互借鉴原则

从旅游目的地市场营销的要求来看,旅游目的地形象的主题口号必须能够打动旅游者的心,激发旅游者的旅游欲望,要能够被旅游者永久而深刻地记忆,要能够广泛且迅速的传播,即要产生商业广告的宣传效应。因此,旅游目的地形象的主题口号要具备广告词的生动性和影响力。旅游目的地形象的主题口号的创意也要借鉴广告艺术,用浓缩的语言、精辟的字词、绝妙的组合等形式构造一个有吸引力的旅游目的地形象。

三、旅游目的地形象策划

如今,旅游目的地形象对于旅游者而言已不陌生,但旅游从业人员对其理解仅限于通过旅游目的地的良好景观建设,特别是环境卫生、安全保卫以及相关的服务和管理工作,给旅游者以正面、美好的印象和感受。这种观点只是对旅游目的地形象的表面理解,而将旅游目的地形象提升到战略的高度加以系统认识的新观念尚未得到普及。

(一)旅游目的地形象设计的核心

旅游目的地形象设计的核心是旅游目的地的基本定位问题,即旅游目的地将在旅游者心目中树立并传播怎样的一种形象,它到底是怎样的一个景区,这种形象如何成为吸引人们前来旅游的动力源泉等。

(二)旅游目的地形象的视觉设计与推广

旅游目的地形象的视觉设计的基本要素包括图案、色彩和字体。旅游目的地形象的主题口号主要解决旅游目的地形象的基本定位问题,如何将其体现在旅游目的地中,以强化旅游目的地的实际旅游形象,是影响重游率与形象传播的关键。旅游目的地标志的设计可结合标志性景观,例如,上海的东方明珠广播电视塔就可代表上海的旅游形象。此外旅游目的地形象的视觉设计还包括吉祥物的设计,甚至旅游大使的选择。例如,香港在旅游目的地形象的设计中就曾特别选出著名演员成龙、郭富城为香港旅游大使。

(三)旅游目的地形象定位语言要准确

旅游目的地形象定位的最终表述,往往以一句主题口号来概括。确定主题口号并不是一件简单的事情,需要综合考察,并结合当地旅游资源特点,以凸显当地特色。比如,在开发海南省旅游资源的时候,有人提出"把海南岛建设得像夏威夷一样"的建议,这就是说海南岛永远超越不了夏威夷。

(四)旅游目的地形象定位要充分体现个性

旅游目的地形象的个性是指一个地区在形象方面有别于其他地区的高度概括的本质化特征,是区域自身多种特征在某一方面的聚焦与凸显。这种特征往往是透过文化层面折射出来的。它可以是历史的、自然的或社会的,也可以是经济的、政治的或民族的。比如法国巴黎的旅游目的地形象定位是"时装之都",意大利威尼斯是"水上乐园",瑞士是"钟表王国"等。一个地区或景区的多种特征的聚焦和凸显不是以人的意志为转移的,而是历史遗留、社会需求等多种因素的沉淀。

(五)旅游目的地形象定位要随时代的变化而更新

旅游目的地形象定位确定之后就具有一定的稳定性和持久性,成为当地旅游业在一个较长时期内传播形象和进行营销反复使用的主题口号。但是,旅游目的地形象定位并不是一成不变的。时代在变,旅游竞争环境在变,旅游消费者的消费心理和需求在变,旅游目的地自身也处在变化发展当中。

(六)旅游目的地形象定位需要群众参与和认可

旅游目的地形象定位是一个比较复杂的问题,要准确定位仅靠几位专家学者是很难做到十全十美的,还必须要有群众的参与。在定位前的调查工作中,我们需要充分了解社会各界的意见和看法,这样的形象定位才能准确反映市场的需求。

(七)旅游目的地形象宣传要抓住表现时机

旅游目的地形象的表现时机很重要。抓住良机,展现与推广旅游目的地形象往往可取得事半功倍的效果。比如重要旅游活动、节假日就是表现旅游目的地形象的最佳时段。旅游目的地形象往往是一种心理感知的抽象事物,而重要旅游活动、节假日、娱乐演出、重大庆典等都可将其变成可视、可听、有形、有声、有色的具体事物。

总之,TDIS策划可提升旅游目的地整体形象,应将TDIS策划提高到旅游发展的战略高度并加以研究与应用。今天,旅游目的地的进一步发展已不能单纯依赖孤立的旅游景点,而必须推出旅游目的地整体的旅游形象,通过旅游目的地形象的定位、主题口号的提出、视觉形象的设计与推广等基本形象战略来全面发展地区旅游。

本章小结

旅游公共关系形象策划,是通过对理念文化、行为方式、视觉识别等进行系统设计来塑造旅游组织整体形象,并借助各种信息传播手段增加社会公众的认同感,提高旅游组织竞争力的经营战略。本章着重分析了CIS的概念、内容与特征,旅游CIS的意义,旅游企业CIS策划流程与实施步骤,TDIS的起源、作用、内涵和基本原则,以及旅游目的地形象策划等知识。CIS与旅游公共关系的融合保证了旅游组织内部管理的统一化、标准化、规范化和系统化,以及企业识别的统一性和权威性,极大地完善了企业经营管理功能。

CIS　TDIS

思考与练习

1. 旅游CIS策划有哪些特征?
2. 简述旅游企业的CIS策划的基本流程。
3. 试述应如何对旅游目的地进行TDIS策划。
4. 简述旅游CIS策划的内容及意义。
5. 选择一处旅游景点,先调查其旅游目的地形象,然后根据所学内容为其重新设计形象,并制订出实施计划。

案例分析

A景区发展瓶颈及CIS策划思路

A景区从开发至今已经有30多年了,在20世纪90年代曾经有过辉煌的历史。进入21世纪后,尤其是近几年来,其产品的单一性缺陷日益显现。虽然品牌知名度很高,但是吸引力明显不足。A景区既有深厚的历史文化资源,又有丰富的自然资源。目前来说,景区开发程度比较低,开发内容不足,基础设施较差,文化表现粗陋,旅游产品陈旧。另外,景区的观景方式也比较简单,缺少趣味性、参与性和体验感。

问题:
1. 讨论旅游CIS策划是如何展开的。
2. 讨论旅游CIS策划的具体工作内容。
3. 讨论旅游企业应如何开展CIS策划工作。
4. 完成以上情境的CIS策划书。

第八章

旅游公共关系专题活动

学习目标

通过本章的学习,同学们需要掌握旅游公共关系专题活动的含义,理解旅游公共关系专题活动策划的基本要求和原则;掌握各类旅游公共关系专题活动的特点、基本流程和步骤,能根据组织目标,做好旅游公共关系专题活动的策划,能够运用专题活动筹办与实施组织旅游公共关系专题活动。

案例导入　京东大受好评

在2020年新冠肺炎疫情中,京东虽然只捐了物资,并没有捐款,但依旧获得了很多好评。原因就在于京东物流为驰援武汉等地开通了专用通道,让物资能够快速送到。京东物流凭借非常好的表现和非常快的速度,引发网友一片赞誉。

当钟南山院士写道:"感谢京东心系医疗援助一线,以最快的速度将急需医疗物资送达武汉。"时,京东更是毫无意外地被网友们纷纷称赞。同时,在各大电商巨头的营销中,京东也表现得足够出色。

(资料来源:根据相关资料整理。)

思考:

1. 京东大受好评的原因是什么?
2. 我们从中得到的启发是什么?

分析提示:

突如其来的疫情让所有人措手不及。当时,除每天上涨的确诊人数使人糟心外,还有因疫情受到严重影响的一些行业的诉苦声音,比如餐饮、旅游、零售等行业。实际上,除了抗疫紧缺物资行业外,几乎所有行业无一幸免。以广告行业为

例,线下营销活动取消,户外广告投放锐减,很多广告公司都只能降低支出过日子。在这种艰难情况下,企业还有钱做赞助吗?很多企业可能都在忙着怎么解决当前的危机,根本就无暇顾及赞助。但仍然有一些企业,比如京东,在解决自身困难的同时,也积极关注社会发展,为疫情防控贡献自身力量。

第一节 旅游公共关系专题活动概述

公共关系专题活动是一种常见的公共关系活动。几乎所有的组织为了发展良好的公共关系,树立和完善组织的公众形象,都要经常开展各种各样的专题活动,以便同某部分公众进行重点沟通和协调。公共关系专题活动是社会组织针对特定公众,围绕某些明确主题,经过精心计划而进行的各种特殊的公共关系活动,其目的是引起公众的关注,扩大组织的社会影响,同时树立良好的组织形象。公共关系专题活动是公众参与性很强的公共关系传播方式,它必须具备以下几个基本特征:①必须具有明确的主题,而且每次通常只有一个主题;②必须经过精心策划;③通常是与某一部分或某一类型的公众进行重点沟通;④必须是针对某一明确的问题而展开的,具有极强的针对性。组织的公共关系专题活动主要包括庆典活动、新闻发布会、会议活动、赞助活动、展览会和开放参观活动等。

一、旅游公共关系专题活动的含义

美国策划家罗恩在对公共关系专题活动进行解释时说:"专题活动是一种能给人以直观刺激的媒介,这种直接性是报纸、杂志、广播、电视等媒介所不可比拟的。因此,专题活动是指为达到一定的目的,在一个特定的时期、特定的场合下,使成为对象的每一个人都能亲身体会到具有直接针对性的某种刺激媒介。"

旅游公共关系专题活动是旅游组织为实现某一具体目标而进行的专门的公共关系活动。旅游公共关系专题活动一般来说可以分为两种类型,第一类属于日常性的公共关系工作,第二类是为了向广大公众迅速传递信息、吸引新闻媒介关注、提高旅游组织的知名度和美誉度而进行的各种公共关系专题活动。旅游公共关系专题活动主要包括以下几种类型:为新闻界提供特定新闻素材的新闻发布会,为促进产品销售而举办的展览会,以提高组织知名度为目标的庆典活动,以创造社会效益、塑造良好社会形象为目的的赞助活动,以提高组织透明度、联络感情为目的的开放参观活动等。

二、旅游公共关系专题活动的策划

对于旅游组织来说,公共关系专题活动的具体内容和形式是多种多样的,它是根据组织的实际情况和一定的目标专门组织的,但总的来说,公共关系专题活动的组织也有共同的特点和规律。其中,良好的策划是任何公共关系专题活动组织的起点,也是确保实现公共关系目标的必要前提。

(一) 旅游公共关系专题活动策划的基本要求

1. 明确的主题

主题,就像歌曲的主旋律一样,是公共关系专题活动策划的核心,也是公共关系目标的具体体现。任何公共关系专题活动都要有一个明确的主题,其他活动的具体安排都是围绕主题的需要而展开的。一般来讲,主题应与公共关系专题活动的目标相一致,同时还要与活动项目的形式和特点相适应。对于旅游组织来说,主题的确定往往与节日、假日、纪念日结合在一起。比如元旦、春节、端午节等传统节日以及各地的旅游节都可以作为活动策划的背景。

2. 恰当的时机

公共关系专题活动的举办要注意选择合适的时机。要想提高活动的效果,就要善于"借势",利用"大事、巧事、空档"来为组织进行宣传。比如联想集团借助"神舟五号"火箭发射成功的契机,在全国同步开展了以"只要你想"为主题的系列推广活动,提出"人类用想法改变世界"的创新理念,收到了良好的宣传效果。对于旅游组织来说,除了可以利用节假日来举办活动外,还可以选择"世界旅游日""世界环境日"等与旅游业相关的纪念日做文章。

3. 鲜明的特色

当今时代是"注意力经济"的时代,在信息相对过剩的情况下,没有特色的专题活动就没有生命力,也不会吸引人们的眼球。特色就要求与众不同,要想在同类活动中脱颖而出,就需要公关人员具有敏锐的观察能力和创新精神,善于把握时机,同时结合本组织的实际情况,策划出具有创意的活动。无论是形式的创新还是内容的创新,只要能够突出本组织的特点,就会赢得公众的关注。特别是要赢得新闻媒介的关注,增加被宣传报道的机会,从而扩大社会影响,提高组织的知名度和美誉度。

4. 务实的精神

公共关系专题活动的举办需要大量人力、物力和财力的投入,在一定程度上增加了组织的经济成本,所以要本着"量入为出"的原则,不能盲目攀比、贪大求全,而要根据公共关系目标的要求并结合本组织的现有条件来进行策划。这就要求公关人员要有求真务实的精神,注意节约、避免浪费。同时,对于公共关系专题活动的效果要进行测定,不能在活动结束后就万事大吉,跟踪反馈环节的工作也非常有必要,这有助于组织及时发现活动中存在的问题和疏漏,便于下次改进和完善,从而不断提高公共关系专题活动的效果。

(二) 旅游公共关系专题活动策划的原则

1. 可行性原则

公共关系专题活动的策划首先要考虑方案的可行性,比如时间、地点的选择是否恰当。如果两项重大的公共关系专题活动都在同一天举行,则二者效果均会受到影响。户外活动要考虑天气变化的情况,有些户外活动如露天展览会在雨雪天气下就难以举行。可行性原则还体现在活动的内容、项目安排是否符合自然规律等方面。

2. 求真务实原则

公共关系专题活动的策划虽然讲究创意,离不开传播艺术和宣传技巧,但是也不能脱离实际,片面追求轰动效应。有的组织为了能够吸引公众的注意力,进行夸大事实的宣传,哗众取宠,人为地制造新闻,虽然这样能够一时取悦于公众,但是却经不起实践的检验。一旦人们发现事实并非如此,就会对组织产生反感,公共关系专题活动不仅无法取得预想的效果,反而会招致公众的不满,与最初的公共关系目标南辕北辙。

3. 兼顾社会效益与经济效益原则

公共关系专题活动的举办,不仅要考虑企业的经济效益,而且要考虑社会效益,要将两者紧密地结合起来。以赞助活动为例,旅游组织通过赞助体育、文化、教育事业,把爱心献给社会,公众对组织也会产生好感,组织的声誉由此提高,这种活动取得的社会效益比单纯的广告宣传效果要好。

第二节 庆典活动

一、庆典活动含义及要求

（一）庆典活动含义

庆典活动是社会组织围绕重要节日或自身重大事件举行庆祝的一种公共关系专题活动。组织借这些活动对内营造和谐氛围、增强员工凝聚力,对外协调关系、扩大宣传、塑造形象。

（二）庆典活动要求

庆典活动总的要求是喜庆的气氛、隆重的场面、热烈的情绪、灵活的形式、较高的规范性和礼宾要求。

喜庆的气氛是由庆典活动的内容决定的。庆典活动应体现吉祥、和美、欢乐之意,要求组织者应突出欢喜、吉庆的基调。

隆重的场面要求活动的组织者在开展活动的环境和规格上动脑筋,通过环境布置来体现喜庆,以增加场面的隆重感和吸引新闻界及社会公众的注意力,扩大组织的社会影响。

热烈的情绪是指通过欢喜的气氛和隆重的场面对庆典活动的氛围进行渲染,或者是依靠活动组织者的精心策划来体现出席者兴奋、高昂的情绪。如在剪彩过程中播放欢快、喜庆的背景音乐。

灵活的形式是指庆典活动不是千篇一律的典礼仪式,可以通过创意,借用其他联谊活动、赞助活动、文化艺术活动来体现其独特性,增强活动的效果。也可以在典礼活动如剪彩或议程上进行策划,创造出新鲜感和轰动效应。

较高的规范性和礼宾要求是指组织庆典活动要注意礼节和礼貌,一方面是活动的组织者和出席者要注意个人的礼节和仪表,另一方面则强调组织活动的礼仪服务。

二、庆典活动的形式

（一）节庆活动

节庆活动是利用盛大节日或共同的喜庆事件来表示快乐或纪念的庆祝活动,有官方节庆活动和民间传统节庆活动之分。旅游组织往往根据文化传统、风俗习惯和土特产情况等，筹划并举办一些特色节庆活动，如上海旅游节、大理三月街、北京地坛庙会、潍坊国际风筝节，等等。

（二）纪念活动

纪念活动是旅游组织利用社会上或本行业、本组织具有纪念意义的日期而开展的活动，如重要历史事件纪念日、本行业重大事件纪念日、社会名流和著名人士的诞辰或逝世纪念日。通过举办这样的活动，旅游组织可以传播其经营理念、经营哲学和价值观念，使社会公众了解、熟悉进而支持本组织。

（三）典礼仪式

典礼仪式包括各种典礼和仪式活动，如开幕典礼、开业典礼、周年庆典、竣工典礼、颁奖典礼、就职仪式、颁奖仪式、签字仪式、捐赠仪式等。典礼仪式的形式有很多，并无统一模式，有的非常简单，有的则很隆重、庄严，甚至还有一套严格的程序。

三、庆典活动的组织实施

庆典活动既然是庆祝活动的一种形式，那么就应当以庆祝为中心，把每一项活动都尽可能组织得热闹、欢乐而隆重。不论是举行庆典的具体环境、场合，还是全体出席者的情绪、表现，都要体现欢愉和喜悦的气氛。为了达到这样的效果，一般应当做好以下的组织工作。

（一）拟定庆典活动程序

庆典活动的程序一般如下。

（1）宣布典礼开始，全体起立，奏国歌或与场合相适应的主题歌曲。

（2）主持人宣读重要嘉宾名单。

（3）领导人和重要嘉宾致辞。本组织领导人致辞的内容包括对来宾表示感谢、介绍此次庆典的缘由等，重点应是庆典的可"庆"之处。

（4）剪彩（或挂牌、揭幕、奠基）仪式。剪彩是领导人和重要嘉宾使用剪刀剪断称之为"彩"的红色缎带。剪彩者走向彩带时，应步履稳健，全神贯注，不和别人打招呼。拿剪刀时致以微笑向服务人员和礼仪小姐表示谢意。剪彩时，向左右两侧的手拉绸带或托彩花的礼仪小姐微笑点头，然后神态庄严地一刀剪断彩带。待剪彩完毕时，转身向四周观礼者鼓掌致意，同时奏乐，放鞭炮（在允许燃放鞭炮的地区），放飞气球或鸽子。

（5）宣布庆典结束。

（二）精心拟定出席庆典活动的嘉宾名单

一般来说，庆典活动的出席者应包括如下人士。

（1）政府有关部门的领导。他们关心、指导本组织的发展，为了表示感激之心，特邀请其参加。

（2）知名人士。知名人士能够引起社会公众的广泛关注，邀请他们，将有助于提高本组织的知名度。

（3）新闻记者。新闻记者的宣传报道能够提高本组织的知名度、美誉度。

（4）合作伙伴。在商务活动中，合作伙伴经常是彼此同呼吸、共命运的，邀请他们是为了分享成功的喜悦。

（5）员工代表。员工是本组织的主人，每一项成就的取得都离不开他们的努力工作，邀请他们将有助于增强本组织的凝聚力。

以上人员的具体名单一经确定，就应尽早发出邀请或通知，活动组织者可以通过打电话、发请柬、上门邀请等形式，力争各方面的嘉宾都能光临。

（三）组织接待小组，负责接待事宜

接待小组的具体工作有以下几项。

（1）来宾的迎送、引导、招待。

（2）签到、剪彩、放鞭炮（在允许燃放鞭炮的地区）。

签到：宾客到场后，有专人请他们签到。如有一些关于本组织的背景资料，可同时发给宾客，以扩大组织的知名度。

（3）负责摄影、录像、音响工作。

（4）精心布置好举行庆典活动的现场。

（四）安排一些必要的节目

为了制造热烈、喜庆、祥和、欢乐的气氛，组织者在庆典活动过程中可以安排锣鼓、礼花、歌舞等表演，最好由本组织员工担任表演者。

（五）其他事项

庆典活动结束后，组织者还可安排参观及座谈活动，宴请来宾，发放纪念品，并准备好笔墨纸砚，供来宾题诗作画。

（六）庆典活动结束后的工作

庆典活动结束后，组织者要注意收集传播媒介及公众舆论等各方面的反映，做好新闻报道、简报、资料、照片、录像及各种文稿的存档工作，写好庆典活动的总结报告。

四、举办庆典活动应注意的问题

（一）明确目的

无论什么类型的庆典活动，都是集中显示组织强大实力，展示组织优良形象，提高组织知名度和美誉度的专项活动，目的要明确，要与组织目标联系在一起。

（二）确定主题

每次庆典活动都应有一个确定的主题，主题明确，才能给社会公众留下深刻、良好的印象。可以用一个醒目的标题或令人耳目一新的口号来概括庆典活动的主题，以便引起公众的广泛兴趣，给公众留下深刻的记忆。

（三）经费预算

庆典活动一般耗费较大，活动之前要提出具体的预算，但活动预算也不能满打满算，应留有余地，以备不时之需。

（四）确定时间、地点及规模

在时间安排上，组织者要善于选择与组织性质和社会效应相关联的时机来开展庆典活动,以获得公众的广泛注意,产生轰动效应。在举办地点的选择上,组织者要考虑的因素很多,应结合庆典活动的规模、影响力以及本组织的实际情况来决定。一般考虑将地点放在目标公众所在地,例如,本组织的会议厅、本组织内部或门前的广场,以及外借的大厅等。在室外举行庆典活动时,切勿因地点选择不慎,制造噪声、妨碍交通或治安而顾此失彼。

(五)活动前的宣传

举办庆典活动之前,组织者要利用大众传播媒介广泛宣传与庆典活动有关的消息,创造一个良好的组织氛围。同时,还要确定与新闻界的联系,为记者采访和宣传报道提供一切便利条件。活动流程单应当事先印制好,连同纪念品一起发放给来宾,做到来宾人手一份,以便他们了解活动安排。

第三节 新闻发布会

一、新闻发布会概念及特点

(一)新闻发布会概念

新闻发布会是指特定的社会组织把有关新闻单位的记者邀请到一起,宣布相关消息或介绍情况,然后让记者就此提问,由专人回答问题的一种特殊会议形式。社会组织召开新闻发布会可以达到两个目的:一是传播本组织的重要信息、谋求新闻界对某一事件的客观报道;二是与新闻界保持一种密切的联系。需要指出的是,新闻发布会并不完全等同于记者招待会。因为不是所有的记者招待会都是新闻发布会,有些记者招待会只是社会组织出于一种与新闻界朋友联络感情的需要而举行的招待会,并不发布什么重要新闻。

(二)新闻发布会的特点

作为一种特殊会议的新闻发布会具有以下特点。

1. 信息传递快速准确

新闻发布会是组织的一项重要信息传播和宣传活动。与向新闻界提供新闻稿件相比,新闻发布会速度快,减少了信息传递损耗,提高了传播效率。并且举行新闻发布会时,记者们可以就自己感兴趣的问题和自己认为最佳的角度进行充分采访,从而更好地发布信息。

2. 正式且隆重

采用新闻发布会来传递信息的形式正规且隆重,给人们一种值得信赖的感觉,而且能增加信息传递的深度和广度。

3. 耗费较高

召开新闻发布会要占用记者和组织者较多的时间,且需要动用一定的人力、财力和物力,成本较高。

二、新闻发布会的策划

社会组织是否能通过新闻发布会将组织的有关信息成功地传递出去,并借此树立自己的形象，提高自身的知名度、美誉度，关键在于新闻发布会的策划。新闻发布会的策划应立足于规范性，重点在于活动的严密、紧凑、主题突出，并在规范性的基础上体现其独特性。具体来讲，新闻发布会的策划应注意以下几方面。

（一）发布的新闻材料要有较高的宣传价值

举办新闻发布会必须有充分的理由和明确的目的。也就是说，在新闻发布会举办前，社会组织必须对所发布的消息是否重要，是否具有广泛传播的新闻价值以及新闻发布的最佳时机进行研究和分析。只有在确认举办新闻发布会的必要性和可能性后，才可决定举办新闻发布会。一般来说，具有举办新闻发布会价值的事件有重要人物的来访，新发明、新产品试制成功，新的重大发展规划，新工厂建成投产，企业重组上市，出现先进典型人物，重大庆祝日或纪念日，重要的人事变动，发生重大（或紧急）事件（如厂房起火、爆炸等严重事故）等。

（二）活动要严密、规范、富有新意

新闻发布会的举办涉及组织者、公众，尤其是媒体等多方面的人士，因此，活动的策划要严密、规范，并富有新意。既要有章可循，又要不拘泥于以往的形式，在活动的设计安排上要有创意，以增强活动的效果。

 "XT"牌电影胶片的新闻发布会

（三）发布新闻的同时，配合其他活动

组织围绕所要发布的新闻，并配合相关的其他活动，既可以营造会议气氛、加强宣传，又可以强化组织同新闻界的关系、增进相互了解，从而收到更好的效果。例如，会前举办与所发布新闻相关的图片展览或实物展览，会后组织记者们进行参观活动，举办小型宴请或联谊活动等。

三、新闻发布会的举办

（一）会前的筹备

1. 确定新闻发布会的主题

主题是新闻发布会的中心议题。组织要从新闻媒介和社会公众的角度出发，确定会议的主题。再进一步考虑这个主题是否非常重要，是否具有新闻价值，能否对公众产生重大影响。

2. 选择会议地点和举办时间

举办新闻发布会的地点选择，主要应考虑给记者创造各种方便采访的条件。通常新闻发布会在宾馆或新闻中心等地举行，但有时也可选择主办者单位或某一事件发生的现场。会场要具备必要的照明设备、视听设备和通信设备等，并且要安静、不受电话干扰，交通要方便，要有舒适的座椅以便就座记录。会议的时间要尽量避免节假日、重大社会活动和其他重

大新闻发布的日期,以免记者不能参加。会议时长一般宜控制在一小时以内,对无关或过长的提问应有礼貌地予以制止。会议应有正式结尾。

3. 选择会议主持人和发言人

出于职业习惯,记者的提问大都尖锐、深刻,有时甚至很棘手,这对主持人和发言人提出了很高的要求。主持人和发言人必须对提问保持清醒的头脑,反应机敏,有较高的文化修养和口头表达能力。在组织中,会议的主持人一般由有较高专业技巧的公关人员担任,会议的发言人由组织或部门的高级领导担任,因为他们清楚组织的整体情况、方针、政策和计划等问题,同时又具有权威性。

4. 准备发言稿和报道提纲

公关人员在会议召开前,应在组织内部统一口径,成立专门小组负责起草发言稿,全面认真收集有关资料,写出准确、生动的发言稿,并拟出新闻报道提纲,在会上发给记者作为采访报道的参考。

5. 准备宣传辅助材料

宣传辅助材料要围绕主题准备,应尽量做到全面、详细、具体和形象。形式应多样,有口头的、文字的、实物的,等等。这些材料的准备要根据会议主题和内容的具体要求而定,在会议举行时现场摆放或分发,以增强发言人的讲话效果。

6. 择定邀请的范围

邀请的记者覆盖面要广,各方新闻机构都要照顾到,不仅要有报刊记者,还要有电台、电视台的记者,不仅要有文字记者,还应有摄影记者。要特别注意对记者一视同仁,不能厚此薄彼。

发邀请信时,认识的记者可以发给本人,不认识的可以发到新闻机构,并且在会议举行前要及时用电话联系并落实记者的出席情况。除新闻记者以外,凡是涉及的其他单位、部门或公众群体,也应在邀请之列。

7. 组织参观和宴请的准备

新闻发布会前后,可配合主题组织记者进行参观活动,请记者做进一步的深入采访,这样常常会产生具有重大价值的新闻报道。有关参观活动事宜应在会前就安排好,并派专人接待,介绍情况。会后,如有必要可邀请记者共同进餐,利用非正式交谈,相互进行沟通,建立与新闻界的融洽关系,解决新闻发布会没有解决的问题。

8. 做好会议费用预算

应根据所举行新闻发布会的规格和规模制定费用预算,并留有余地,以备急用。费用项目一般有场租费、会议布置费、印刷品费、邮电费、交通费、住宿费、音像器材费、相片费、餐费、礼品费、文具用品费等。

9. 做好接待工作

组织人员要提前布置好会场,如横幅标语、发言人席、记者座位。周围环境要精心设计、安排,营造一种轻松、自然、和谐的会场气氛。培训接待人员和服务人员,要求穿戴整洁、适宜,精神饱满、愉快,体现出组织的风格。安排好会议的记录、摄影、摄像工作,以备将来的宣传和纪念之用。

（二）会议程序

举办新闻发布会,会议程序要安排得详细、紧凑,避免出现冷场和混乱的局面。一般来说,新闻发布会应包括以下程序。

1. 签到

组织人员应安排足够的工作人员,设立签到处,并派专人引导记者前往会场。参加会议的人要在签到簿上签上自己的姓名、单位、职业、联系电话等。

2. 发资料

会议工作人员应将写有姓名和新闻机构名称的标牌,以及会前准备的资料,有礼貌地发放给与会的每一位记者。

3. 介绍会议内容

会议开始时要由会议主持人说明举办新闻发布会的原因,以及所要公布的信息或事件发生的简单经过。

4. 主持人讲话

主持人要充分发挥主持和组织作用,以言谈和感染力,活跃整个会场气氛,并引导记者踊跃提问。当记者的提问离会议主题太远时,要善于巧妙地将话题引向主题。会议出现紧张气氛时,要能够及时调节、缓和现场气氛,不要随便延长会议时间。

5. 回答记者提问

新闻发言人要准确、流利自如地回答记者提出的各种问题,不要随便打断记者的提问,也不要以各种动作、表情和语言对记者表示不满,对于保密的问题或不好回答的问题不要简单地说"无可奉告",而要婉转、幽默地进行反问或回答。即使记者的提问带有偏见,新闻发言人也不能当场激动、发怒,而应表现得很有涵养,以平静的话语和确凿的事理给予解释和纠正。

6. 参观和其他安排

会议结束后还应由专人陪同记者参观考察,给记者创造实地采访、摄影、录像等机会,增加记者对会议主题的感性认识。如果有条件,组织还可举行茶会和酒会,以便个别记者能够单独提问,并能和新闻界建立融洽的关系。

（三）会议效果检测

新闻发布会结束后,社会组织要检验会议的效果是否达到了预期目的。具体需要做好以下工作。

（1）尽快整理出新闻发布会的记录材料,对会议的组织、布置、主持和回答问题等方面的工作加以总结,从中认真汲取经验和不足,并将总结材料归档备查。

（2）收集与会记者在各种媒体上的报道,进行归类分析,检查是否达到了会议的预定目标,是否有因为失误而造成的谬误。对检查出的问题,要分析原因,并设法弥补失误。

（3）对照会议签到簿,看与会记者是否都发了稿件,并对记者所发稿件的内容及倾向给予分析,以此作为以后举办新闻发布会邀请记者的参考依据。

（4）收集与会记者以及其他与会代表对招待会的反应,检查招待会接待、安排、提供方便等方面的工作是否有欠妥之处,以便改进今后工作。

(5) 若出现不利于本企业的报道,应做出良好的应对策略。若有不正确或歪曲事实的报道,应立即采取行动,说明真相,向报道机构提出更正要求。若报道的虽然是正确事实,但不利于本企业,这种情况完全是企业内部错误造成的,对此应通过该报道机构表示虚心接受并致歉意,以挽回企业声誉。

第四节 会议活动

作为一种沟通交流方式,会议可以起到集思广益、提高公众参与度的作用,为决策者提供传播愿景,制订战略计划的机制,具有新闻价值的会议还可以成为旅游组织的信息传播源。然而,要使会议具有价值、富有成效,旅游组织必须在确定会议必要性的基础上,通过精心地策划与组织,遵循清晰实用的会议规则,运用会议技巧,层层推进,增加会议的有效性。

在举行会议之前,旅游组织必须明白,没有零成本的会议。如果通过常规例会、电话、电子邮件等方式就可以解决问题、传递信息,那就没有必要再开会。一般而言,需要采用会议形式完成工作的情况有:

需要依靠集思广益,获得最佳决策时;

需要听取多方面的意见,协调多方的合作共同完成某项工作时;

发生重大变革、突发事件,按常规步骤来不及决定时;

传递的内容复杂但是很重要,要求所有人都要正确理解时;

主题事宜对参加者具有训练价值和激励作用,需要通过身体语言和口头表达来传递信息时。

一、会议类型

根据划分标准不同,可将会议进行如下分类。

(一) 按照举办单位划分

1. 公司类会议

公司类会议的规模大小不一,小到几个人,大到上千人。公司类会议的数量极其庞大,但是很多公司并不愿意对外宣传内部会议,所以公司类会议的数量很难准确统计。公司类会议的主题通常是管理、协调和技术等,具体可分为销售会议、经销商会议、技术会议、管理者会议、董事会会议和股东会议等。

2. 社团协会类会议

社团协会类会议因人数和性质的不同而不同,规模从小型地区性组织、省市级协会到全国性协会乃至国际性协会不等。社团协会大致可以细分为行业协会、专业协会、科学协会、教育协会和技术协会等。其中行业协会是会展业最重要的市场之一,因为协会的成员多为业内成功管理人员。社团协会类会议通常伴有展览会。

3. 其他组织会议

这类会议的典型代表是政府机构会议,其中,省级、市级、县级的中小规模的政府机构会议数量十分庞大,是一个非常可观的会议市场。

(二) 按会议规模(参加人数多少)划分

1. 小型会议

小型会议的出席人数少则几人,多则几十人,但是一般不超过100人。

2. 中型会议

中型会议的出席人数为100—1000人。

3. 大型会议

大型会议的出席人数为1000—10000人。

4. 特大型会议

特大型会议的出席人数为10000人以上,如大型表彰、庆祝大会等。

(三) 按照会议活动特征划分

1. 商务会议

企业因业务、管理和发展等需要而展开的会议被称为商务会议。出席这类会议的人员素质比较高,一般是企业的管理人员和专业技术人员。商务会议一般对设施、环境和服务有较高的要求,消费标准也比较高。召开商务会议一般选择与企业形象大体一致或更高层次的饭店,如大型企业或跨国企业一般都选择当地最高星级的饭店。商务会议经常伴有宴会,会议效率高,会期短。

2. 政治性会议

国际政治组织、国家和地方政府为某一政治议题而召开的各种会议属于政治性会议。政治性会议根据内容需要一般采取大会和分组讨论的形式。

3. 展销会议

参加商品交易会、展销会、展览会的各类展商及一些与会者除参加展会外,还会参加在饭店、会议中心等场所举办一些招待会、报告会、谈判会、签字仪式、娱乐活动等,这些可以统称为展销会议。另外,一些大型企业在饭店举行会议时,同时还会在饭店举办小型展销活动,这些也可划入展销会议的范畴。

4. 文化交流会议

文化交流会议是各种民间和政府组织组成的跨区域性的文化学习交流活动,常以考察、交流等形式出现。

5. 培训会议

培训会议是用一个会期对某类专业人员进行的有关业务知识方面的技能训练或新观念、新知识方面的理论培训,培训会议可以采用讲座、讨论、演示等形式进行。

6. 度假型会议

度假型会议是一些公司或社团协会等机构利用节假日、周末等时间组织人员边度假休闲、边参加会议。这样既能增强互相了解,增强机构的凝聚力,又能解决所面临的问题。度假型会议一般选择风景名胜区的饭店或度假区举行。会议通常会安排足够的时间让员工观光、休闲和娱乐。

7. 专业学术会议

专业学术会议是某一领域具有一定专业技术的专家学者参加的会议,如专题研究会、学术报告会、专家评审会等。

(四)按照会议的性质和内容划分

1. 年会

年会是就某一特定主题展开讨论的聚会,议题涉及政治、经贸、科学、教育或者技术等领域。年会通常包括一次全体会议和几个小组会议。年会可以单独召开,也可以附带展示会。多数年会是周期性的,最常见的是一年一次。参加年会的全体人员通常比较多,一般要租用大型宴会厅或者会议厅。而小组会议讨论的是具体问题,所租用的则是小会议室。

2. 专业会议

专业会议的议题通常是具体问题并就其展开讨论,可以召开分会,也可以只开大会。就与会者人数而言,专业会议的规模可大可小。

3. 代表会议

代表会议指由代表某一利益群体的与会者参加的会议。代表会议的规模和出席人数差别很大。

4. 论坛

论坛的特点是反复深入的讨论,一般由小组组长或演讲者来主持。它可以有许多听众参与,并可由专门的小组成员与听众就各方面的问题发表意见和看法。

5. 座谈会

座谈会比论坛要正式和严谨一些,由主持人或演讲人进行陈述讲演,有一些预定好的听众参加。与论坛相比,与会者在座谈会中平等交换意见的气氛和特征方面要弱一些。

6. 讲座

与其他会议形式相比,讲座更正式和更有组织,常由一位或几位专家进行个别讲演,讲座的规模可大可小。观众在讲座后可以提问,有时主办方也不安排观众提问。

7. 研讨会或专家讨论会

研讨会或专家讨论会通常专业性较强,参与的人数不多,除非是行业标准讨论,一般不会超过 100 人。这类会议的关键点是会场及地点的选择。关于会场,除一般性的主会场外,通常需要一些小型会场以便分组讨论。主会场的布置除保留主持人外,其他座位应当体现平等精神,发言用的麦克风应该每个座位都有,除非人数少于 15 人。关于地点,通常选择相对封闭、安静、利于保密的地点,最好是位于郊区且环境优美的会所,应当满足夜间娱乐休闲、团队精神培养、场景变换、交通相对方便等要求。这类会议通常在主持人的主持下进行,与会者参与较多,可以平等交换意见、分享知识和经验。这类会议一般在相对较小的范围内进行;当规模变大时,就变成了论坛或专题讨论会。

8. 专题讨论会

专题讨论会指为处理专门问题或特殊分配的任务而进行的小组会议,与会者就某一议题进行学习和讨论、分享知识和技能,以及对问题的看法。

9. 培训会议

培训会议也是专业型会议,通常由企业内部或者教育部门举办。除带有研讨性质外,更多的是技能交流及知识传授,所以培训会议对场地的要求相对较高,除了一般的封闭式会场外,应该还有各类拓展训练设施或场地,可能的话还应该有高品质的休闲放松场地。培训会议的关键点是场地、培训设施及培训师。一般少则需要一天的时间,多则需要几周。这类培训会议需要特定场所,培训内容集中度高,由某个领域的专业培训人员教授。

10. 奖励会议

奖励会议是企业或公司为了表彰、奖励工作出色的员工、分销商或客户而举行的会议,它是企业或公司的一种重要的激励手段。

11. 其他特殊会议

其他特殊会议包括茶话会、晚餐会及一些娱乐活动等。这样的会议应注意选择适宜的环境和场所。

(五)新型会议类型

1. "玻璃鱼缸"式会议

"玻璃鱼缸"式会议是一种非常独特的讨论会议。通常由6—8名与会者在台上或房间中心围成一圈,圈子中间留有一个空座。其他与会者只能作为观众坐在周围旁听,不能发言,只有那个坐在圈子里的人才可以发言。如果有观众想发言,他必须走到圈子里,坐在中间的那个空座上,发言完毕再回到原座位。"玻璃鱼缸"式会议通常由主持人主持,他可以参加"玻璃鱼缸"式的讨论,也可以只负责使会议按正常程序进行。在会议进行中,大部分观众只是在外围观看那个位于圈子中的与会者演讲或讨论,就像在观看鱼缸或鱼箱里的鱼活动一样,因此,人们给其取名为"玻璃鱼缸"式会议。

2. 辩论会

辩论会是指两个人或两个团体就某一问题展开辩论,一方为正方,另一方为反方。例如,应当提高服务价格吗?正在开发的新产品对公司是否有利?任何具有两面性的问题都可以成为辩论会的话题。辩论会有很多好处,辩论通常着眼于问题的正反两面,可以向观众展示不同的观点和看法。辩论会通常会带来观念或过程上的进步,因为辩论过程可以暴露不少问题。

3. 角色扮演

人们可能不会想到开会时使用角色扮演这一形式。不过,根据讨论话题的不同,角色扮演有时也会将一个问题诠释得更好。

4. 网络会议

随着现代科技的发展和广泛运用,网络会议逐渐成为一种新兴的会议形式。网络会议使用的是一种被称为流动媒体的技术,就是预先用音视频设备把某个事件或活动现场录制下来,然后转换成数字化的视频信号,再通过计算机接收后送入网络服务器。进入服务器后,人们就可以直接观看或下载后观看会议。对那些由于各种原因不能参加会议但仍对某些日程感兴趣的人来说,这是一个福音。由于通过网络传递信息,会议不存在时间上的障碍。网络会议对公司召开培训会议非常有利,它不必再让有关人员乘坐飞机去往目的地,可以节省住宿、伙食、交通等多项费用。

二、会议的组织

（一）会前准备工作

在决定通过会议形式来解决问题后,会务组就要开始着手准备各项工作,主要内容如下。

1. 制定会议预案

（1）确定会议主题及名称。

无论组织什么样的会议,都要确定会议主题,即明确要研究和解决什么问题、达到什么目的。议题必须具有必要性、明确性和可行性。每次会议的议题应该尽可能集中、单一,不宜太分散。

会议主题应该通过恰当、确切的名称来体现,概括并显示会议的内容、性质、组织者、参加对象、主办单位、时间、地点、届次、范围、规模等。它既可以用于会前的"会议通知",使与会者心中有数,做好准备;又可用于会后的宣传,扩大会议的效果;还可用于会议过程中,使与会者产生凝聚力。

（2）确定会议议程。

会议议程要确定的主要内容是根据到会重要人士的情况,确定会议主持人;根据会议的主题,确定会议发言人;围绕会议主题,确定重点发言、讨论主题,并根据会议规模,确定讨论方式;根据会议拟达到的目的,安排相关人员做会议总结。

2. 确定与会者

与会者就是参加会议的正式成员,具体地说,确定与会者应考虑其必要性、重要性、合法性。

必要性指与会者必须是与会议直接有关的人员,是有权了解会情、提出意见、表示态度、做出决定的人,或者是能提供信息、深化讨论、有助于会议达到预期效果的人。

重要性指与会者是与会议有必然的、直接的关系,有利于会议的进展或扩大会议效果的人员。

合法性指有些重要的会议,与会者必须具有合法的身份和法定的资格。例如,旅游公司董事会或股东大会的与会者必须是按《公司法》和公司章程正式确定的董事或股东,酒店协会换届选举大会的与会者必须是协会会员,旅游职业教育集团周年庆的与会者必须是集团成员单位或理事单位等。

3. 准备并检查会议文件

准备和检查会议文件是一项非常艰苦而必要的任务,会议文件主要包括会议日程、会议通知、会议参阅资料等。检查会议文件时要认真核对每一项细节,尤其是时间、地点、车辆号码、嘉宾姓名、出席人数、住宿安排、主席台座次等,要确保每一项都与实际相符。确认没有问题以后,向会议主管汇报。

4. 会议通知及邀请

在确定与会者名单及准备好会议文件后,会务组应该进行会议通知及邀请工作。这项

工作原则上要以文字形式进行。在会议通知书或邀请函上,要写明以下事项:会议名称和议题,会议召开以及结束的预定时间,会议场所(附导向图)和联系人,其他事项(如有无会议资料、有无停车场、有无就餐安排等)。

5. 会场选择与布置

(1) 会场选择。

会场选择应该注意:符合旅游组织的形象以及与会者的身份等;地点对与会者来说应该方便快捷;能保证必要的使用时间;费用要符合预算;环境舒适、设施设备齐全。

(2) 会场布置。

布置会场要考虑会议的目的、人数、会场的大小等情况,并考虑会议的整体风格和气氛。

①座席配置。座席的配置可以参考以下几种方法。

一是圆桌形。圆桌或椭圆桌可使与会者消除不平等的感觉,有利于互相交换意见。

二是口字形。用长桌或方桌围成一个很大的口字形,适用于比圆桌能围坐更多人的会议。

三是 H 字形、V 字形。与会者能更清楚地看到主持人及会场背景,适用于需要使用多媒体的会议。

四是剧场形。主持人和领导坐在讲台一侧,适用于传达和汇报情况、多人参加的会议。

②座次安排。主席台一般按职务高低排列座次,以主席台座位为准,单数以中间为上,双数中间两人以左为上,然后依次排列。其余与会者的座次安排一般以职务高低或姓氏笔画数为序排列。在与会者彼此不熟悉的情况下,应在每个与会者桌上摆放姓名牌,以便他们互相了解、结识。

③准备设备和用品。会议设备和用品是指各类会议都需要的姓名牌、文具、桌椅、照明设备、投影仪、音响设备、茶具、烟灰缸等。另外,还可以在会议主持人对面的墙壁放置一个醒目的挂钟,会议记录人员则可根据需要另外安排一张小桌子。

6. 接站报到

会务组在整理与会者信息后,在会议开始前,要对需要接站的宾客进行统一调度,安排人员至车站、机场迎接。对于自备交通工具者,应提前告知行驶路线。对抵达报到的与会者,会务组要做好报到登记工作,确认和分发住店钥匙、会议资料文件、餐券等。必要时,应引导与会者到住宿房间,并简单介绍环境和会议概况。

(二) 会中工作

1. 签到、入座

签到能帮助工作人员及时、准确地统计到会人数,便于安排各项工作。签到一般有以下几种方法。

(1) 簿式签到。

簿式签到即与会者在预先准备好的签到簿上按要求签署自己的信息,表示到会。这种方法的优点是利于保存,便于查找,适用于小型会议。

(2) 证卡签到。

证卡签到即在签到证上写明会议名称、日期、座次号、编号等,事先发给与会者,与会者在上面写好自己的姓名,进入会场时,将签到证交给会议工作人员,表示到会。其优点是比较方便,缺点是不便保存和查找。

(3) 座次表签到。

座次表签到即事先制定好座次表,标明与会者姓名和座位号码,一旦到会就在座次表上销号,表示出席。这种方法的优点是与会者能在签到时就知道自己的座次号,能起到引导的效果。

(4) 电脑签到。

电脑签到即利用电脑技术,使与会者通过刷卡就能完成签到手续。这种方法的优点是快捷准确,适应大型会议。

在签到后,会议接待人员应有礼貌地将与会者引入会场就座,对重要人士应先引入休息室,由领导作陪,会议开始前几分钟再引到主席台就座。

2. 会议推进

在主持人宣布会议开始后,会议就进入了正轨。要使会议在召开过程中前后连贯、层次分明、重点突出,主持人的主导和推进作用不可忽视。主持人应该做到以下几点。

(1) 直入主题。

直入主题即直截了当地宣布会议的目的和主题,介绍会议的议程及与会者。通常,与会者会提前收到会议文件或通知,但口头说明有助于为与会者明确地限定讨论的问题,而且能够消除在会议开始时人们思绪的混乱状态,集中大家的注意力。

(2) 有效控制,推进会议。

第一,控制时间。没有控制好开会时间往往会出现"拖会"或是会议比预定时间提前结束的情况。对此,主持人要根据现场情况做出相应的调整。如果时间不够,或提醒压缩讲话内容,或把会议发言改为书面交流,或精简自己的主持内容。如果时间多余,可安排小组讨论,消化会议内容;也可安排现场咨询,解决疑难问题;还可以安排与会代表发言交流。

第二,控制气氛。主持人应该根据会议的类型变换语言和语气,调节会议的气氛。如主持小型座谈会时要力求语言活泼、语气轻松,努力为与会者畅所欲言营造宽松的氛围;主持大型会议时则要力求语言朴实、语气平缓,努力为会议营造庄重、严肃的气氛。

第三,控制局面。会议主持人要注意紧扣议程,避免走题;观察与会者的反应,并给予反馈;协调与会者的发言,引导与会者的沟通交流;及时处理不良现象如随意走动、接听电话等,维持会场的良好秩序。

3. 会议总结

会议总结可以引导会议的良性进展,使会议不至于最终没有取得任何效果,或会议结果乱七八糟,没有任何的条理性。会议总结要做到以下几点。

(1) 剔除小的、次要的问题,确认会议的主要决定和行动方案。

(2) 回顾会议议程达成的共识和成果,表明已经完成的事项和待完成的事项。

(3) 给与会者一点时间,简单说最后几句话。

(4) 就下次会议的日期、地点等事项达成一致意见。

(5) 对会议进行评估,对与会者表示谢意或赞赏。

(三)会后工作

1. 媒体宣传

为扩大会议影响力或通报会议决议,在某些会议结束后,主办单位应该通过新闻发布会等形式来加强与当地新闻界的沟通和合作,加强会议对公众的影响,加速彼此信息的交流。

2. 会后考察参观

会议结束后,主办单位可以安排与会者组成访问团、考察团,对与会议主题相关的旅游项目、旅游路线进行实地参观和调研,以深化会议主题,加强沟通交流。

3. 安排与会者返程

大型会议结束后,主办单位一般应为外来与会者提供一切返程的便利,主动为对方联络、提供交通工具,或是替对方订购、确认返程的机票、船票、车票。当团队与会者或与会特殊人士离开本地时,还可安排专人送行,并帮助托运行李。

4. 处理材料,形成文件

会议一结束,主办单位就要根据工作需要与有关保密制度的规定,对与会议相关的一切图文、声像材料进行细致的收集、整理,尽快形成各种文件资料,如会议决议、会议纪要等,并及时下发或公布;对应该回收的材料,一定要如数收回;对应该销毁的材料,则一定要仔细销毁。

5. 会后工作跟进

会议结束并不意味着真正的会议终结,在后期,相关负责人必须及时对会议决议的执行情况、执行成绩以及存在的问题进行了解、监督,并根据情况做适当调整。

第五节 赞助活动

赞助活动是社会组织通过资助一定的实物或者承担全部或部分费用,赞助兴办文化、体育、社会福利事业和市政建设等,向社会表示其承担的责任和义务,以扩大组织影响,提高知名度和美誉度的公共关系活动形式。

一、赞助活动的公共关系功能

(一)提高美誉度

旅游组织通过高品位的赞助活动,展现组织实力,承担部分社会责任和义务,往往可以得到媒体的赞许和舆论宣传,赢得社会公众的信任,得到政府及其他公众的支持,从而为自身的生存与发展营造相对宽松的环境。

(二)提升知名度

赞助活动通过媒体的传播,可以使各类公众对旅游组织形成丰富的品牌联想,公众与赞助者之间的关系会实现增值,因此,赞助已经成为迅速提升品牌知名度的一种重要方式。

(三)促进沟通

赞助活动往往可以让公众在轻松的环境下亲身体验旅游组织及其产品,形成互动。这种密切的关系对于品牌来说才是一种真正的赢利,特别是当各类公众被看作旅游组织的"自己人"时,最有可能产生亲和力。

二、常见赞助途径和方式

(一)赞助途径

1. 赞助体育娱乐活动

体育娱乐活动不仅是社会公众感兴趣的热点,更是各类媒体热衷报道的对象。这些活动往往能超越民族、国界和政治因素的影响,培养与公众的良好感情,大大提高组织的社会效益和知名度,可以说是最具魅力和最受欢迎的赞助形式。例如,携程旅行是"2016上海国际马拉松赛"的赞助商之一。

2. 赞助文化教育事业

赞助文化教育事业,既有助于教育事业的发展,提高大众文化素养,为企业树立起关心社会的良好社会责任形象,也有利于赞助者自身的人才招聘、培养和选拔,提供长期发展的后备力量。赞助形式主要有赞助学校教学活动,设立奖学金,成立基金会,捐赠图书、教学设备,修建教学科研楼馆,赞助科研项目、学术研讨会、学术著作出版等。

3. 赞助社会慈善和福利事业

这是旅游组织谋求与政府和社区两大公众最佳关系的理想手段。它能表明组织的社会责任感和高尚品格,容易引起社会公众的好感,赢得良好的社会声誉。常见的做法有救济残疾人,资助孤寡老人,捐助灾区人民等。

4. 赞助社会重大事件和大型活动

随着公共关系手段同质化现象的日趋严重,常规的公共关系活动已经很难达到迅速提升组织知名度和美誉度的双重目的。因此,许多旅游组织都把目光聚焦到对某个具体的大型活动进行赞助的形式,以达到树立组织的独特形象,展示组织的文化内涵的目标。如2010年上海世博会期间,成吉思汗陵景区在上海世博园内赞助了"浪漫世博——鄂尔多斯集体婚礼",独具民族特色的鄂尔多斯婚礼吸引了很多前来世博会参观的游客,来自全国的30多家媒体也争先报道了本次活动,很大程度地提高了景区的知名度。

(二)赞助方式

1. 资金赞助

旅游组织可以有计划、有目的地拨出一定的资金,向受赞助者提供赞助。这种方式可使受赞助者根据自己的客观需要,对资金进行一定限制的支配。

2. 产品赞助

旅游组织尤其是旅游企业赞助自己的产品,可以提高产品的知名度,树立品牌形象,加深消费者的产品体验。这种方式不仅可以及时地满足受赞助者的需要,也可以减少赞助企业的现金压力,而且不易被挪作他用。

3. 服务支持

旅游组织可以为赞助对象提供一些免费服务,即进行义务劳动或有偿劳动,然后以劳务

的形式或以劳务所得,向受赞助者提供赞助。这种方式可以更好地调动有关方面的积极性,获得更为广泛的参与。

4. 设备和设施赞助

旅游组织可以为社会公益事业、大型活动提供一些设备和设施,但赞助的往往是使用权,而非所有权。如在2005年"超级女声"比赛举办期间,武汉市的旋宫饭店为活动方免费提供180间客房就是这一类赞助方式。

旅游组织进行赞助的途径和形式有很多,公关人员应善于设计出各种新颖的赞助形式,使组织获得最佳的信誉,改善和提高公共关系效果。

三、赞助活动的组织实施

公关人员要使赞助活动取得最佳投资效果,需要重点把握以下几个环节。

（一）确定赞助类型

公关人员应首先确定赞助活动的类型,这要根据赞助的目的而定。如果旨在扩大影响和知名度,旅游组织可赞助体育活动;如果旨在树立良好形象,旅游组织可赞助教育事业;如果旨在培养感情、增进社会理解,旅游组织可赞助社会福利事业等。

（二）制订赞助计划

赞助类型确定后,公关人员就应制订出一个完整的赞助计划,该计划是赞助目标的具体化,通常包括赞助范围、赞助对象、赞助形式、赞助费用预算、赞助实施步骤等内容。

（三）实施赞助活动

赞助活动的实施要由专门的公关人员进行。为了扩大影响,赞助活动应举办一定规模的签字仪式,邀请政府部门负责人、新闻记者、各界朋友参加,并在签字仪式上宣布赞助金额,展示实物。被赞助单位本着互利的原则,应尽可能为赞助单位提供宣传机会,使宣传活动与赞助活动同步进行、协调一致。赞助单位对赞助资金的使用、赞助项目的落实,以及补偿条件的兑现,要进行必要的监督,并在赞助款的兑现上分阶段到位,按实施效果分段提供,以便赞助单位从经济上约束被赞助单位,从而实现赞助目标。

（四）评估赞助效果

研究确定赞助类型、制订并实施赞助计划的目的是要赢得良好的赞助效果。因此,在每次赞助活动中,公关人员都应注意赞助效果的检查测定,要求将赞助的具体实施情况和赞助后公众及新闻界的反应与赞助计划相对照,明确指出完成了哪些预定指标,哪些指标没有完成,并分析其原因,然后写出评估总结报告,上报旅游组织的领导层,并做好档案记录工作,为日后的赞助活动提供参考资料。

四、赞助活动的注意事项

（一）选择合适的赞助对象

赞助活动是旅游组织自愿履行社会责任和义务的表现,因而旅游组织拥有选择赞助对象的权利。当遇到不必赞助或明显没有社会效益的情况时,旅游组织要坦率相告,说明原因;对虽然适合,但旅游组织难以负担的赞助请求,旅游组织应坦陈自己的难处,婉转地表达减少赞助的希望或表示不宜参与赞助;若遇上无理纠缠者,旅游组织必须坚决用法律手段维护自己的权益,不能向威胁和恐吓屈服。

(二)充分利用赞助提供的机会

旅游组织在承诺赞助后,要尽量利用赞助活动来宣传自己,因为赞助活动的主办方有许多事情要做,他们只能给赞助者提供机会,而怎样利用赞助所提供的机会则是赞助者自己的事。

(三)提高赞助的效率和质量

旅游组织可以出面把多方面的资金集中起来,设立一个基金会。基金会可单独或联合社会公益组织提供稳定的长期资助,以取得长期的社会效益。

(四)严格控制赞助预算

赞助活动在财务方面要严格管理,以免资金被挪作他用,或被私人非法侵吞。旅游组织还应严格控制赞助的预算,以防超支。此外还要注意保留一部分机动款项,以备临时之用。

第六节 展 览 会

展览会是综合性的传播活动,它通过实物、产品、图片、资料的展示,使公众对旅游组织的产品和服务有一个直观、具体的了解,是旅游组织与公众直接沟通的最佳方式。同时,展览会又是新闻媒介报道的热点,具有很好的传播效果,历来被旅游组织所广泛采用。

一、展览会的作用

展览会作为一种高效的传播活动,其作用主要表现在以下几个方面。

(一)提高知名度

展览会具有真实性、知识性和趣味性的特点。生动的图片、形象的文字说明、声情并茂的讲解和直观的实物展示都直接凸显出旅游组织的特色和成就,能吸引广大公众的注意力,增进公众对旅游组织的了解,提高旅游组织的知名度。

(二)促进销售

一个成功的展览会也是一个成功的广告。旅游组织可以通过举办或参加各种旅游贸易展览会来促进旅游产品或服务的销售,巩固并发展旅游组织与各行业的关系。

(三)促进交流

展览会能使旅游组织了解公众不同的旅游需求,把自身的产品行情、推销等信息及时传达给公众,达到与公众多方交流、密切沟通的目的。

另外,旅游业是社会的窗口,旅游组织充分利用展览会这一活动形式,参加各项国际旅游展览活动,能把中国的政治、文化和民族风情传播出去,从而吸引世界各地的游客来中国旅游,增进国际或地区间的政治、文化交流。

二、展览会的类型

根据标准的不同,展览会可进行以下几种划分。

(一)按展览的性质可分为贸易性展览会与宣传性展览会

贸易性展览会的特点是"展"且"销",展出实物产品,目的是打开产品的营销局面,提高产品的市场占有率,促进商品的销售,如我国每年在广州举行的中国进出口商品交易会等。宣传性展览会是只展不销,目的是宣传一种观念、思想和成就等,通常通过展出照片、资料、图表和有关实物达到宣传的效果,如中国国际展览中心举办的北京国际图书博览会。

(二)按展览的内容范围可分为综合性展览会和专题性展览会

综合性展览会是全面介绍一个国家、一个地区或一个组织的情况的展览会,要求总览全局,内容全面,有一定的整体性和概括性,既要突出重点,又要照顾一般,力求给观众留下完整的印象,如"伟大的变革——庆祝改革开放40周年大型展览"等。专题性展览会是围绕某一专题、某一专业或某类产品举办的展览会,要求主题突出,内容集中,有一定的深度,如汽车展览会、科技图书展览会等。

(三)按展览举办场地可分为室内展览会、露天展览会和巡回展览会

大多数展览会在室内举行,显得较为隆重且不受天气影响,举办时间较灵活,长短皆宜。但室内展览会的设计布置较为复杂,花费较大,宜安排高档次展品展览。露天展览会的最大特点是布置工作较为简单,所花费用较少,但受天气条件影响大,宜安排大型机械展览、农副产品展览和花卉展览。巡回展览会的特点是具有流动性,往往利用车辆运往各地巡回展出,如农业科技书刊巡回展等。

(四)按展览的规模可分为大型展览会、小型展览会及袖珍展览会

大型展览会一般由专门的单位举办,规模大,参展项目多,需要较复杂的程序和较高的布展技巧,如"世界博览会""全国糖酒商品交易会"。小型展览会规模较小,多由组织独家举办,展出自己的商品,展览会的地点常常选择在各类建筑的门厅、图书馆、旅馆房间、候车室或专辟陈列室、样品室等。袖珍展览会是一种小规模的展览,如橱窗里的展览和流动展览车等。

(五)按展览的时间可分为长期固定展览、定期更换内容的展览会及一次性展览会

长期固定展览,如北京的故宫博物院、自然博物馆的展览等;定期更换内容的展览会,如全国农业展览馆的展出等;一次性展览会,如食品展销会、服装展示会等。

三、展览会的策划和实施

(一)分析展览会的必要性和可行性

展览会是大型综合性的公共关系专题活动,需投入较多的人力、物力和财力,如不对其必要性和可行性进行科学的分析论证,就有可能造成两个不良后果:一是费用开支过大而得不偿失,二是盲目举办而产生不了应有的作用。所以组织应对展览会的投入与产出进行详细计算,然后再决定是否举办展览会。

（二）明确展览会的主题和目的

举办任何一个展览会，都必须首先明确它的主题和目的，并在此指导下精心确定内容，制作展览的实物、图表、照片、文字等，使之更有针对性。主题要围绕展览会的目的而定，并写进展览计划，成为日后评价展览效果的依据。

（三）确定参展单位、参展项目和展览类型

大型展览会的主办单位或承办单位可以通过广告、新闻发布或者邀请等形式联系可能的参展单位，并将参展时间、地点、项目、类型、收费标准和举办条件等情况告知联系的单位，一方面通过各种公共关系技能吸引参展单位，另一方面为可能的参展单位提供决策所需的资料。

（四）预计参观者的类型和数量

展览会在策划阶段必须考虑所针对的公众，参观者的类型将影响信息传播手段的复杂性和多样性。如果参观者对展出项目有较深的了解和研究，就需要展览会的讲解人也是这方面的专家，介绍的资料要较为专业化、详细和深入；如果参观者只是一般消费者，则应采用通俗易懂的语言进行直观的普及性宣传。参观者的数量将直接影响展览地点的选择，展览地点的面积应足以容纳参观者。

（五）选择展览时间、地点

展览会时间的选择一般按组织需要而定，有些展览则要顾及季节性，如花卉展览等。在地点的选择上，首先要考虑的是方便参观者这一因素，如交通方便、易寻找等；其次要考虑场地的大小、质量和设备等；再次要考虑展览会地点周围环境是否与展览主题相得益彰；最后要考虑辅助设施是否容易配备和安置等。

（六）培训工作人员

展览效果与展览工作人员的素质有很大的关系。在举办展览时应对主要的几种工作人员如讲解员、接待员、服务员、业务洽谈人员等进行培训。培训内容包括公共关系技能、展览专业知识和专门技能、营销技能、社交礼仪等。

（七）确定展览会的管理机构，提供相关服务

大型的展览会要设立文书、邮政、运输、保险等专业服务部门。国际性展览会还应设立处理对外商检贸易的业务部门。一般的展览会应设置大会领导组、大会办公室、样品办公室、询问室、广播室、卫生保健室、贵宾接待室、保安处、会议室、谈判或签字室、停车场等。

（八）收集展品，完成设计制作

展览会各分部的负责人要根据展览大纲到各参展单位收集实物和有关资料，撰写展览文稿并提交设计室，由设计师、摄影师、美术师完成设计、排版、绘制、放样，再由制作组负责版面上文字图表的制作、裱贴和版面的加工、美化等。

（九）成立专门的新闻发布机构

展览会中会产生很多具有新闻价值的信息，这需要展览会负责公共关系事务的人员进行挖掘，写成新闻稿发表，扩大展览会的影响范围和效果。专门的机构要负责制订新闻发布

计划和组织实施计划,并负责与新闻界进行联系的一切事务。

(十)准备展览会所需的各种辅助宣传材料

主办单位和承办单位应设计与制作展览会的会徽、会标及纪念品,制作好介绍展览会的背景资料、前言及结束语,印制参展品目录、展览会平面图、展览会组织机构、日程安排和宣传小册子等,供展出时分发。

(十一)编制展览会费用预算

组织应具体列出展览会各项费用,加以核算,有计划地分配展览所需的各项资金,防止超支和浪费。

展览会的费用通常包括场地费用、设计费用、工作人员费用、联络及交际费用、宣传费用、运输费用等,要根据展览所要达到的效果来考虑这些费用的标准。

(十二)布置展厅

一般来说,展厅的布置具体包括以下几个方面:①选择与处理展品。根据展览的性质和总体设计选择展品的品种和数量,还要对部分展品进行各种处理,如制成标本,拍成幻灯片,进行电影拷贝,进行适当的物理、化学处理等。易于损破的物品要有备用品。②进行室内装饰。展厅的主色调、背景选择和灯光照明等都应认真考虑。③讲究展品陈设。同一件物品,由于摆设的角度、方向和位置不同,在不同的背景和光线下,在其他展品的衬托下,给人的视觉效果会大不相同,展览不仅仅是实物展示,更是一种艺术,要充分利用它的艺术性给参观者留下深刻的记忆。

(十三)展厅开放

当一切准备就绪,就可以择日开放。但应注意以下几点:①开放前应适当地进行宣传,以引起人们的关注;②选择的时机要理想,不同的时机会有不同的效果;③参观者人数要控制得当;④解说词要简洁明了、生动具体,充分利用讲解使静态的实物和图片有生命;⑤做好会务工作,接待好每一位观众;⑥在展厅入口处应设立咨询台和签到处,并贴出展览平面图和展品目录;⑦可适当发放一些纪念品,悬挂会标、会旗,播放会歌,强化参观者的记忆;⑧还应做好安全防范工作,防止事故发生。

(十四)会后总结

通过设置观众留言簿,召开观众座谈会,会后登门拜访或发放调查问卷等多种形式检测展览效果,评价活动的成败,总结经验,为今后改进工作提供参考。

以上是举办展览的一般程序和注意事项。为了达到理想的效果,必须每一步都计划周密、考虑细致,防止出现任何差错。其中尤为重要的是要善于应用各种展览技巧,如邀请有关知名人士出席,举行别开生面的开幕式,邀请有关文艺团体助兴等,将展览会办得生动活泼、别具一格。

这里要特别指出以下三点。

(1)主办单位或承办单位应用各种方法吸引公众的注意,以便让公众了解本组织在本次展览会中所起的作用和扮演的角色。如利用室内外的条幅广告和文字说明等加以宣传。

(2)学会变不利因素为有利因素,变消极、被动为积极、主动。在展位不理想、效果不明显的情况下可采取适当的补救措施。

（3）善于以情动人。举办展览不能商业味过浓,应富有人情味,给公众留下注重社会效益的美好印象。

第七节　开放参观活动

开放参观活动是指社会组织邀请公众参观本组织的工作条件、环境设施和成就展览等。参观的公众可以是员工家属、新闻工作者、主管部门领导、学校师生和其他对本组织感兴趣的公众等。其目的是增加本组织的透明度和扩大本组织在社会上的知名度,争取公众的理解和支持,表明组织的存在是有利于社会和公众的。同时,开放参观有助于消除人们对本组织的某些不解和疑虑,改善社区关系。如切尔诺贝利核电站发生事故后,香港各界曾纷纷表示忧虑,担心我国大亚湾核电站不安全,一时满城风雨。为此,大亚湾核电站邀请香港选民代表前来参观,现场介绍安全情况,结果风波很快平息。这就是开放参观活动所带来的实际公共关系效应。

一、对外开放参观的类型

（一）专题性参观和常规性参观

专题性参观是有特定的目的、围绕一个专门确定的主题而进行的。例如,上海电视台为了使本台职工家属支持和协助职工工作,特意组织了一次职工家属参观电视台的活动,通过参观,家属们认识到自己亲人工作的重要性,从而能够体谅亲人、坚定地支持其工作。常规性参观一般没有特定的主题,是组织常规工作的一项内容,如工厂周年纪念日、传统节日,或每月一次的定期开放参观等。

（二）特殊参观和一般参观

特殊参观就是对特定公众对象开放的参观,如上级部门领导的视察参观,组织学生来单位参观等。一般参观就是对公众对象不加限制的参观。这种参观应事先通过"安民告示"或其他传播手段广泛宣传开放参观的目的、时间及参观须知,争取尽可能多的参观者前来参观。

二、开放参观的组织工作

（一）分析必要性

开放参观活动需要组织周密的准备,投入较多的人力、物力和财力。所以组织应首先对必要性和可行性进行科学的分析,要有明确的目的。只有认真分析和研究为什么要举行这次活动,要达到怎样的效果,组织是否有条件举办等问题,才能决定是否举办此次活动。

（二）明确参观活动的主题

任何一次开放参观,都应确定一个明确的主题,即想通过这次活动达到什么样的效果,给参观者留下什么样的印象。常见的主题有强调企业的优良工作环境,表明企业是社区理想的一员,会给社会和周围的公众造福等。

(三) 确定参观时间

开放参观既可以常年进行,也可以定期进行。一般来说,开放参观宜安排在一些特殊的日子,如周年纪念日、逢年过节,或者大型机器开工的时间等。此外,还要注意季节、气候,如暮春、初秋的温度适宜,是理想的参观时间,太热、太冷都不宜安排参观,同时还应避免一些对有关公众更有吸引力的社会活动日期等。

(四) 确定邀请对象

参观活动的邀请对象主要分为十类:社区居民、一般公众;企业团体;股东、金融舆论专家等;金融机构、新闻界团体、环境保护组织等;各级政府部门;专家学者、各界名人;高等院校师生、科研机构和文化组织;慈善组织、社会福利团体;海外客商、投资者;员工代表、员工家属。组织可根据参观活动的目的和主题选择相应的公众。

(五) 拟定参观活动路线

参观活动不是一种自由、随便的活动,不能任由参观者到处乱走,要提前拟定参观路线,制作向导图及标志,标明办公室、餐厅、休息室、医务室和厕所等有关方位。如有保密和安全需要,应注意防止参观者越过所限范围,以免发生意外的伤亡事故和影响组织正常的工作秩序。

(六) 准备好宣传资料

为了使参观活动起到应有的效果,还应准备一份简单易懂的说明书或宣传材料。在参观之前,先播放影片或幻灯片进行介绍,帮助参观者了解组织的主要概况。然后由讲解员陪同参观者沿参观路线做进一步解释和回答问题。最好将参观者分成十人以内的小组,这样既便于组织,又能让参观者听清讲解。讲解员的解说词要写得简明扼要,主要配在图表、数字、模型、样品下方,标语一般写在解说词的前面或后面,还可用照片来增加展览的形象性,力求给参观者留下一个好印象。

(七) 准备好辅助设施和纪念品

辅助设施一般包括停车场地、休息场所和会议室等。参观场所应设路标。另外,针对特殊参观者,还应根据对象做特别准备,如准备好组织产品、代表组织形象的小型纪念品等。如果参观者是外宾,则应多选择一些有地方或民族特色的产品作为礼物。

(八) 培训服务人员

培训服务人员主要指培训讲解员、接待员和服务员。讲解员应对组织有全面深入的了解,能对公众提出的问题应答如流。接待员、服务员应对公共关系技能、社交礼仪等知识娴熟在心,做到接待公众有礼有节,树立和维护组织的良好形象。

(九) 搞好接待工作

组织应热情周到地做好接待工作,应有专门的人员负责登记、讲解、向导等工作,安排好休息场所和茶水饮食,赠送有意义的纪念品。有关部门负责人或组织负责人必要时可亲自出场热忱地迎送参观者,介绍本组织的发展情况,感谢来宾光临,竭诚征求来宾的意见。

(十) 会后工作安排

参观活动结束后,还需要开展一系列的公共关系活动,如致函向来宾道谢,登报向各界鸣谢,召开参观者代表座谈会,听取意见和建议,以改进管理。

组织对外开放参观活动虽然是一件很繁杂的工作,但又是一项很好的公共关系活动,它可以使公众对组织产生兴趣和好感,进而提高组织的知名度和美誉度。日本松下电器公司松下幸之助深有体会地认为,让人参观工厂是推销产品的最好、最快的方法。

本章小结

本章着重介绍了旅游公共关系常见的各种专题活动的特点,要求理解各种专题活动的价值并掌握旅游组织举办各种专题活动的程序及应注意的事项。旅游公共关系专题活动,是指旅游组织为实现某一明确目标,围绕特定主题,精心策划的与公众进行重点沟通的公共关系活动。旅游公共关系专题活动的类型很多,如新闻发布会、会议活动、展览会、庆典活动、赞助活动、开放参观活动等,这些活动有诸多共性,从而形成了操作这些活动的普遍性方法,即一般公共关系工作法。这些活动具有不同的公共关系目标和公共关系对象,因此也有不同的活动程序和技巧。公关人员必须在掌握公共关系专题活动基本程序的基础上,针对组织的具体公共关系目标,遵循正确的工作原则,有效运用各种技巧,高效灵活地完成各项公共关系专题活动。

核心关键词

公共关系专题活动　新闻发布会　庆典活动　展览会　开放参观活动　赞助活动　会议活动

思考与练习

1. 新闻发布会、展览会、赞助活动这三类旅游公共关系专题活动的基本特点和基本要求有哪些?
2. 新闻发布会的筹备应该如何进行? 注意事项有哪些?
3. 赞助和捐赠有什么联系和区别?
4. 开放参观活动的实施过程有哪些注意事项?
5. 实地参加一次旅游行业展览会,拍摄照片并制作PPT在课堂上演示,请老师和同学做出评价。
6. 庆典活动当天,如果出现天气突变,重要嘉宾因故不能出席等意外情况,应如何处理?

案例分析

案例一：A酒店新闻发布会的筹办

2017年5月20日，由亚洲品牌论坛中心、香港旅游卫视和广东省企业品牌建设促进会联合主办的2017亚洲旅游与酒店品牌论坛暨中国旅游与酒店风云榜颁奖盛典在深圳大中华喜来登酒店盛大举行。在评选揭晓结果中，某著名旅游城市A酒店表现不凡，在"中国十佳最受欢迎商务酒店"中榜上有名。A酒店对此结果非常重视，并决定举办一次新闻发布会，向社会各界告知此事。

（资料来源：根据相关资料整理。）

问题：

1. 酒店应如何筹备这次新闻发布会，该如何突出发布会主题？请试拟一份方案。

2. 假如你是新闻发言人，你的同学是会议主持人，你们该如何开好这次发布会？

案例二：神通旅行社展览会的选择

神通旅行社是华中地区一家主要经营省内长线游的旅行社，在本地市场上属于后起之秀。这几天，市场部的经理张慧陆续收到了一些邀请该社下个月参加各种展会的信件。在这些邀请中，张经理感兴趣的只有三个，一个是以往参加过的旅游交易会，在北京举办；另一个是本市旅游局组织的线路推介会；还有一个则是以前并没接触过的旅游博览会，地点在广东，而广东省正是神通旅行社明年计划深度开发的客源地。张经理面对这些展会邀请有些犯难，她只好拿着这些信件去和旅行社的总经理商量，看看是否有必要参展，以及要选择参加哪一个展会。

（资料来源：根据相关资料整理。）

问题：

1. 神通旅行社应该如何选择适合自己的展会？

2. 如果选定参加广东的旅游博览会，神通旅行社该如何准备参加这次博览会？

第九章

旅游公共关系危机管理

学习目标

通过本章学习,同学们需要掌握旅游公共关系危机的概念,了解旅游公共关系危机产生的原因及特征,掌握旅游公共关系危机预警系统的建立,掌握旅游公共关系危机处理流程及在处理过程中的传播沟通方法。能够运用公共关系的相关知识有效处理旅游危机。

案例导入　××国际旅行社灾后管理新思路

2008年5月12日,汶川发生了里氏8.0级地震。从地震发生到6月初,汶川地震就造成四川旅游业损失624亿元,相当于2007年四川省全年旅游总收入的一半。在这场突如其来的灾难面前,整个四川旅游业都受到了重创,旅行社也不例外。××国际旅行社就在此次灾难面前损失惨重。灾难发生后旅行社高层对下一步该如何做没有任何想法,以至于整个企业乱作一团。灾难过去后,旅行社高层开展了认真的反思,一致认为虽然无法阻止危机的发生,但可以未雨绸缪、有效规避风险,于是建立自己的公共关系危机预警系统便提上了议事日程。

(资料来源:根据相关资料整理。)

思考:
1. 面对随时可能发生的危机,我们应该如何防范?
2. 请为××国际旅行社制定一套旅游公共关系危机预警系统。

分析提示:

旅游业属于脆弱性行业,外界的任何危机都会造成旅游业大大小小的损失,此案例中,汶川地震属于典型的不可抗力造成的巨大危机,旅游业如何在灾后自救,如何建立完善的公共关系危机预警系统,是摆在各类旅游企业面前重要的难题。

第一节 旅游公共关系危机概述

一、旅游公共关系危机概念

旅游公共关系危机,也称旅游公共关系突发事件,是指突然发生的、严重损害旅游组织形象,甚至危及生命财产安全,给旅游组织带来严重后果的重大事件和工作事故。如自然灾害、人为造成的工作事故、不利的社会舆论、公众的指责批评与对抗行为等,都属于旅游公共关系危机。这些危机会使旅游组织陷入巨大的舆论压力之中,严重阻碍旅游组织的生存和发展,甚至给整个旅游产业带来严重的恶性影响,造成旅游市场的一蹶不振。

二、旅游公共关系危机的类型

近年来,随着可能引发旅游业危机的风险因素不断增加及危机表现形式的多样化,旅游危机的分类方法也呈现出多样化的趋势。从影响旅游业发展的危机的成因及影响范围等综合方面来看,不同类型、不同性质的危机事件对旅游业造成负面影响的范围、形式和程度也不同。认清危机事件的性质、类型,对采取正确措施来预防和应对危机是十分重要的。

根据危机的成因可以将旅游危机主要分为以下类型。

(一)来自生态方面的危机

来自生态方面的危机既包括自然灾害,又包括人为因素引发的生态危机。其主要有气象性灾害如洪水、暴雪、冰雹、台风,地质灾害如地震、山体崩塌、滑坡、泥石流等重大灾害引发的危机。

(二)来自社会方面的危机

来自社会方面的危机主要指在人类社会活动中出现的一些突发事件引起的旅游危机,如公路、水运、铁路、民航等发生的旅游交通事故,影响或中断城市正常供水、供电、供气等社会事故,通信、信息网络、特种设备等出现的安全事故,纵火、抢劫、凶杀等刑事犯罪,以及重大环境污染和生态破坏事故引发的危机。

(三)突发公共卫生危机

突发公共卫生危机是指各种对人类健康带来巨大危害的突发性疾病引发的旅游危机。包括突然发生的、造成或可能造成游客健康严重损害的重大传染病(如新冠肺炎、传染性非典型肺炎、禽流感、鼠疫、霍乱、血吸虫病等),群体性不明原因疾病,重大食物和职业中毒,重大动物疫情,以及其他严重影响游客健康的事件引发的危机。

(四)来自政治方面的危机

来自政治方面的危机主要包括发生战争、政变事件、恐怖袭击事件、经济安全事件、影响较大的针对性破坏事件以及规模较大的群体性事件等引发的危机。

(五) 来自经济方面的危机

来自经济方面的危机主要是指宏观经济发生波动如金融危机等,形成经济衰退乃至产生经济危机,从而对旅游需求和旅游供给产生巨大冲击。包括经济停滞或下行、股市下跌、汇率重大变动等。

(六) 来自旅游行业自身的危机

来自旅游业自身的危机主要是指发生在旅游企业经营的范围内,直接对旅游业或旅游从业人员产生威胁,影响旅游活动的重大事件,如重大旅游交通事故,大型活动造成人员伤亡事故,饭店发生火灾,旅游设施发生意外事故,以及旅游企业发生财务危机等。

三、旅游公共关系危机产生的原因

(一) 灾害性事件

灾害性事件主要是指一些人类无法预计的自然灾害的发生、流行疾病的暴发等。灾害性事件会导致旅游者的安全需要无法得到满足,从客观上降低进行旅游活动尤其是长线旅游的可能。比如印度洋海啸和5·12汶川地震都属于自然灾害事件,灾害的发生往往会破坏交通干线,大大降低旅游通道的通达性,对旅游活动的行程将会产生无法预料的影响。

(二) 社会性事件

社会性事件是指那些破坏旅游客源地和目的地社会安定,并对旅游者的生命和财产安全构成威胁的政治、战争和重大国际关系事件,比如拉萨3·14事件、2010年香港游客在菲律宾遭劫持事件等。社会事件不仅会削弱旅游者的旅游动机,增加旅游阻力,而且政府会采取相应的限制措施,对旅游通道的通畅产生影响,也就是增加了客源地和目的地之间的经济距离(即往返于客源地和目的地之间所需要的时间和费用),提高旅游成本,从而对旅游活动产生影响。

(三) 经济性事件

根据马斯洛的需要层次理论,人的生活和安全需要属于较低层次需要范畴,而旅游者的旅游动机则通常是出于一种较高层次的需要。旅游客源地的经济发展状况决定了旅游客源地居民的生活水平达到何种程度,也就决定了他们具有多大的经济实力供旅游者出游。比如1997年的亚洲金融危机和2008年发生的世界金融危机,这些经济灾难虽然具有偶然性,但却会破坏旅游客源地的经济发展平衡,甚至影响当地居民的基本生活需求,使较高层次的旅游动机无法产生。

四、旅游公共关系危机的特征和影响

(一) 旅游危机的特征

旅游危机产生的原因多种多样,影响范围和持续时间各不相同,但旅游危机也有一些共同特征,掌握这些特征可以使我们更好地把握规律和应对旅游危机。

1. 突发性

旅游业是一种敏感度很高的产业,自然、经济、社会环境出现的"非常态状"都可能成为引发旅游危机的诱因。因此,旅游危机往往是在人们意想不到、没有做好充分准备的情况下突然爆发的。相对于常态的发展状况而言,旅游业危机是一种超出常规的突发性事件,表现为在短时间内给旅游业及相关行业造成措手不及的一系列的、连环性的破坏,甚至使它们陷入混乱、跌入谷底。

2. 危害性

旅游产业关联度很高,涉及食、住、行、游、购、娱等许多方面,因此,旅游危机往往会对经济社会造成很大的影响。同时,危机本身所具有的涟漪效应常常会引发其他不同类型的危机,导致该危机的危害性被进一步放大和延续。

3. 紧迫性

由于危机的"多米诺骨牌效应",当旅游危机真正爆发以后,它会以非常惊人的速度发展和演变,并引发一系列的后续问题。例如,旅游企业生存环境的明显恶化、虚假信息的广泛传播以及公众人心浮动,常常会导致受到冲击的各个旅游组织面临着反应时间有限的突出问题。在此情况下,决策者如果无法在巨大的压力下用尽可能短的时间做出最终的决策,不仅会使解决危机的最佳时机稍纵即逝,还将导致一系列短时间内难以彻底根除的消极影响。因此,这就要求我们在第一时间里迅速应对、采取决策和化解危机。

4. 双重性

危机集"危险"与"机遇"于一体,旅游危机的双重性表现为危险与机遇并存,危机在对旅游业造成各种直接或间接的消极影响的同时,也蕴含着前所未有的发展机遇,危中有机。如果处置得当,往往有"来得快"和"恢复得快"的双重性。因此,当危机爆发时,要看到不利的方面,更应高瞻远瞩,充分认识到这种困难局势之中所包含着的发展机遇,把握机会,在逆境中取得突破,在危险中求得生机,变坏事为好事,化危险为机遇。

5. 全球性

离开惯常环境是旅游活动的三大特征之一。随着人们的社会、经济、生活联系日益国际化,全球化的客源越来越成为旅游目的地的追求和未来发展的趋势,国际范围内的人员流动与交流是旅游目的地在国际竞争中成功的必备条件。绝大多数危机事件发生的一个重要原因就是由全球化导致的,而大多数危机的影响效果也是全球性的,因此,旅游危机的发生、发展及影响也完全超出了发生地的范围,在世界某地方发生的危机往往会迅速产生一种全球效应,影响到全球的旅游业。

(二)旅游危机的影响

分析旅游危机的影响可以使我们采取正确的措施来应对旅游危机,消除不利影响,并尽快恢复正常的旅游业态。旅游危机的影响主要表现为对旅游者的影响、对旅游企业的影响、对旅游产业的影响和对旅游目的地的影响。

1. 对旅游者的影响

旅游者作为旅游活动的主体,对旅游危机的反应最为敏感、最为直接。旅游危机对旅游者的影响主要表现为旅游需求的下降和旅游信心的损害。危机可能会影响正常的生活,使旅游者对旅游目的地的安全失去信心,导致旅游者改变旅游行为,如停止或推迟旅游活动、寻求替代性旅游等。然而,这种影响具有短期性和可逆性,在旅游危机结束后,就会较快地恢复到常态,甚至会出现新的旅游机遇。

2. 对旅游企业的影响

旅游企业是旅游产品和旅游服务的提供者。旅游危机对旅游企业的影响主要表现为,旅游企业由于旅游者减少而出现暂停营业或缩小营业规模的现象,旅游设施大量闲置,旅游企业面临较大的经营困难。由于旅游生产和消费的同一性、旅游产品的不可储存性及旅游设施的难以转换性,旅游企业有相当大的经营风险,如果旅游危机持续时间较长并且没有扶持政策,旅游企业将面临生存危机。

3. 对旅游产业的影响

旅游业是一个关联度很高的产业。旅游危机不仅直接造成旅游市场的严重下滑,也会波及相关行业和产业的经济效益与社会效益,影响旅游产业在一个时期内的持续稳定健康发展。

4. 对旅游目的地的影响

旅游目的地发生旅游危机会使目的地形象或声誉受到负面影响,导致旅游吸引力和旅游人数下降、竞争力削弱,并在一定程度上影响旅游目的地经济、社会、生活等各个方面。如果危机处置不当,将对旅游目的地产生长远的负面影响。

第二节 旅游公共关系危机防范

旅游公共关系危机的产生虽有其突发、人力不可控制的一面,但是,就多数的旅游公共关系危机来说,都是可以"预见"的,在一定程度上是可以避免的。因此,旅游组织应根据旅游公共关系危机的可预见性,树立危机意识,采取积极而明智的策略,制定出一套预防危机、应对危机事件的规章制度。

一、建立危机预警系统

凡事预则立,不预则废。一般而言,除了自然灾害等非人为的突发危机外,大多数旅游公共关系危机都有一个潜伏期,在这个过程中,无论如何隐蔽,总有一些先兆会表现出来。因此,在旅游组织内部建立危机预警系统可以使公关人员及早发现危机的早期征兆,使旅游组织有可能将危机消除在萌芽状态。这是危机预防最重要的手段,其核心是善于监测和积极反馈信息。

建立危机预警系统,需要做好以下两个方面的工作。

(一)对旅游组织的行为进行监测

对旅游组织的行为进行监测是指分析和研究旅游组织的生产、经营、管理活动等环节,经常检查与相关公众发生业务联系的部门的工作情况,及时向旅游组织的决策者通报所发现的种种问题。

(二)对社会舆论进行监测

对社会舆论进行监测是指及时收集涉及旅游组织经营管理活动的社会舆论和公众对旅

游组织的态度,并对此进行认真的分析和研究,从中发现其发展动向及趋势。特别是要善于从这些信息中寻找那些容易引发危机的先期征兆,一旦发现这些征兆,要及时向组织的领导者做出汇报,提出消除这些征兆的办法和措施。

二、设立危机处理机构

虽然危机是旅游组织较少遇上的特殊状态,但是它有极大的危害性。旅游组织设立危机处理机构(简称危机小组),通过行之有效的工作,可在有危机先兆时防患于未然,且一旦危机发生,能即时加以遏制,以减少危机对旅游组织形象的损害程度。

危机小组应由职位相对较高的管理者、专业人员及公关人员组成,他们对组织和环境较为熟悉、了解,可在危机处理中发挥最大的功效。危机小组应抓好以下几方面的工作。

(1) 危机小组应根据本组织或其他组织发生过的类似的危机,对可能发生的各种类型的危机做出预测和分析,对其性质、规模和影响范围等做出恰当的估计。

(2) 危机小组应针对已发生过的危机和可能发生的危机的种类、性质、规模、影响范围,制定出相应的应急方案,并由专人负责。

(3) 危机小组应将危机预测和处理的设想编印成小册子,发给组织内的每一个成员(小册子内还应包括危机小组的成员名单),并通过多种方式向组织成员介绍处理危机的方法,让他们对危机爆发后的应对措施有一个大体的了解。

(4) 确定新闻发言人。一旦危机发生,新闻发言人应代表组织向内外公众介绍事实真相和组织为此做出的反应。

(5) 危机爆发后,应由危机小组全权负责危机处理工作。

三、制定危机防范策略

虽然当危机真实发生时,不可能一成不变地遵循危机处理方案的步骤来行事,但制定尽可能详尽的策略方案还是非常有益的。危机预防策略主要是对潜在危机进行分类并评估其特点,然后再确定应采取的对策。潜在危机包括可能导致危机的现实环境、过去曾发生过而且有可能再发生的危机、其他类似的组织发生的危机。在鉴别分类的基础上,旅游组织要针对每种潜在危机的情况,明确分工责任,制定对策,最后形成书面方案,并在主要管理人员中散发方案,让全体组织成员熟悉其内容。

四、危机防范方案演习

由于危机是较少遇上的特殊状况,而旅游组织内各种工作千头万绪,在长期和平的环境中,从管理人员到员工都有可能产生麻痹和松懈,一旦出现危机则手足无措,从而错失转危为安的最佳时机。为了在危机处理中掌握主动权,旅游组织应当未雨绸缪,每隔一段时间举行一次危机演习,使全体管理人员及员工熟悉危机防范方案,一旦危机真正发生,管理人员和员工便能处变不惊,最大限度地减少危机对组织和社会公众的伤害。演习后,由危机小组的成员进行征询意见的活动,并从中发现方案的不足之处,予以纠正。

第三节　旅游公共关系危机管理

一、旅游公共关系危机发生的一般过程

旅游公共关系危机是一种不稳定的、不断变化的状态，全部过程从酝酿到解决一般要经历四个阶段。

（一）危机酝酿期

危机酝酿期指的是危机的孕育时期。这个阶段的特征是各种对组织不利的信息源正在形成，有时会出现一些预兆和端倪，此时如果能察觉预兆和端倪，危机就有可能被提前消除。危机的酝酿是一个长期的过程，危机发生之前，某些导致日后危机爆发的因素已经悄悄产生，如果这些因素不能被及时发现或虽得到了警示却遭到忽视，那么这些因素就会迅速扩展，最后引发危机。突发事件只是起导火索的作用，它本身并不是危机产生的原因，造成危机的原因已经长期存在，突发事件只是使危机迅速爆发的原因。所以组织必须在平时提高警觉，在事前能够发现预警因素，从而使危机在酝酿期就得以制止。

（二）危机爆发期

危机爆发期指的是危机的发生时期。这个阶段的特征是危机发生后，通过媒介、人员和组织的传播，危机不断扩散，受众知晓率爆炸式上升，组织的形象受到严重的损坏。这一阶段前期，往往会因为一个突发事件而使危机骤然爆发，政府有关部门会派人进行调查、审核，媒体会揭发事故的内幕。事故原因正处于调查中，从而会造成信息"真空"。此时，信息的内容复杂化，有准确的、也有不准确的，有目击的、也有猜测的；信息传播渠道也呈多样化，有从现场得到的，也有从相关组织或人物得到的，还有可能是从媒介得到的。在这一阶段的后期，危机的真相基本公之于众，公众都比较清楚到底发生了什么，有关组织和个人的索赔不断增多，组织不得不设法通过自我分析、自我检讨和采取补救措施以恢复组织形象。这时，如果在事前制订了危机应变计划和加强对员工的危机模拟训练，组织就能及早对危机爆发的速度、强度、方向和时间做出控制。

（三）危机解决期

这是危机得以解决的时期，也是公关人员采取行动挽救组织的关键阶段。这个阶段的特征是通过事态的发展、事件的处理、原因的调查，事情有了结果，公众、媒介的关注逐渐减弱、消失。这就要求处理危机的公关人员一定要专心应付危机事件，要勇于在紧急状态下做出正确的决策，采取果断的行动来解决危机。此时的工作重点是控制谣言的散布，转变社会舆论。设立专门的信息发布中心。在发布各种消息时，一定要坚持公开事实真相的原则，以避免新闻媒介和社会公众的猜疑。

（四）危机善后期

这一阶段，危机解决工作即将结束，组织管理层和公关人员还需要进行一些具体的工作，妥善处理危机善后事宜和安抚人心。危机事件造成的影响和组织的损失，不可能随着事

件的妥善处置立即消除,因此还应做好善后工作,包括及时提供赔偿损失,把处理危机事件作为起点,主动策划进攻型公共关系活动,以弥补与公众在感情上的裂痕和缺口,变不利为有利。同时,公关人员还应对危机发生的原因进行调查,写出详细的调查报告,并提出防止危机重演的计划与具体措施。

二、旅游公共关系危机处理的基本原则

旅游公共关系危机处理起来有一定的难度,要有效地处理危机,最大限度地消除负面影响,改变组织不良形象,协调和改善组织内外部环境,旅游组织及公关人员在处理危机时应灵活掌握以下原则。

(一)公众利益至上

保护公众利益,是处理旅游公共关系危机的第一原则。旅游公共关系危机发生后,旅游组织会遭受很大的损失。公关人员首先应考虑公众的利益,因为公众是组织存在的根基。旅游组织要有强烈的社会责任感,勇于承担责任,以公众利益为重,赢得公众的理解与支持。

(二)公开性

旅游公共关系危机一旦爆发,立刻会引起政府部门、相关媒介和社会大众的关注。此时,旅游组织作为当事人,不论危机产生的原因是主观的还是客观的,都应主动地与新闻媒介取得联系,向公众公开事实真相,公布事件的原因、结果、组织的态度和危机处理中所做的努力,争取公众和媒体的理解与支持。在现代高度信息化的社会空间里,一个组织很难隐瞒信息,含糊其词、封锁消息反而容易产生对组织不利的流言蜚语,造成负面的影响。

(三)真实性

在旅游公共关系危机的初始阶段,公众会产生种种猜测和怀疑。因此,旅游组织要想取得公众和新闻媒介的信任,必须采取真诚、坦率的态度,向公众提供真实的信息,并通过大众传播媒介进行宣传,从而消除误解。如果有些事项确实无法向公众公布,则应说明理由。同时也可以说明组织为防止、解决危机所做出的努力和已经取得的成绩,尽量引导公众对危机和组织产生全面的印象。

(四)及时性

旅游公共关系危机处理的目的在于尽力防止事态的恶化和蔓延,减少危机造成的损失,在最短的时间内重塑或挽回组织的良好形象。如果组织在危机开始的突发期和扩散期积极反应,遏制危机,往往成本较低,效果也较理想。一旦到了爆发期,处理和平息危机的成本将呈几何倍数增长,事情处理起来就更棘手了。因此,危机发生后,危机小组一定要抓住处理问题的最佳时机,以积极的态度赢得时间,以正确的措施赢得公众,创造妥善处理危机的良好氛围。

(五)主动性

旅游组织如发生消费者投诉、新闻媒介曝光等危机后,不能回避和被动应付,而应迅速召集领导层和公关人员共同协商妥善的处理办法,主动面对危机,有效控制事态。如对消费者或社会公众造成人身伤害,旅游组织应主动与新闻界沟通,并且开辟高效的信息传播渠

道,以防止负面影响的扩大;对直接上门投诉的消费者应热情接待,及时答复和妥善解决投诉纠纷。

（六）连续性

当旅游组织发生较大公共关系危机后,应由危机小组拿出具体的解决方案,一方面处理有关事务,另一方面应通过新闻媒介向社会公众不断公布调查取证、事故原因、组织采取的善后措施和改进办法等方面的信息,从而使公众对事件有一个全面、客观的了解,对组织所持的积极态度和工作效果产生良好的印象。

（七）补偿性

旅游组织的公共关系危机有时会造成人身危害和财产损失,旅游组织应对财产的损失给予相应的赔偿,对受到身体伤害的人员及时给予相应的治疗和补偿。

三、旅游公共关系危机处理的流程

对于旅游公共关系危机的处理,需要制定正确的工作程序和要求,这是规范化处理旅游公共关系危机的前提。妥善处理公共关系危机可以减少旅游组织利益和公众利益的损失,挽救或重建旅游组织的形象。一般来说,旅游公共关系危机的处理要经过以下几个程序。

（一）深入现场,了解事实

公共关系危机爆发后,公关人员及组织领导必须具备良好的心理素质,首先应该保持冷静,迅速查明有关事故的基本情况,然后带领危机小组到现场调查具体原因。

1. 组织人员,奔赴现场

得知发生了公共关系危机后,旅游组织应立即成立或带领危机小组奔赴现场,开展工作。

2. 隔离危机,控制危机

在调查事实的同时,旅游组织要迅速隔离危机、控制危机,以免危机恶化或蔓延。隔离危机应从人员隔离、危机隔离两个方面入手。人员隔离是指把组织的人员划分为处理危机和维持日常工作两个部分,并指定具体的负责人。如果组织因为危机爆发而停止了正常运营,那么会遭受更大的损失。危机隔离是指对危机的隔离应从发出警报时开始,报警信号应明确危机范围,使其他部分的正常工作秩序不受影响,同时也为组织处理危机创造有利条件。

3. 保护现场,寻求援助

危机小组赶到现场后,应该想尽一切办法保护现场,以便迅速、准确地查清事故的原委。如果危机还在继续,其应及时采取紧急措施,依据现场情况与公安、消防、卫生等部门取得联系,使损失减少到最小。

（二）全面调查,收集信息

出现公共关系危机后,旅游组织应该运用有效的调查手段,迅速查明情况,判断危机的性质、现状、后果及影响,形成基本的调查报告,为处理危机提供基本依据。

1. 深入公众,了解情况

旅游组织应迅速与目击者或当事人取得联系,了解危机发生的时间、地点和原因,直接

和间接受害的公众对象,伤害程度和人数,危机的直接和间接负责人,了解事态的发展及控制情况,调查相关公众的要求,找出处理危机的关键。

2. 记录整理,形成报告

旅游组织应认真记录在危机现场听到与看到的所有情况,在条件允许的情况下,用照相机、摄像机拍摄现场情况,用录音机录下某些内容,以利于后续分析。并在全面收集有关信息的基础上对材料进行分类整理。安排有关人员进行认真分析,查找危机的真正原因,形成危机调查分析报告,并上交有关部门。

(三)分析信息,确定对策

旅游组织应在全面调查、了解危机的情况后,对获取的信息进行整理分析,深入研究和确定应采取的对策。其制定对策时不仅要考虑危机本身的处理,而且要考虑危机涉及的各方面的关系,如旅游组织和员工、受害者、受害者家属、新闻媒介、消费者、客户、政府主管部门的关系等。

1. 针对旅游组织自身的对策

(1)旅游组织应把危机的发生和组织对策告知全体员工,使大家同心协力,共渡难关。本组织员工若有伤亡,应立即通知其亲属,并提供一切条件,满足员工亲属的探视或吊唁要求,还要负责医疗和抚恤工作。

(2)如果是不合格产品引起的恶性事故,旅游组织应立即回收不合格产品,或立即组织力量对不合格产品逐个检验,并且通知销售部门立即停止销售该类产品,追查原因,追究责任,立即整改。

(3)如果是个别服务人员恶劣的态度而引起的恶性事故,危机小组应先稳定客人情绪,责令当事人向客人当面赔礼道歉;安排公关经理或该服务部门经理代表组织向客人道歉,并从精神上和物质上给予客人赔偿,以求得客人的谅解。

(4)制定妥善的公共关系宣传方案,采取与新闻媒介保持联系的方式,向外界公布事故真相。

(5)制定挽回影响和改善组织形象的工作方案和措施。

(6)奖励处理危机的有功人员,处理有关责任者,并通告有关方面及事故受害者。

2. 针对相关公众的对策

(1)旅游组织首先应考虑受害者的利益,全力解决受害者的问题,力争将其损失降到最低限度,以遏制危机事态的发展。

(2)如果责任在组织自身,那么旅游组织应马上公开道歉,认真听取受害者及其家属的意见,主动赔偿受害者的损失,尽量满足受害者的要求。

(3)如果责任在受害者或者第三方,旅游组织也不宜马上追究责任,而要给予受害者适当的安慰,最好等危机平息后再妥善处理。

(4)如果双方都有责任,组织要尽力避免为自己辩护,积极争取受害者的谅解与合作,承担自身应负的责任,给予补救。

(5)对与组织有业务往来的单位,其也要尽快如实地传递有关事件的信息,通报正在采取的对策;如果有必要,组织还要安排公关人员直接到各单位去巡回解释。

（6）在处理危机的过程中，若无特殊情况，不应更换处理人员。

（7）对待消费者，旅游组织要通过梗概性的书面材料和报纸公布事故经过、处理方法和今后的预防措施。如有消费者团体前来询问，应热情对待，并诚实地告知事故真相。

（8）如果突发事件影响到社区公众的生活，旅游组织应登门向当地居民道歉，赔偿损失。对于影响较大的突发事件，旅游组织必须综合运用多种形式和传播渠道，从多个侧面、多个角度进行沟通，打消公众的诸多疑虑，挽救组织的形象。

3. 针对上级领导部门的对策

（1）事故发生后，旅游组织应及时向政府及上级领导部门汇报，切记不应掩盖事实真相，更不应该歪曲事实、混淆黑白。

（2）事故处理中，旅游组织应定期报告事态的发展过程，寻求上级领导的指导和支持。

（3）事故处理后，旅游组织应详尽报告处理的经过、解决方法以及今后的预防措施等。

4. 针对新闻媒介的对策

（1）旅游组织应统一口径、注意措辞、尽可能引导新闻媒介报道有利于组织的信息。

（2）旅游组织应安排通讯员负责发布消息，集中处理与事件有关的新闻采访，给记者提供权威的资料。

（3）旅游组织应与新闻媒介保持联系，主动向其提供连续性的、真实的、准确的跟踪消息，及时纠正不正确的信息，公开表明组织的立场和态度，以减少记者的各种猜测，帮助记者做出正确的报道。重要事项应以书面材料的形式发给记者。

（4）在事实未完全明了之前，旅游组织不要针对事发的原因、损失及其他方面发布推测性言论，不要轻易地表示赞同或反对。

（5）旅游组织应对新闻媒介表示出合作、主动和自信的态度，不可采取隐瞒、搪塞和对抗的态度，对确实不便发表的消息也不要简单地表示"无可奉告"，而应该说明理由，博得记者的同情和理解。

（6）旅游组织应注意以公众的立场和角度，不断提供公众所关心的消息，如补偿方法和善后措施等。

（7）除新闻报道外，旅游组织可在刊登有关事件消息的报刊上发布致歉广告，向公众说明事实真相，并向有关公众表示道歉，以及承担组织应承担的责任。

（8）当记者发表了不符合事实真相的报道时，旅游组织应尽快向媒体提出更正要求，指明不符合事实的地方，并提供与事实有关的全部资料，派遣发言人接受采访、表明立场，但应注意避免产生敌意。

（9）旅游组织可利用与本组织没有直接联系的有声望的第三方发言人的评论戳穿谣言。

（10）旅游组织应记录所有对外发布的信息，避免在新情况出现时重复发布信息或者公布前后矛盾的信息。

（四）分工协作，落实措施

（1）旅游组织的负责人应亲自组织和协调力量，甚至亲赴危机现场处理问题，制定和落实有效的危机处理措施。要及时向公众和新闻媒介宣布采取危机处理措施的情况，并详细

记录在案。

（2）旅游组织全体员工应统一思想、统一认识，齐心协力地减少危机造成的损失，塑造良好的组织形象。除发言人外，其他员工不得随意发表任何相关言论。

（3）旅游组织应坚持灵活性与原则性相统一的方针，负责处理事故的相关人员要根据各自处理项目的特点，选择适当的方式、方法。

（4）各有关人员有效分工、密切配合。危机处理工作力求果断、干练，要求以友善的精神风貌、高效的工作风格获得公众的好感与信任。

（5）在一定范围或区域内，公关人员有权制止摄影师的活动，以防止可能产生的影像报道失实的情况，失实的影像报道比文字报道更有害。在接触公众的过程中，公关人员要注意观察、了解相关公众的反应与要求，做好劝导工作。

（6）旅游组织应指定一名联络员，随时报告事态进展、公众的评论和建议情况等，并将实施过程中的细节进行详细记录，写成报告，便于向组织负责人、主管部门、新闻单位以及往来的组织通报。

（7）旅游组织应聘请有经验的沟通顾问或法律顾问担任危机沟通负责人，帮助处于危机之中的组织迅速协调各方面的资源和力量。

（五）多方沟通，化解危机

（1）旅游组织应继续保持与新闻媒介的联系，争取理解与合作，并通过新闻媒介发布危机的善后处理进展情况。对于某些重大事故可采取道歉的形式在报刊上刊登广告，以表明旅游组织敢于承担责任的态度。

（2）旅游组织应尽量控制危机的影响面，避免产生连带效应。

（3）旅游组织应开放现场，或将与危机相关的原始管理记录公之于众，表明旅游组织对公众的坦诚。同时还要加强多方沟通，重建信任感。

（4）旅游组织应善待危机的受害公众，做好伤亡者的救治与善后安置工作。耐心听取受害公众的要求以确定如何赔偿，并尽量避免因法律诉讼而带来的组织形象的再度受损。

（5）旅游组织应对危机管理流程、危机管理计划等进行修正，重塑组织形象。

（六）检测效果，改进工作

在危机的善后处理工作结束后，公关人员要注意从社会效益、经济效益、公众心理和组织形象等方面进行评估。检测评估的内容包括危机处理措施的合理性与有效性、原有的问题是否得到彻底解决、公众心目中的组织形象有何改变、组织不利的局面是否好转。评估既能检测本次工作的效果，并根据存在的问题制定具体的措施以改进工作，又可以为今后处理同类事件总结经验教训。

（七）吸取教训，重塑形象

当旅游组织形象重新得到建立，并进入良好形象的营运阶段，才意味着危机处理告一段落。旅游组织形象的重塑要从以下几个方面着手。

（1）树立重建良好公共关系形象的强烈意识。

任何公共关系危机的出现，都会改变组织的公共关系状态，使组织的形象受到不同程度的损害。为此，旅游组织必须树立强烈的重建意识，要有重整旗鼓的勇气、再造辉煌的决心，进行公共关系形象的恢复和重建工作。

（2）确立重建良好公共关系形象的明确目标。

重建良好公共关系形象的目标即消除危机带来的负面影响，恢复或重新建立组织的良好信誉和声望，再度赢得公众的理解、支持与合作。

（3）使公共关系危机的受害公众得到相应的物质赔偿或补偿，以及精神上的同情、安慰和鼓励，取得他们的谅解。

（4）使观望怀疑者消除疑虑，成为组织的忠实合作者。

（5）使组织的知名度和美誉度达到有机统一，吸引更多公众的关注和支持。

（6）采取重建良好公共关系形象的有效措施。

在组织内部，以坦诚的态度对待员工，形成组织与员工之间的上情下达、下情上达，部门之间的横向连通的双向交流，保证信息畅通无阻，增强组织管理的透明度和员工对组织的信任感；吸引员工参与决策；制订组织在新环境下的生存与发展计划，让全体员工对组织的发展前景充满希望。

与组织外部公众保持联络，及时告之危机后的新局面和新进展；针对组织公共关系形象受损的内容与程度，重点开展某些活动弥补形象的损害；恢复正常的公共关系活动，与广大公众全面沟通，并以过硬的服务项目和产品在社会中公开亮相，从本质上改变公众对组织的不良印象。

本章小结

旅游公共关系危机会严重损害旅游组织形象，甚至危及生命财产安全，给旅游组织带来严重后果。旅游公共关系危机具有突发性、危害性、紧迫性、双重性、全球性等特征。本章着重分析了旅游公共关系危机的成因、危机预警系统的构建、危机处理机构的设立、危机防范策略的制定等知识。旅游组织在发生公共关系危机后，唯有采取合适的处理原则和处理程序，才可以重塑组织形象，重建组织内外的信任。

核心关键词

旅游公共关系危机　危机预防　危机管理

思考与练习

1. 旅游公共关系危机有哪些主要特征？

2. 旅游公共关系危机有哪些类型?
3. 导致旅游公共关系危机产生的原因有哪些?
4. 旅游公共关系危机处理的原则有哪些?
5. 处理旅游公共关系危机时应如何与外界公众沟通?
6. 危机过后,应从哪些方面着手重新塑造旅游组织形象?
7. 当一场校园暴力事件发生时,你所在的班级正是事件的焦点,作为现场目击者,你如何应对校报、广播站记者的采访、咨询?

案例分析

海南三亚遭遇诚信危机　宰客岛恶名远扬

餐饮:

2012年春节,L与家人选在三亚一家海鲜大排档吃饭。点餐时,L按两个人的食量选了鱼缸里的一条白鲳鱼,约莫着重量大约是1斤半,两人吃正好。但是当那条鱼捞出来的一刹那,鱼身瞬间放大了一倍,一称重量,4斤!没等L说话,点单员就以迅雷不及掩耳之势摔死鱼下单。原来,这家海鲜店的鱼缸玻璃选用的是凹凸镜。通过凹凸镜的凸透镜成像原理,游客从玻璃往里面看到的鱼是缩小一号的。"太坏了!"L感慨。

2012年2月1日,在微博中,一名网友晒出一张9746元的结账单照片。8位客人,点了墨鱼、虾、螺、鱼等7样海鲜,总金额为9746元,单据下方有"打7折"的字样。就餐日期为2012年1月27日。

1月28日,又一名微博用户在微博上反映,其与朋友高先生在三亚消费时"被宰",三个菜价格4000元,引起网友强烈反响。

住宿:

三亚湾某四星级酒店旅游淡季时标间价格最高才300多元,如今旺季标价3168元,猛增10倍。有业内人士透露,除夕到大年初五,三亚一般酒店的房价、年夜饭价均在一两千以上,高星级酒店的房价更是在万元以上。

记者还了解到,三亚旅游服务场所存在关联交易行为。酒店、租车、饮食成为一个环环相扣的链条。出租车拉客去指定酒店或餐厅,酒店也会介绍出租车或者餐厅给客人,拿取回扣。比如海鲜店,出租车、一日游都是其链条的相关方。海鲜店给的回扣为40%—60%,所以一条鱼要客人4000元,这4000元包括了出租车司机的回扣。

舆论反应:

"这个春节挨宰了吗?"是大家的见面语。

"三亚海鲜挨宰"成为春节七天网友吐槽话题的第一名。有网友说,别说服务水平了,连最基本的诚信都做不到,妄称国际旅游岛。

春节过后,那个"美丽三亚,浪漫天涯"的三亚瞬间变成了"宰客城市"的代名词。

(资料来源:http://www.doc88.com/p-8941799861148.html.)

问题:

1. 上述案例所反映的危机属于旅游公共关系危机中的哪种类型?产生的原因是什么?

2. 三亚市政府面临此次危机,应该从哪些方面做出应对?请制定出具体的应对危机事件的方案。

第十章

旅游公共关系交际训练

学习目标

通过本章学习,同学们需要理解公共关系交际原则、理论及要素;掌握白金法则及黄金法则,掌握公共关系交际的四要素,掌握公共关系交际开始阶段的四个关键部分,了解公共关系交际过程的关键技巧。

案例导入　礼仪在日常生活中的重要性及运用

有一次,松下幸之助到东京银座的一家理发店理发。理发师对他说:"你毫不重视自己容貌的修饰,就好像把产品弄脏一样。你作为公司代表都如此,产品还会有销路吗?"一席话说得松下幸之助无言以对。之后他接受了理发师的建议,十分注意自己的仪表,并不惜破费,坚持到东京理发。

一次,一家大型化妆品公司的业务主管同时接待两家知名公司的销售主管。第一位销售主管无论是自我介绍还是递名片时,都显得彬彬有礼,而且穿着打扮和言谈举止都显得很有修养。而第二位销售主管在接过业务主管的名片时,只是扫了一眼,就顺手放进了他的衣服口袋中,而且这位销售主管身穿便装,言谈举止过于夸张。最终,这家化妆品公司和第一位销售主管签订了销售合同,后来双方还成了好朋友。这位业务主管的解释是:"第二位销售主管缺乏礼仪与修养,给人一种不可靠的感觉,使我对他们销售的产品和售后服务产生了怀疑。第一位销售主管则给我留下了良好的印象。尽管我知道,两家公司的知名度差不多,但我最终还是选择了第一位销售主管公司的产品。我想,这是因为他有较良好的公共关系礼仪的缘故吧。"

(资料来源:根据相关资料整理。)

思考：
1. 如何认识礼仪在日常生活中的作用？
2. 应从哪些方面培养自身公共关系礼仪？

分析提示：

通过案例，我们可以看到"穿衣戴帽，各有所好"，对个人生活而言，这是无可非议的。但是当这一问题涉及工作，尤其是公共关系工作时，仪表仪态修饰就成为公共关系工作中的重要因素，是公共关系礼仪的基本要素。从案例中我们可以发现，在仪表仪态修饰方面，松下幸之助给理发师的印象，以及两位销售主管给人造成的不同印象，不仅使对方产生对个人的好恶，而且还影响了对方对组织和产品的看法。

第一节 公共关系交际原则、法则、理论及要素

俗话说，"人上一百，形形色色"。人与人之间的交往极其复杂，旅游公关人员需要面对形形色色、需求各不相同的公众，处理各种各样的建议与投诉，掌握良好的公共关系交际技巧极其重要。

一、公共关系交际原则与法则

人际交往活动是组织开展公共关系的基础，是公共关系极其重要的一项日常工作。公共关系交际是围绕目标与公众进行思想、态度、情感、价值观和行为意向的交流，运用人际沟通技巧实现信息传递的过程。在公共关系交际过程中，需要遵循相关原则与法则。

（一）公共关系交际原则

1. 平等原则

平等，是人与人之间建立情感的基础，也是人际交往的一项基本原则。每个人都希望得到别人的平等对待，获得友爱、受人尊敬。在人与人交往过程中，我们只有采取平等、尊重的姿态，才能使人产生愉悦、满足的心境，产生和谐的人际交往关系。

2. 宽容原则

世界上没有两片完全相同的叶子，更没有两个完全相同的人。每个人的思想观念、脾气性格、认识问题的角度都有可能不一样。要"严于律己，宽以待人"，应允许他人有不同的想法。宽容原则要求换位思考，设身处地为他人着想，理解他人的心情，容忍他人的缺点与不足，尊重他人的兴趣和行为习惯，肯定他人的立场和观点。

3. 互惠互利原则

公共关系交际应考虑双方的共同价值和共同利益，满足共同需要，互惠互利、相互补偿、相互满足。遵循互惠互利原则应注意明确互惠互利是以不损害第三方的利益为前提的，任

何以损害第三方的利益来达到互惠互利目的的行为都是不被允许的;注意精神上的互惠互利,即考虑他人在精神上的、心理上的需求,关心他人、爱护他人,从而使交往双方得到心理上的满足,这是最不可缺少的互惠互利;注意经济上的互惠互利,即驱使人们去交际的动力既有情感因素,也有明显的利益要求。

4. 诚实守信原则

公共关系交际的诚实原则表现为为人处世言行一致、表里一致,在任何时候都尊重事实、心口如一。守信原则表现为交往中讲信用,说到做到,言必行,行必果。守信原则是处理人际关系的重要准则,无论在公务交往、社会交往,还是礼节性的交往中,对人都要讲信用。由于种种原因,交际双方有时会产生误会,如果双方都以诚相待、讲信用,那么再大的误会也是可以消除的。

(二)公共关系交际法则

1. 白金法则

1987年,美国学者亚历山大·德拉博士和迈克尔·奥康纳博士提出"白金法则",即在人际交往中要取得成功,就一定要做到交往对象需要什么,我们就要在合法的条件下满足对方什么。在国际社会,尤其是在旅游行业里,白金法则早已被普遍视为"交际通则"和"服务基本定律"。

白金法则的要点:在交际过程中必须自觉地知法、懂法、守法,行为必须合法;交际的成功有赖于凡事以对方为中心。具体而论,白金法则对交际活动有以下两方面启示。

(1)摆正位置。旅游从业人员为客人提供服务,应强调在交际过程中互动,坚持以客人为中心,能够进行换位思考,令自己站在客人的位置来观察和思考问题,从而真正全面且深入地了解客人的所思所想、所作所为,以求更好地与客人进行互动。旅游从业人员要主动热情地接待客人,并善于观察客人、了解客人、体谅客人,才能为其提供令人满意的服务。

(2)端正态度。旅游从业人员要想真正地摆正自己与交往对象之间的位置,首先应端正自己的态度。心态决定一切,要做到善待自己、善待他人、和而不同。善待自己是指在工作与生活中,旅游从业人员应具有健康的心态,要尊重自己、爱护自己。善待他人是指接受他人,即不要主动站在客人的对立面,不要有意无意地挑剔客人、难为客人、排斥客人,而是要容纳客人、善待客人。善待自己与善待他人实际上互为因果,往往缺一不可。和而不同是指尊重多样性,真正承认了这一点,就容易理解他人、尊重他人,承认相互依存。从本质上看,旅游从业人员与客人是相互依存的。

2. 黄金法则

对客服务的黄金法则即旅游从业人员想要客人怎样对待自己,就要怎样去对待客人,"己所不欲,勿施于人"。美国著名作家、学者爱默生在《报酬》中写道,"每一个人会因他的付出而获得相对的报酬","在生活当中,每一件事,都存在着相等与相对的力量"。

对客服务的十条黄金法则:

(1)干净、整洁;

(2)给予客人直接关注;

(3)显示自豪感;

(4) 微笑、热情地招呼客人;

(5) 积极聆听;

(6) 保持目光接触;

(7) 称呼客人姓氏;

(8) 保护客人的隐私;

(9) 永远为客人多做一点;

(10) 永远重视客人的询问,或尽可能向其提供帮助。

二、公共关系交际理论

美国著名企业家乔·富勒曾说过:"知识使人变得文雅,而交际使人变得完善。"在现代文明社会,交际极为重要,它是人的基本社会需要,可增加事业成功的机会,同时也是协调集体关系、形成集体合力的纽带。没有人可以独自面对人生,更没有人可以独自取得成功。

美国著名的成功学家、营销大师戴尔·卡耐基曾经提出这样一个公式:成功=15%的专业技术知识+85%的为人处世。也就是说,一个人要想成功,15%依靠专业技术知识,85%依靠为人处世的技巧,良好的交际是成功的重要核心因素之一。约翰·洛克菲勒也说过,他愿意花费更多的金钱来提高自己与别人打交道的能力,这种能力比天底下任何一种能力都更为重要。

(一) 首因效应与近因效应

1. 首因效应

首因效应又称第一印象,交际总是从第一印象开始的,良好的第一印象可以让人们心理相容,反之则可能导致心理相斥。心理学的实验结果证明:人们常常以对他人的第一印象来对此人的学识、涵养和性格等进行评价,以及对此人以后的行为进行推测。良好的第一印象是打开交际大门的一把无形的钥匙。俗话说,良好的开始是成功的一半。给别人留下良好的第一印象,可为将来的成功奠定基础。

2. 近因效应

近因效应即最近印象,是在交际过程中,由交往对象的最近信息所形成的印象。

(二) 光环效应

光环效应也叫晕轮效应,是指人们常常从对方知觉的局部特征泛化到其他一系列整体特征。也就是说,人们对他人的判断最初多数是根据个人的好恶得出来的,一个人被大多数人认为是好的,他就被一种积极的光环所笼罩,从而也就被赋予其他好的特质。

(三) 刻板印象

刻板印象是指社会上对于某一类人或事物形成的一种比较固定、概括而笼统的看法,也叫社会刻板印象,如科学工作者严谨但缺乏情调、西方人直率而开朗、旅游从业人员礼貌而热情等。

(四) 人际吸引律

1. 相似吸引律

相似反映了一致性,当交往双方在年龄、性别、文化层次、职业、爱好等方面基本相似时,

就很容易产生共鸣,进而产生共同语言和吸引力。

2. 相异吸引律

相异体现了差别,当交往双方在许多方面有差异时,如地理位置相隔甚远、文化背景迥然不同、年龄大小不相当、社会地位不相称等,反而会给对方造成神秘感,从而吸引对方,结下友谊。

3. 对等吸引律

对等吸引律即对方喜欢自己,自己也对对方报以好感。人人都渴望受人尊敬、有人赞美,对给予自己爱的人给以相应的回报是很自然的。

4. 互补吸引律

互补吸引律即在交往过程中,交往双方在个性、需要及满足需要的途径方面呈互补状态,从而产生一种强烈的吸引力。例如,男性阳刚之气与女性阴柔之美的性别互补吸引,人们在性格特征上的互补吸引等。

5. 光环吸引律

光环吸引律即当某人因某方面的特殊成就成为名人时,其头上似乎产生了某种光环,随之出现了一批崇拜者。

6. 熟悉吸引律

熟悉吸引律即交往双方由不熟悉到熟悉,由不了解到喜欢,最终产生吸引,这就是熟悉吸引律。例如,有些老人之所以舍不得扔掉旧家具,是因为旧家具记录了岁月的流逝和美好的回忆。

三、公共关系交际四要素

交际的核心部分是合作与沟通,在旅游接待工作中,与客人进行有效合作和沟通,是旅游从业人员必须掌握的核心技能。

(一)沟通合作

沟通是人与人之间传递感情、态度、事实、信念和想法的过程,以友善的姿态进行交流是沟通的基础,也是合作的基本保证。人们要用温暖、尊重、了解的方式去沟通,以对方的立场和观点去设想,用听众的心灵去倾听对方的想法与感受。交际是人与人之间的一种互动,良好的交际能力是积极向上的。

(二)察言观色

善于了解对方、懂得察言观色是取得交际成功的前提。所谓察言观色,就是要认真细致地观察对方的言谈、举止和神情等,由此洞悉其心理活动。人们不会把什么都说出来,但大多数人会把真实意思通过神情、体态表露出来。洞察别人的心理状态是交际能力的重要一环,人们既要提高对自己及他人的需要、思想和感受的洞察力,又要细心观察不同的情境和人物,分辨其中不同之处并加以理解分析,以加强对千变万化的社交环境的掌握。

(三)理解宽容

理解像是春风,能化干戈为玉帛。理解是交际活动的桥梁,表现为设身处地地为他人着想、善解人意。宽容是人格的魅力，表现为豁达大度、有很强的包容意识和自控能力、谅解他人的过失。宽容的人大多善良而真诚，人们乐于向他们献出一颗颗充满爱和理解的心。宽容是建立良好交际的润滑剂。

（四）真诚谦虚

真诚是为人之本，真诚的交往是心灵的沟通，只有真诚才能赢得拥戴和回报。真诚是社交的纽带，只有真诚才能收获信赖，长久维系人与人之间的关系。缺乏真诚的社交是没有生命力的，如同绢花，虽然美丽却没有灵魂。在交往的过程中，打动人的是真诚。只有以诚交友、以诚办事，才能换来与他人的合作和沟通，才会被尊重、受欢迎。真诚是人类珍贵的感情之一，是交际的金字招牌。

交际活动中，真诚比技巧更高尚，也更重要。除了真诚，还需要谦虚，一个真正有教养的人从来都是一个真诚而谦虚的人。谦虚被视为一种美德，即谦让、虚心、尊重别人、不自以为是。谦虚是一门学问，领悟了它就能获得一种交际能力和魅力，能够赢得他人的欢心和支持。

第二节　公共关系交际技巧

一、交际开始阶段的四个关键部分

（一）称呼

称呼是交际活动中的常用礼节，是交际活动的起始点。选择正确、适当的称呼，能够反映出自身的教养和对对方尊敬的程度，甚至还能体现出双方关系的融洽程度。称呼要求正规、正确、恰当、亲切、主动、热情、大方。称呼时还要注重态度，应表里如一。

（二）介绍

介绍是交际活动中最初相识的一种形式，是进一步交往的基础，是人与人相互沟通的出发点。"第一印象是黄金"，介绍得体，不仅有助于自我展示、自我宣传，缩短人与人之间的距离；还可以替自己在交际活动中消除误会、减少麻烦，扩大自己的交际圈。介绍可以分为自我介绍、介绍他人、介绍集体三种。

1. 自我介绍

自我介绍是一种自我推荐，即用语言搭起结识的桥梁，给人留下或浅或深的第一印象；自我介绍是一门艺术，学会自我介绍，可以树立自信、大方的个人形象，有助于自我展示和宣传。

（1）自我介绍时应注意时机。要在对方有兴趣、有空闲、情绪好、干扰少、有要求时进行介绍；如对方工作忙、干扰大、心情坏、无要求、在用餐或忙于私人交往时，则不便进行自我介绍。

（2）自我介绍应注意控制时间。要力求简洁、长话短说，尽可能地节省时间，以半分钟左右为宜，在进行自我介绍的同时可利用名片等加以辅助。

（3）自我介绍应事先设计内容。自我介绍有三项基本要素：本人的姓名、供职的单位及具体部门、担任的职务和所从事的具体工作。三项要素应一气呵成，既节省时间，又有助于给人以完整的印象。介绍内容要实事求是、真实可信，没有必要过分谦虚，更不要自吹自擂、夸大其词。

（4）自我介绍应讲究态度。态度要友善、亲切、随和、自信、落落大方，表明自己渴望认识对方的真诚情感；要敢于正视对方的双眼；语气要自然，语速要正常，语音要清晰；举止端庄、大方。

（5）自我介绍的具体形式：①应酬式，适用于一般性的社交场合，自我介绍简洁；②工作式，适用于工作场合，包括本人姓名、供职单位及具体部门、职务和从事的具体工作等；③交流式，适用于在交际活动中希望与交往对象进一步交流与沟通时，大体应包括介绍者的姓名、工作、籍贯、学历、兴趣及与交往对象的某些熟人的关系；④礼仪式，适用于讲座、报告、演出、庆典、仪式等一些正规而隆重的场合，介绍内容包括姓名、单位、职务等，同时还应加入一些适当的谦辞、敬语；⑤问答式，适用于应试、应聘和公务交往，应该有问必答。

2. 介绍他人

介绍他人通常是双向的，在交际活动中，人们经常需要介绍他人。介绍他人是指第三方为彼此不相识的双方进行引见、介绍。

（1）介绍他人时应注意介绍时机、介绍顺序。根据礼节规范，人们必须遵守"尊者优先了解情况"的规则，即在为他人介绍前，先要确定双方地位的尊卑，然后先介绍位卑者，后介绍位尊者；应先将年轻者介绍给年长者，将职务低者介绍给职务高者，将男士介绍给女士，将家人介绍给同事、朋友，将未婚者介绍给已婚者，将后来者介绍给先到者。

（2）介绍他人的形式通常有六种：①标准式，适用于正式场合，内容以双方的姓名、单位、职务等为主；②简介式，适用于一般的社交场合，内容只有双方姓名一项，甚至只提到双方姓氏即可；③强调式，适用于各种交际场合，其内容除被介绍者的姓名外，往往还会刻意强调一下其中一位被介绍者与介绍者之间的特殊关系，以便引起另一位被介绍者的重视；④引见式，适用于普通的社交场合，是将被介绍者双方引到即可；⑤推荐式，适用于比较正规的场合，介绍者经过精心准备，目的就是将某人举荐给他人，对前者的优点加以重点介绍；⑥礼仪式，适用于正式场合，是一种最正规的介绍他人的形式，与标准式大体相同，只是在语气、表达、称呼上都更为礼貌、谦恭。

3. 介绍集体

介绍集体，一般是被介绍一方或双方不止一人，介绍各自一方时，应自尊而谦恭。介绍集体就像穿针引线，应该脉络清楚，考虑好介绍的内容以及语言表达的态度，使双方均乐于接受而不至于使人感到勉强。

（三）握手

握手礼起源于远古时代，相互触碰对方的手心，表示"我手中没有武器，我愿意向你表示友好，与你成为朋友"。这种表示友好的方式被沿袭下来，就成了今天的握手礼。握手是世界通行的见面礼，是在相见、离别、恭贺或致谢时相互表示情谊的一种礼节，是不用说话就能显示出热情、友好的待人之道。如果应用得当，握手能进一步增强别人对你的信赖感。

握手的力量、姿势和时间的长短往往能够表达出对握手对象的不同礼遇和态度,显露自己的个性,给人留下不同的印象。

(四)名片

早在西汉时期,名将就以投递名帖的方式将"谒"通报给对方,获得准允后方可谒见。"谒"可谓是早期名片的雏形。在交际活动中,名片体现一个人的身份、地位,是一个人的尊严、价值的一种彰显方式,也是参与交际活动必备的重要工具。有了名片的交换,双方的结识就迈出了第一步。

二、交际过程的关键技巧

(一)3A 原则

美国学者布吉林教授等人提出了 3A 原则:在交际活动中要成为受欢迎的人,就必须善于向交往对象表达自己的善良、尊重、友善之意,只有恰到好处地表达对交往对象的善意才能够被交往对象容忍和接受,其中最关键的是以实际行动去接受对方、重视对方、赞美对方。

1. 接受——Accept

容纳对方,不排斥对方。任何人都没有力量改变另一个人,但如果你乐于按照一个人的本来面目去欢迎他,你就给了他一种改变他自己的力量。接受对方包括接受交往对象、接受交往对象的习俗、接受交往对象的交际礼仪。在交际活动中,要想成为受欢迎的人,我们一定要宽以待人,不要刁难对方、排斥对方、冷落对方、打断对方,尤其注意不能拿自己的经验去勉强别人,应当积极、热情、主动地接近对方,淡化彼此之间的戒备、抵触和对立的情绪,恰到好处地向对方表示亲近、友好之意。

2. 重视——Appreciate

欣赏对方,重视对方。我们要让对方感觉自己受到重视,而不是被冷落。重视对方是指要重视对方的优点,而不要重视对方的缺点。对旅游从业人员来说,重视服务对象的具体方法包括牢记服务对象的姓名、善用服务对象的尊称、倾听服务对象的要求。

3. 赞美——Admire

赞美对方,卓然不凡。人类行为学家约翰·杜威认为:"人类本质里最深远的驱策力就是希望具有重要性,希望被赞美。"赞美是一种理想的黏合剂,也被称为公共关系润滑剂。赞美他人是社交活动中一种重要的礼仪,它表现赞美者的坦荡胸怀和积极的生活态度,善于发现对方所长,及时、恰当地表示欣赏、肯定、称赞与钦佩。真诚的赞美能鼓励自己,鞭策他人,激发潜能,获得良好的人际关系。赞美应出自真诚,源自真心;知己知彼,投其所好;从小事做起,无微不至。

(二)关键技巧

1. 积极的心态

交际是心理接触和心理活动的过程,积极的心态是一种对任何人、任何情况或环境都具有的建设性的思想、行为或反应,是面对挑战应具备的良好进取心态。交际者具备积极的心态是交际成功的重要条件,好的心态可以带来好的行为,好的行为可以带来好的结果。

2. 善于求同存异

人际关系首先讲究求同,即在目标、方向和整体利益等方面求得一致,以作为人际交往的基础。如果不能求得一致,那就失去了人际交往和维系关系的基础。所谓存异,是指在原则一致的基础上可以允许交往双方各自保留"分歧点",如方法上的差别等。

3. 适当赞美对方

赞美是对他人表示钦佩和羡慕,真诚的赞美使接受者心情愉快,同时也可使赞美者乐观向上。因此,赞美别人必须发自内心、符合实际、真诚坦白、措辞恰当、恰如其分;赞美必须个性化,不能泛泛而谈,最好用明确、具体的语言,微笑着赞美对方的行为、能力、知识、外表或拥有的物品等;此外,暗示性赞美在交际过程中也非常重要,如认真地听对方讲话,在说话的过程中提及或引用对方的话,向对方投以赞许的目光,做夸奖的手势,报以友好的微笑,记住对方的名字等。

4. 投其所好

情感引导行动。在交际过程中要具有洞察力,善于发现对方的亮点,寻找对方的兴趣点,抓住最佳切入点,投其所好,从而使彼此产生更加深厚的感情。

5. 魅力展示

交际魅力包括谈吐、仪表、气质、才华、学识、品德、性格等内涵。富有魅力的人经常报以微笑,并且能记住别人的名字,能在精神方面影响周边的人积极进取,在交际时通常整个身体都在参与表达。

(1) 丰富多彩的语言表达。富有魅力的人在适当的场合往往能借助不落俗套、丰富多彩、富有诚意、令人难忘的表达方式来使他们的话更加生动活泼,增加语言的说服力,从而增加魅力。

(2) 敏锐的洞察力。富有魅力的人能正确地估计形势,看透人的心思,具有敏锐的洞察力,捕捉发展趋势、诠释事件,帮助他人更加清楚地了解情况,对他人产生强烈的吸引力。

(3) 表达积极的思想。富有魅力的人知道如何在适当的时候表达积极的思想,善于用积极的语言表达消极信息,甚至可以用积极的语言替代消极的语言,如用"挑战"替代"问题"、用"发展机会"替代"个人弱点"等。

6. 善于使用身体语言技巧

(1) 得体的着装和外表。着装风格应简朴、清新而自然,避免杂乱。时髦、新潮不等于有魅力,甚至会妨碍魅力的发挥,影响形象。

(2) 优雅的举止。优雅与个人魅力是密切相关的,如聆听时身体前倾、感谢时稍稍鞠躬、肯定时点头微笑、欢迎时有力地握手都会给人留下有魅力的印象。而不良的习惯,如捻弄头发、玩弄耳环、搔痒、抖腿、嚼口香糖等必须避免。

第三节 旅游公共关系交际常见问题及处理

一、常见问题产生的原因

旅游公共关系交际过程中往往会出现一些客人抱怨与不满的情况,这些抱怨与不满涉及方方面面,没有固定的表现模式,处理不好会导致对客关系的僵化、恶化,甚至使旅游从业人员遭到投诉,破坏旅游企业形象。概括来讲,不满与抱怨主要来自两个方面:一是旅游从业人员忽视礼仪或礼仪不到位,从而引起客人的不满和反感;二是客人的主观需求难以被满足,从而面临尴尬和难堪。

（一）旅游从业人员忽视礼仪或礼仪不到位

1. 不了解游客习俗

在旅游接待过程中,旅游从业人员要了解并尊重客人的风俗习惯,这样既对他们表示了尊重,又不失礼节,否则就可能导致客人抱怨与不满的发生。

2. 不注重礼貌用语

旅游从业人员在提高业务技能的同时,更不能忽略礼貌用语使用的准确与到位,这也是公共关系交际礼仪的基本要求。

3. 不遵循礼仪规范

旅游从业人员在旅游接待过程中,如果忽略了礼仪规范或没有意识到礼仪规范的重要性,就会使客人在体验旅游产品的过程中得不到愉悦、开心和满意的享受。

4. 不讲究服务个性化

旅游从业人员接待的客人形形色色,并不是在对客服务中使用了礼貌用语、注重了礼仪的基本规范,就可以让客人满意,要避免抱怨与不满的产生。交际活动中的接待礼仪不是一成不变的机械式服务,必须考虑客人的个性需求,因地、因时、因人而异地提供礼仪服务。只有建立在客人需求基础上的礼仪服务,才有可能赢得客人的认同。

（二）客人的主观需求难以被满足

客人作为旅游服务的消费者,是来寻求享受的人,是具有优越感的人,是情绪化的"自由人"。因此,应清晰认识客人的重要性。只有充分了解客人的角色特征,掌握客人的心理特点,提供有针对性的服务,才能打动客人的心,赢得客人的认可。

1. 求全心理

"100－1＜0"的含义:每种旅游产品都是多项服务的组合,其中任何一项出现让客人不满的问题,损害的不仅是此项服务的声誉,而且会影响整个旅游产品的声誉。对客人来说,服务质量只有好、坏之分,而不存在较好、较差的比较等级,好就是全部,不好就降为负数,所谓负数是指各类投诉和消极信息的传播。

2. 求尊重心理

尊重是基本的礼仪原则,也是客人的基本心理要求。旅游从业人员要善于分析客人心理及其所能接受的处理危机的方式或解决矛盾的方法,让客人可以显示其优越感和突出地位,进而变得大度,以缓解矛盾、化解危机。

3. 求平衡心理

在旅游接待过程中,旅游从业人员应时刻关注客人消费时求平衡的心理状态。客人消费心理随时会受到社会环境及个人情绪的影响,心随境转。如果客人把个人的负面情绪带到旅游消费活动中,就必然会影响整个消费过程。

二、常见问题应对策略

(一) 善解人意,关注客人需求

"善解人意",所谓"人意",即人的心理。心理状况是非常微妙且复杂的,有的能明显地表达出来,有的则是深藏着的潜意识;有的能真实地表达,有的则真真假假,或羞于表达。对此,我们需要给予充分的"善意"。

善解客人心理,设法满足客人需求。在服务接待工作中,旅游从业人员应注意观察、用心了解、换位思考,通过细致入微的服务,满足客人心理上的需求,让客人产生良好的心理感受。如客人在饭店入住时,在房间温馨提示牌上写下"欢迎光临!别忘了给亲人打个电话,请拨××号……"

(二) 妙语连珠,注重语言技巧

在服务接待工作中,旅游从业人员面对客人的抱怨与不满,巧妙地运用语言技巧是解决问题的重要手段。

1. 巧用幽默

幽默可以化沉闷为欢声笑语、化干戈为玉帛。旅游从业人员与客人初次接触,需主动与客人交谈,巧用幽默能使关系融洽,给人以信赖感和亲近感。运用幽默语言时应注意三点:把握时机、夸张模仿、优雅敏捷。当然,使用幽默也有禁忌:勿取笑他人,忌不合时宜的幽默,不要重复、预先交底或自己先笑,禁止黄色、黑色的幽默。

2. 用语灵活

在旅游接待过程中,面对各种各样的情况、形形色色的问题,旅游从业人员应时刻遵循灵活的原则,讲究技巧。所谓灵活,就是要根据具体场合、具体对象以及个人的实际情况,灵活采用应对式,如采用顺势美言、以缪制缪、难得糊涂、借题发挥等语言技巧。

三、处理抱怨的礼仪规范

旅游从业人员在接待服务过程中,面对客人的抱怨与不满时,运用礼仪规范进行有效化解的过程可以概括为"六字规范",即听、记、析、报、答、谢(见表10-1)。

表10-1 旅游从业人员处理抱怨的"六字规范"

阶段	规 范 要 求
听	旅游从业人员要倾听客人的需求、渴望,还要倾听客人的异议、抱怨和投诉,更要善于听懂客人的潜台词,明确客人没有明说的需求;保持镇定、冷静,认真倾听,表现出对客人的尊重。听的阶段是客人发泄不满的过程,经过发泄,客人才能得到情绪的缓和、心情的平静,为投诉的处理提供平和的情感前提
记	在听的过程中,旅游从业人员要认真做好记录,尤其对客人投诉的要点、讲到的细节,更要记录清楚并适时复述,做到明确问题的同时也能有效地缓和客人的情绪。在记的阶段,旅游从业人员应保持礼貌,注意使用恰当的语言,用提问题的方法,把投诉由情绪转到事件本身

续表

阶段	规 范 要 求
析	旅游从业人员应根据所闻所写,及时了解事情的来龙去脉,并进行详细的、到位的分析,然后才能做出正确的判断,拟定解决方案,与相关部门取得联系,一起妥善处理,解决问题必须兼顾客人与企业双方的利益
报	旅游从业人员应把发生的事情、做出的决定或难以处理的问题及时上报主管领导,以征求意见;不得遗漏、隐瞒材料,不能有情况不报或谎报、虚报
答	旅游从业人员在征求领导意见后,应把解决方案及时反馈给客人,礼貌地告知客人将要采取的措施,期望得到客人认同;如果问题暂时无法解决,要向客人致歉,并说明原委,请求客人的谅解,不能再无把握、无根据的情况下,随便地向客人做出各种保证
谢	在客人投诉或反映问题时,旅游从业人员不可表现出对客人的反感,而应表示感谢;在处理完客人的投诉后,同样需要向客人表示诚挚的感谢

第四节 涉外公共关系交际

一、涉外公共关系交际通则

世界各国在长期的跨文化交流中,逐步形成了在国际交往中以礼相待、礼尚往来的国际惯例和涉外礼宾规范。我国的涉外公共关系交际通则,是在尊重国际交往惯例,尊重各个国家和民族的心理、文化习俗的基础上不断完善而成的。

(一)不卑不亢,体现平等

所谓不卑不亢,是指在参与国际交往时,我们应该意识到自己的言行举止在外国人眼里无不代表着自己的国家、民族,代表着自己所属的团体,因此既要维护本国利益,又要尊重他国的利益和尊严。"不卑"是指我们在外国人面前不妄自菲薄、卑躬屈膝乃至丧失民族气节;"不亢"是指我们在外国人面前不自大狂傲、唯我独尊甚至以强欺弱。不卑不亢的核心是平等,即国家不分大小强弱,人不分种族信仰,在对外交往中都应平等相待,这正是国际礼仪的一项重要原则。

(二)信时守约,讲究诚信

信时守约,是指在一切正式的涉外交往中,都必须认真严格地遵守自己的所有承诺。

1. 谨慎承诺

谨慎承诺是指从现实环境和自己的实际能力出发,谨慎行事,量力而行。

2. 信守约定

信守约定是指自己做出的承诺要及时兑现,自己许下的约定要如约完成。在涉外交往中,唯有信守约定才能获得对方的信任和好感,赢得尊重和合作。

3. 失约道歉

失约道歉是指由于难以抗拒的因素而使自己单方面失约，或者有约难行，要尽早通报有关各方，郑重道歉，并主动承担给对方造成的物质方面的损失。

（三）入乡问禁，知己知彼

入乡问禁，是指在涉外交往中，应注意尊重外国友人特有的习俗、禁忌和审美，恰如其分地向他们表达亲善友好之意。

1. 了解习俗差异

所谓"入境而问禁，入国而问俗，入门而问讳"，这些"禁""俗""讳"，就是指各国、各民族在文化习俗上的特点，唯有充分了解，我们才能在涉外交往中减少麻烦，避免误会。

2. 尊重习俗差异

我们如果了解了他国、他民族特有的习俗，在涉外交往中就不会妄加非议，表现得少见多怪了。尊重外国友人特有的习俗，有助于增进双方之间的理解和沟通，在外交事务中做到胸有成竹、表现自如。

（四）热情有度，尊重隐私

热情有度是指在涉外交往中，待人接物不仅要热情友好，更要把握热情友好的具体分寸，不能过度热情。所谓"度"，是指适度，对外国友人而言，其核心是尊重个人隐私。

（五）女士优先，尊重女士

女士优先，是现代社会的一条通行礼仪。在涉外活动，包括在一切社交场合中，每一名成年男士都有义务主动自觉地照顾、体谅、关心和保护女士，还要为女士排忧解难。女士优先，并不是把女士视为弱者而施以同情和怜悯，而是要将女士视为"人类的母亲"，处处给予优待，以示对"人类的母亲"的尊重。

（六）以右为尊，尊卑有序

以右为尊，是指在涉外交往中，如在外交活动、商务往来、文化交流和社交应酬中，凡涉及座次、车位等的位置排列时，原则上都讲究以右为尊、以左为卑、以右为上、以左为下。

二、涉外公共关系交际常见礼仪

涉外公共关系交际礼仪，一般是指在对外交往活动中，当我方身为东道主时，用以维护自身和本国的形象，并对交往对象表示尊敬和友好的国际通用的礼宾接待仪式。其核心是礼待宾客，涉及的外事接待活动环环相扣。目前国际上通用的礼宾接待仪式以庄重、简洁为趋势。

（一）涉外迎送礼仪

"出迎三步，身送七步"，在国际礼宾服务中，迎客和送客是两个重要的环节，为礼宾服务的第一个环节和最后的收尾环节。一个精心准备的欢迎仪式，能使来宾产生良好的第一印象；一个圆满的欢送仪式，会给来宾留下难忘的美好回忆。涉外迎送礼仪的注意事项包括：确定迎送规格、准确掌握抵离时间、细致安排迎送仪式等。

(二)会见和会谈的礼仪

1. 会见

(1)会见的形式。

会见就其内容或目的来说,分为三种形式:礼节性会见,一般时间较短,话题较为广泛;政治性会见,大多涉及双边关系、国际局势等重大问题;事务性会见,一般有外交事务交涉、业务商谈等。

(2)会见的座次安排。

会见通常安排在会客室、会客厅。各国会见的礼仪程序不尽相同,有的主方和客方分坐两边,有的则穿插坐在一起。我国习惯在会客室或会客厅进行会见,主宾坐在主人的右边,译员、记录员安排在主人和主宾的后面。其他客人按礼宾顺序在主宾一侧就座,主方陪同人员在主人一侧就座,座位不够时可在后排加座。

2. 会谈

会谈是指双方或多方就政治、经济、文化、军事等重大问题以及其他共同关心的问题交换意见。会谈也可以是洽谈公务,或就某项具体业务进行谈判。一般来说会谈的内容较为正式,政治性或专业性较强。

双边会谈时一般使用长方形、椭圆形或圆形桌,主方和客方各自坐在桌子一边。面向正门为上座,由主宾坐;背向正门为下座,由主人坐。主人与主宾应坐在正中间。我国习惯把译员安排在主人右侧,但有的国家让译员坐在后面,一般应尊重主人的安排。其他参会人员按一定顺序坐在左右两侧。如果会谈桌的一端对着正门,应以进门的方向为准,客方坐在右边,主方坐在左边。

(三)签字仪式的礼仪

签字是文件有效的重要标志。有关国家的政府、组织或企业单位之间经过谈判,就政治、军事、经济、文化、科技、体育等某一领域相互达成协议,缔结条约或公约时,一般需要举行签字仪式;当一国领导人访问他国,经双方商定达成共识,发表联合公报或联合声明时,也会举行签字仪式;当各地区、各单位在与国外发展友好关系,最终达成有关合作项目的协议、备忘录、合同书时,通常也会举行签字仪式。

我国一般在签字厅内设置长方形桌一张,作为签字桌。如果是国际商务谈判协议的签字桌,桌子中间会摆放一个旗架,悬挂签字双方的国旗。签字人面向国旗分坐两边,面对正门,主方在左,客方在右。座前摆放各自的文本,文本上端分别放置签字的文具。各自的助签人员分立签字人外侧,出席签字仪式的人员分别排列在签字人身后。

 本章小结

本章重点内容是旅游公共关系交际训练。主要介绍了公共关系交际的原则、法则、理论及要素。公共关系交际原则主要包括平等、宽容、互惠互利、诚实守信

公共关系交际法则包括白金法则和黄金法则。公共关系交际理论主要有首因效应、近因效应、光环效应、刻板印象、人际吸引律。公共关系交际要素包括沟通合作、察言观色、理解宽容、真诚谦虚。公共关系交际技巧部分介绍了交际开始阶段的关键部分、交际过程的关键技巧。公共关系交际过程中不可忽略的还有涉外公共关系交际礼仪。

 核心关键词

白金法则　黄金法则　人际吸引律　3A原则

 思考与练习

1. 公共关系交际过程的关键技巧有哪些？
2. 交际开始阶段的四个关键部分主要包括哪些内容？
3. 公共关系交际过程中应该掌握的基本原则与法则有哪些？
4. 高星级酒店公共关系部在日常交际过程中,有哪些关键点应该特别注意？请根据课本知识为公关人员制定一份行为规范制度。

 案例分析

涉外公共关系礼仪应对技巧

案例一

一个法国的商务考察团入住我国某五星级酒店,每次进出酒店电梯时陪同的大堂经理(女性)都会按照礼仪规范请客人先进或先出电梯。在离开时,这些客人善意地向酒店抱怨,他们在中国显示不出绅士风度来,原因是接待他们的女士不让他们显示风度。比如,上下汽车、进出电梯、进餐厅时,接待他们的女士坚持让他们先走,弄得他们很不习惯。虽然酒店管理层解释,中国是"礼仪之邦",遵循"客人第一"的原则,对此解释他们也表示理解与赞赏,但对自己不能显示绅士风度仍表示遗憾。

案例二

两位衣着华丽的外国女士乘坐中国某航空公司飞机,飞机起飞后她们大声嚷着有怪味。一位空姐微笑着走来,请她们原谅,并递上香水。可香水被她们随手甩到了角落里,说中国产的香水太差,接着又是一连串的刁难。空姐始终保持笑脸相持,一一满足她们的要求。当空姐给她们送来可乐时,两位女士还没喝就说有问题,并将可乐打翻在地。空姐强忍这种极端无礼的行为,再次把可乐递过去,不卑不亢地说:"女士,这可乐正是贵国的原装产品,也许贵国这家公司的可乐都是有问题的。我很乐意效劳,将这瓶可口可乐连同你们的芳名、地址寄到这家公司,我想他们肯定会登门道歉的。"两位女士听到后目瞪口呆。空姐还是面带微笑地将饮料递给她们。

(资料来源:根据相关资料整理。)

问题:

1. 涉外公共关系与普通公共关系相比,它的特殊之处以及应该特别注意的方面有哪些?

2. 结合上述两个案例,在处理涉外公共关系时,我们应该遵循的原则有哪些?处理技巧有哪些?

本教材阅读推荐

1. 《公共关系学(第二版)》(郎群秀主编)

本书以实用、创新为特色,吸收国内外公共关系研究的最新成果,结合信息社会、知识经济的特点,引用经典与现实案例,生动、准确地介绍了什么是公共关系,为什么要做公共关系,由谁来做公共关系以及怎样做公共关系等知识。除介绍公关的原理、历史发展、机构与人员外,本书重点介绍了公共关系"四步工作法"、传播、公共关系活动模式、公共关系礼仪等新内容,内容涉及当代公共关系理论与实践的各个方面,具有科学性、创新性、可操作性强的特点。

2. 《新型实用公共关系教程》(杨俊主编)

本书贯彻以学生为中心的理念,以项目任务为先导,以公共关系活动实践为基础,确定任务目标与要求,以分解相关核心知识为模块,侧重在"学中做""做中学",在真实化的公共关系职业实践活动中引导学生将相关公共关系知识转化为公共关系技能。虽是职业教育国家规划教材,但里面案例新颖,充分将课内与课外结合、书本与网络交互,能够体现终身学习的理念与方式。

3. 《旅游公共关系(第二版)》(张昌贵主编,王磊、邓军华、高远副主编)

本书从公共关系职业分析入手,根据旅游公共关系职业岗位要求确定教学内容。其中每个项目包括学习目标、项目分析、任务、拓展活动,每个任务包括情境设计、任务分析、任务实施、知识链接、评价与考核、思考与讨论、技能训练题。这样便于教师在教学中以实际任务驱动学生主动参与,突出知识应用与技能训练,让学生在做中学,学中会,提高应用操作能力。

4. 《公共关系实务(第14版)》([美]弗雷泽·西泰尔(Fraser P. Seitel)著,张晓云译)

本书是美国百余所大学所选用的教材,作者是有着40余年公共关系实务经验的专家,曾在美国多所大学任教,积累了丰富的实践经验和教学经验。作者以实际的案例贯穿全书,并注重其实效性、代表性,精心挑选了美国社会和商界近年来被广泛关注的事件,从公共关系的角度进行阐释。此外,本书的组织结构生动活泼,易于调动学习兴趣。作者还根据时代发展趋势,加入了大量有关如何在网络环境下展开公共关系活动的内容。

5. 《公共关系:理论、实务与技巧(第6版)》(周安华编著)

本书被教育部确定为"十二五"普通高等教育本科规划教材,已被全国众多高等院校广泛采用。全书内容完整、系统全面,强调实务、注重技巧。精心编选的与各章内容相关的案例、案例思考、提示都可以让学生受益匪浅。

6.《旅游公共关系》(张向东主编)

本书强调理论知识和实践知识相统一、综合性和针对性相统一，在编写时除了重视学生对理论知识的吸取之外，也十分重视实务和技能的提高，总体体现了定位明确、结构合理、理论够用、注重实用的特点，力求做到易学、易懂、易上手。可充分加强学生公共关系基本工作技能的训练，为今后顺利地适应旅游业岗位工作打下坚实的基础。

7.《旅游公共关系学》(李晓主编)

本书结合旅游业的特点，对旅游公共关系的产生、发展及构成要素的主体、客体和媒介进行了探讨，结合旅游企业的实际，对旅游饭店、旅行社、旅游区和旅游交通的公共关系进行了深入的分析，对目前旅游业比较关注的旅游公共关系危机及管理做了系统的介绍，较全面地阐述了与旅游活动的开展密切相关的旅游公共关系礼仪、公共关系专题活动，等等。

参考文献 Bibliography

[1] 郎群秀.公共关系学[M].2版.北京:科学出版社,2012.
[2] 张向东.旅游公共关系[M].上海:华东师范大学出版社,2014.
[3] 张昌贵,王磊,邓军华,等.旅游公共关系[M].2版.西安:西安交通大学出版社,2017.
[4] 邢伟,徐盈群.公共关系[M].2版.北京:高等教育出版社,2020.
[5] 杨俊.新型实用公共关系教程[M].2版.北京:高等教育出版社,2014.
[6] 何跃,贺芒.公共组织管理[M].2版.重庆:重庆大学出版社,2019.
[7] 李付庆.公共关系学[M].4版.南京:南京大学出版社,2017.
[8] 何修猛.现代公共关系学[M].3版.上海:复旦大学出版社,2015.
[9] 王丽莉,孙成.现代公共关系理论与实践探索[M].北京:新华出版社,2015.
[10] 吴友富.公共关系评论(第1辑)[M].上海:复旦大学出版社,2014.
[11] 唐钧.应急管理与危机公关——突发事件处置、媒体舆情应对和信任危机[M].北京:中国人民大学出版社,2012.
[12] 段弘.传媒公关与公关传媒:媒介公关学教程[M].成都:四川大学出版社,2014.
[13] 辛恩琪.案例教学法在本科旅游公共关系教学中的应用研究[D].大连:辽宁师范大学,2017.
[14] 叶景雯.政务微博对政府公共关系的作用研究[D].福州:福建农林大学,2016.
[15] 王乐.网络舆情危机对旅游目的地声誉的影响及应对策略研究[D].北京:北京第二外国语学院,2016.
[16] 林晓.K酒店公共关系策略研究[D].南宁:广西大学,2015.
[17] 孙贺.公共关系视角下的城市形象构建与传播[D].北京:北京林业大学,2012.
[18] 肖红.历史文化村镇旅游公共关系发展研究[D].长沙:湖南师范大学,2011.
[19] 周亚琴.合肥市星级酒店公共关系管理现状与对策[D].合肥:合肥工业大学,2010.
[20] 朱海燕.政府公共关系在天津市城市经营中的应用研究[D].天津:天津大学,2010.
[21] 谢婧.城市形象国际公共关系管理研究[D].杭州:浙江大学,2009.
[22] 邵冬梅.我国目的地政府的旅游危机营销研究[D].成都:电子科技大学,2007.
[23] 黄枝霞.公共关系在城市品牌建设中的应用研究[D].广州:暨南大学,2007.
[24] 杨建朝.旅游目的地网络形象设计[D].南宁:广西大学,2006.
[25] 云凌燕.论公共关系对城市品牌的塑造[D].武汉:华中科技大学,2006.

[26] 辛蕾,肖静.基于能力需求为导向的应用型旅游管理本科虚拟仿真课程设计——以"公共关系"课为例[J].中国新通信,2020(19).
[27] 王海燕.课程思政融入应用型课程教学研究——以"旅游公共关系"为例[J].喀什大学学报,2020(4).
[28] 邝江红.公共关系学视域下旅游外宣翻译的传播沟通问题探讨[J].新闻研究导刊,2020(10).
[29] 黄乐艳.新媒体环境下旅游公共关系传播策略[J].中外企业家,2019(25).
[30] 刘焱.基于"微型课"的应用本科旅游管理专业课程教学改革实践——以《旅游公共关系》为例[J].重庆第二师范学院学报,2014(6).
[31] 王琳.浅谈公共关系在旅游业中的应用[J].产业与科技论坛,2014(4).
[32] 廖晓静.公共关系管理的旅游促进及环境优化[J].中共郑州市委党校学报,2014(1).
[33] 孙国茜.《旅游公共关系》课程教学方法初探[J].文学教育(中),2012(4).
[34] 罗斌.基于就业导向的酒店管理专业公共关系课程开发探索[J].商业经济,2011(18).
[35] 肖俭伟,刘华.浅谈案例教学在旅游公共关系教学中的运用[J].江西广播电视大学学报,2009(1).
[36] 谢琼.合作学习在《旅游公共关系》课程教学中的运用初探[J].桂林师范高等专科学校学报,2008(1).
[37] 张高波,余青云.如何利用旅游公关提升旅游品牌[J].北方经贸,2007(12).
[38] 张翠苹.互动教学法在《旅游公共关系》课程中的运用[J].公关世界,2007(7).
[39] 曾晓宏.浅谈提高旅游公共关系课堂教学质量的措施[J].教育与职业,2007(15).
[40] 韩鹏.国家级精品课程建设概述——以《旅游企业公共关系》精品课程为例[J].消费导刊,2006(11).
[41] 谢苏.我国旅游公共关系的特色与发展[J].公关世界,2005(5).
[42] 王晓琪,施懿超.构建国际旅游公共关系学的理论框架[J].重庆工学院学报,2001(6).

教学支持说明

高等院校应用型人才培养"十四五"规划旅游管理类系列教材系华中科技大学出版社"十四五"期间重点教材。

为了改善教学效果,提高教材的使用效率,满足高校授课教师的教学需求,本套教材备有与纸质教材配套的教学课件(PPT电子教案)和拓展资源(案例库、习题库视频等)。

为保证本教学课件及相关教学资料仅为教材使用者所得,我们将向使用本套教材的高校授课教师免费赠送教学课件或者相关教学资料,烦请授课教师通过电话、邮件或加入旅游专家俱乐部QQ群等方式与我们联系,获取"教学课件资源申请表"文档并认真准确填写后发给我们,我们的联系方式如下:

地址:湖北省武汉市东湖新技术开发区华工科技园华工园六路

邮编:430223

电话:027-81321911

传真:027-81321917

E-mail:lyzjjlb@163.com

旅游专家俱乐部QQ群号:306110199

旅游专家俱乐部QQ群二维码:

群名称:旅游专家俱乐部
群　号:306110199

教学课件资源申请表

填表时间：_____年___月___日

1. 以下内容请教师按实际情况写，★为必填项。
2. 学生根据个人情况如实填写，相关内容可以酌情调整提交。

★姓名		★性别	□男 □女	出生年月		★职务		
						★职称	□教授 □副教授 □讲师 □助教	
★学校				★院/系				
★教研室				★专业				
★办公电话		家庭电话				★移动电话		
★E-mail（请填写清晰）						★QQ号/微信号		
★联系地址						★邮编		

★现在主授课程情况	学生人数	教材所属出版社	教材满意度
课程一			□满意 □一般 □不满意
课程二			□满意 □一般 □不满意
课程三			□满意 □一般 □不满意
其他			□满意 □一般 □不满意

教材出版信息					
方向一	□准备写	□写作中	□已成稿	□已出版待修订	□有讲义
方向二	□准备写	□写作中	□已成稿	□已出版待修订	□有讲义
方向三	□准备写	□写作中	□已成稿	□已出版待修订	□有讲义

请教师认真填写表格下列内容，提供索取课件配套教材的相关信息，我社根据每位教师/学生填表信息的完整性、授课情况与索取课件的相关性，以及教材使用的情况赠送教材的配套课件及相关教学资源。

ISBN（书号）	书名	作者	索取课件简要说明	学生人数（如选作教材）
			□教学 □参考	
			□教学 □参考	

★您对与课件配套的纸质教材的意见和建议，希望提供哪些配套教学资源：